FACHBUCHREIHE
für wirtschaftliche Bildung

Texte gestalten und formulieren

Das besondere Textverarbeitungsbuch

10. Auflage

Sophia Guter

VERLAG EUROPA-LEHRMITTEL
Nourney, Vollmer GmbH & Co. KG
Düsselberger Straße 23
42781 Haan-Gruiten

Europa-Nr.: 81212

EUROPA LEHRMITTEL

Die Verfasser:

Guter, Sophia 71093 Weil im Schönbuch

Maisenbacher, Karin Frau Maisenbacher hat als Autorin bei der 1. – 9. Auflage mitgewirkt. 70599 Stuttgart

Das vorliegende Buch wurde auf der Grundlage der Schreib- und Gestaltungsregeln für die Textverarbeitung DIN 5008 von 2011 erstellt.

Für den Inhalt von Internetseiten sind ausschließlich deren Betreiber zuständig. Der Verlag und die Autorinnen übernehmen dafür keine Verantwortung.

10. Auflage 2014

Druck 5 4 3 2 1

Alle Drucke derselben Auflage sind parallel einsetzbar, da sie bis auf die Behebung von Druckfehlern untereinander unverändert sind.

ISBN 978-3-8085-8138-4

http://www.europa-lehrmittel.de
Satz und Umschlaggestaltung: Satz+Layout Werkstatt Kluth GmbH, 50374 Erftstadt
Foto: © kacperogo-Fotolia.com
Druck: Konrad Triltsch Print und digitale Medien GmbH, 97199 Ochsenfurt-Hohestadt

Vorwort

„Texte gestalten und formulieren – Das besondere Buch der Textverarbeitung" enthält eine Sammlung der wichtigen Themen der Texterstellung und -verarbeitung mit einer Vielzahl von passenden Aufgaben, die flexibel für Übung und Lernzielkontrolle eingesetzt werden können:

- Text erfassen, bearbeiten und gestalten
- Texte formulieren
- Texte mit Grafiken gestalten und Regeln beim Einsatz von Grafiken beachten
- Tabellen erstellen
- Vorlagen für häufig gebrauchte Texte erstellen und anwenden (z. B. für Privat- und Geschäftsbriefe)
- Seriendruckfunktion anwenden
- Englische Texte verarbeiten

Für wen eignet sich das Buch?

Das Buch eignet sich für alle Lehrenden und Lernenden in **Schule, Aus- und Weiterbildung sowie für die tägliche Praxis**. Die Darstellung der Themen erfolgt programmneutral und **nicht auf den Einsatz bestimmter Textverarbeitungsprogramme festgelegt**; Bezug genommen wurde an einzelnen Stellen auf MS Word und OpenOffice Writer. Für die Autorenkorrektur und weitere Aufgaben im Bereich der Grundlagen wird auf das Buch **„Tastaturschulung, Textverarbeitung mit dem PC"** verwiesen (Europa-Nr. 81483 – weitere Information siehe hintere Umschlagseite innen).

Woran orientiert sich der Inhalt dieses Buches?

„Texte gestalten und formulieren" orientiert sich an der DIN 5008 (Stand 2011) und gibt die relevanten Regeln wieder. Mit Praxisbeispielen wird die Umsetzung der DIN-Regeln anwendungsbezogen eingeübt. Mit der Neuordnung der Lehrpläne nach dem Lernfeldkonzept wird eine ganzheitliche und handlungsorientierte Ausbildung und damit die Verknüpfung von berufspraktischen und berufsfachlichen Kompetenzen verlangt. Die vorliegende Aufgabensammlung eignet sich in dieses Konzept eingebunden zu werden.

Von den Grundlagen über die Gestaltung bis zur Automatisierung

Lernende erleben, wie Texte ohne Schwierigkeiten und in Sekundenschnelle inhaltlich verändert werden können, und wie einfach es ist, das Layout von Schriftstücken optisch ansprechend zu gestalten. Das Buch weist Wege auf, wie mit dem Einsatz von Vorlagen für Vordrucke und Briefe der Schriftverkehr in Unternehmungen und Behörden, Vereinen und im privaten Bereich schnell und komfortabel erledigt werden kann. **E-Mails** und die Aufgaben im Kapitel **Englische Texte** können ergänzend eingesetzt werden.

Nach der Erarbeitung der jeweiligen Grundlagen geben Aufgaben nach Situationsdarstellungen und Geschäftsprozessen die Möglichkeit zur **eigenen Konzeption und Formulierung von Texten**. An vielen Beispielen des täglichen Lebens unterscheiden die Lernenden verschiedene Stilebenen und lernen Geschäftsschreiben und Schreiben zu besonderen Anlässen sprachlich angemessen zu verfassen und formgerecht zu gestalten. Bei der **Gestaltung von Texten mit grafischen Elementen** werden die kreativen Fähigkeiten der Lernenden angesprochen. Viele typographische Tipps geben Hinweise für die professionelle Gestaltung von Schriftstücken. Mit dem **Seriendruck** wird die Automatisierung eingeführt.

Dank und Hinweis!

Für die Bereitschaft, das Abdruckrecht für viele Texte und Grafiken einzuräumen, möchte ich mich bei Unternehmen, Behörden und Zeitungsverlagen bedanken. Mein besonderer Dank gilt der Autorin Karin Maisenbacher für die Möglichkeit das Buch weiterzuentwickeln und für ihre konstruktive Unterstützung und Begleitung. Bei Auszügen aus Gesetzestexten und Verordnungen werden die Fundstellen im Internet (zum Zeitpunkt der Drucklegung) angegeben, damit für die Lernenden eine weitere Recherche möglich ist.

Besonders hinweisen möchte ich auf die **Begleit-CD (Europa-Nr.: 81213)**, die ergänzend zum Buch erschienen ist und die **Texte aller Aufgaben, weitere Aufgaben, Lösungsvorschläge, Handreichungen und PowerPoint-Präsentationen zu vielen Unterrichtsinhalten** enthält.

Haben Sie Anregungen, Kritik oder Verbesserungsvorschläge?

Ich freue mich, wenn Sie mir Rückmeldung geben. Schreiben Sie an lektorat@europa-lehrmittel.de.

Frühjahr 2014 Sophia Guter

Inhaltsverzeichnis

Themen der PowerPoint-Präsentationen (auf der Begleit-CD – Bestellnummer: 81213)

Allgemeine Hinweise für den Umgang mit Schrift
Aufschrift mit Notizenseiten
Auslandsanschrift
Bestandteile des Geschäftsbriefs
Bewerbung
Bildgewinnung für Bildschirmpräsentationen
Der Briefabschluss (Interaktive Präsentation)
Geschäftsbrief
Grafiken
Mit PowerPoint Objekte erstellen und gestalten
Schemabrief
Straßennamen
Tabellen nach DIN 5008 mit Word
Vorlagen erstellen und anwenden

Personalcomputer (PC)

Um mit einem Personalcomputer Textverarbeitung durchführen zu können, benötigen Sie entsprechende Geräte – die **Hardware** –, ein **Betriebssystem** und ein leistungsfähiges **Textprogramm** – die **Software**. Für das Erstellen von Präsentationen ist ein **Präsentationsprogramm** erforderlich.

Rechner (Zentraleinheit)

Bildschirm, Maus, Tastatur

Drucker

Zur **Hardware** gehören:

- **Zentraleinheit**
  Im Zusammenspiel mit geeigneter Systemsoftware regelt und koordiniert die Zentraleinheit die Eingabe, die Zwischenspeicherung, die Verarbeitung, den Transport und die Ausgabe von Daten.

- **Bildschirm** (Monitor)
  Bei Personalcomputern erfolgt die Eingabe- und Ausgabekontrolle von Texten und Grafiken zumeist auf dem Monitor.

- **Eingabegeräte**
  Unter Eingabe wird die manuelle oder automatische Erfassung von Informationen, Daten, Dateien oder Programmen für Verarbeitungsvorgänge mit EDV-Anlagen verstanden.

  Eingabegeräte sind z. B.
  Tastatur, Maus, Touchpad, Trackball, Touchscreen, Joystick, Grafiktablett, Scanner, Digitalkamera, Spracherfassungssysteme.

- **Ausgabegeräte**
  sind alle Systemkomponenten, die Ausgabedaten für Menschen in wahrnehmbarer Form darstellen können.

  Ausgabegeräte sind z. B.
  Drucker (Tintenstrahldrucker, Laserdrucker),
  Grafikkarte und Monitor, Beamer,
  Soundkarte und Lautsprecher.

▶ Externe Speicher

Um zu verhindern, dass beim Ausschalten des Computers oder beim Verlassen des Anwendungsprogramms die im **internen Speicher** (RAM) gespeicherten Daten verloren gehen, müssen diese auf **externen Speichern** abgelegt werden.

Externe Speicher sind an die Hauptplatine angeschlossene Geräteeinheiten, welche große Datenmengen dauerhaft und wiederaufrufbar auf zumeist magnetischen, optischen oder elektronischen **Datenträgern** speichern können. Datenträger sind z. B. Festplatten, Disketten, Magnetbänder, Speicherkarten, USB-Sticks, optische Speicher (z. B. CD-ROM, DVD). Neben der Speicherung auf der eigenen Hardware gibt es **Cloud-Speicherdienste** im Netz. Über diese Dienste können Daten ausgelagert werden, um von überall Zugriff darauf zu haben. Die Sicherheit der Daten bleibt umstritten – weitere Informationen sind unter http://cloud.irights.info dargestellt.

Alle magnetischen, elektronischen und einige optische Speichermedien können auch als kombinierte Ein- und Ausgabemedien bezeichnet werden.

Software ist der Oberbegriff für alle **Daten** und **Programme**, mit denen die Nutzung der Hardware erst möglich wird.

Daten sind Informationen, die von Computeranlagen erfasst, verarbeitet und ausgegeben werden. Programme bestehen aus Folgen von Computerbefehlen, die als Arbeitsanweisungen des Anwenders in der „Sprache der Maschine" Verarbeitungsvorgänge steuern und Ergebnisdaten bereitstellen.

Zur Software gehören:

Betriebssystem (z. B. Windows, Linux, Mac OS).
Das Betriebssystem ist ein Programmpaket zur Steuerung und Überwachung des Computers.

Anwendersoftware (z. B. Textprogramm, Kalkulationsprogramm, Datenbankprogramm, Grafikprogramm, Präsentationsprogramm, Bildbearbeitungsprogramm, integrierte Unternehmenssoftware).
Anwendersoftware sind Programme, die zur Lösung eines bestimmten Problems benötigt werden.

Multifunktionale Tastatur des Personalcomputers

Die Tastatur ist ein mechanisches Bedienfeld, bei dem durch Druck auf die Tasten elektronische Signale an den Computer gesendet werden. Über die Tastatur lassen sich Daten in Form von Buchstaben, Ziffern und Sonderzeichen eingeben, aber auch Kommandos an das System übermitteln.

Man unterscheidet die „normale" (herkömmliche) Tastatur, auch **Bretttastatur** genannt, und **ergonomische Tastaturen**, die durch eine natürliche Stellung der Hände ein ermüdungsfreies Arbeiten ermöglichen sollen. Sie können zweigeteilt und v-förmig gebogen sein. Die Tastatur kann wahlweise auch nach hinten abfallen, wogegen normale Tastaturen nach hinten ansteigend sind.

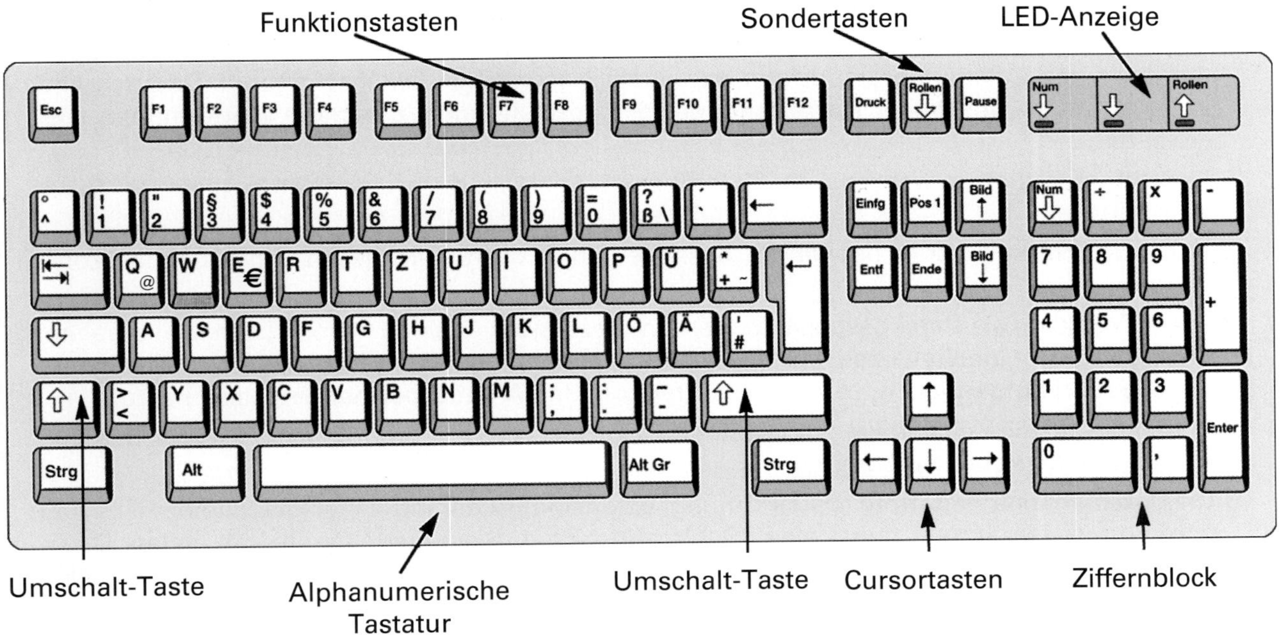

1.1 Erfassen, Speichern und Schließen von Dateien

Aufgabe 1:

Erfassen Sie folgenden Text als Fließtext. Wenn Sie beim Schreiben einen Eintastfehler bemerken, löschen Sie ihn mit der Rückschritt-Taste (Sofortkorrektur).

Wenn Sie einen Text mithilfe eines Textprogramms erfassen, wird dieser Text auf dem Bildschirm automatisch zwischen dem vom Programm vorgegebenen linken und rechten Rand angeordnet. Im Gegensatz zur Schreibmaschine brauchen Sie also innerhalb eines Textabsatzes die Zeilenschaltung - die Returntaste - nicht zu betätigen. Dieses Endlosschreiben bietet bei der computerunterstützten Textverarbeitung einen großen Vorteil. Texte, die am Computer auf diese Weise erfasst werden, nennt man Fließtexte. Der Text wird nach der sogenannten Ganzwortmethode angeordnet. Wenn ein Wort nicht mehr vollständig in die Zeile passt, setzt das Textprogramm das ganze Wort an den Anfang der nächsten Zeile. Dadurch entsteht allerdings wegen der relativ langen deutschen Wörter ein meist unschöner rechter Flatterrand. Textprogramme bieten ein Programm zur Worttrennung an; der erfasste Text kann nachträglich getrennt werden. Bei der manuellen Worttrennung können Trennvorschläge entweder bestätigt oder korrigiert werden. Durch eine entsprechende Voreinstellung ist es möglich, die Worttrennung schon während des Erfassens durchführen zu lassen. Dadurch kann es jedoch zu unschönen oder sogar falschen Trennungen kommen, die berichtigt werden müssen.

Vergeben Sie den Dateinamen TEXTERFASSUNG-1, und speichern Sie diesen Text. Schließen Sie die Datei.

- Sie erfassen den Text als **Fließtext**; wenn Sie in die Nähe des rechten Randes kommen, brauchen Sie keine Zeilenschaltung einzugeben. Schreiben Sie einfach weiter, ohne auf das Ende der Zeile zu achten. Passt ein Wort nicht mehr in die Zeile, wird es in die nächste Zeile übernommen, der **Zeilenumbruch** erfolgt automatisch („weiche" Zeilenschaltung). Dadurch entsteht rechts ein **unschöner Flatterrand**, den Sie vorläufig nicht durch die Worttrennung ausgleichen.
- **Eintastfehler**, die Sie während des Schreibens bemerken, berichtigen Sie mithilfe der Rückschritt-Taste.
- Nach der Erfassung ist es notwendig, dass Sie den Text gründlich lesen und bei Bedarf korrigieren.
- Jeder Text kann als **Datei gespeichert** werden. Dazu muss er einen Namen (Adresse) erhalten, unter dem er im **Inhaltsverzeichnis des Datenträgers**, z. B. der **Festplatte,** geführt und mit dem er bei Bedarf aufgerufen, d. h. vom Datenträger in den **Arbeitsspeicher** eingelesen wird.
- In den bis zu 255 Zeichen langen **Dateinamen** können z. B. mehrere Punkte, Leerzeichen und einige Sonderzeichen vorkommen.
- Die **Dateinamenerweiterung** (Dateikennung, Extension) ist der letzte Teil des Dateinamens und wird von diesem immer durch einen Punkt abgetrennt. Diese Erweiterung soll helfen, Dateiarten bzw. Dateigruppen zu identifizieren, und dient damit zur Gruppenbildung von Dateien und Programmen, z. B. BRIEF.DOCX, BLUME.JPG.
- Bevor eine neue Datei erstellt wird, kann die alte Datei geschlossen werden. Durch das Schließen wird die Datei vom Bildschirm und aus dem Arbeitsspeicher entfernt.

1.2 Worttrennung und geschützter Leerschritt

Aufgabe 2:

Erfassen Sie den folgenden Text als Fließtext. Aktivieren Sie die Worttrennung. Speichern Sie unter TEXTERFASSUNG-2.

Die Tastatur ist ein mechanisches Bedienfeld, bei dem durch den Druck auf die Tasten elektronische Signale an den Prozessor des Personalcomputers gesandt werden. Ein Bestandteil der heute verwendeten Multifunktionstastatur sind die Tasten zur Cursorsteuerung. Die Cursortasten werden zur schnellen Ansteuerung von Bildschirmpunkten eingesetzt. Der Cursor ist eine blinkende Markierung, die auf dem Bildschirm nicht zu übersehen ist. Vier Cursortasten befinden sich rechts neben der alphanumerischen Tastatur. Mithilfe dieser Tasten kann der Cursor zeilenweise nach oben oder unten und zeichenweise nach rechts oder links bewegt werden. Durch längeres Drücken entsteht Dauerfunktion. Über dem Cursorblock befinden sich die Pos1-Taste und die Ende-Taste, die den Cursor mit einem Tastendruck an den Anfang bzw. das Ende der Zeile setzen. Mithilfe der Bild-Auf-Taste und der Bild-Ab-Taste ist ein schnelles „Blättern" über mehrere Bildschirmseiten hinweg möglich. In Verbindung mit der Strg-Taste sind z. B. Cursorsprünge auf den Anfang des nächsten bzw. des letzten Wortes, auf den Anfang und den Schluss einer Datei möglich. Beim Einsatz einer Maus kann mithilfe des Mauszeigers der Cursor an jede beliebige Stelle im Text gesetzt werden.

Aufgabe 3:

Erfassen Sie den folgenden Text und geben Sie an den mit * gekennzeichneten Stellen einen geschützten Leerschritt ein. Speichern Sie den Text unter TEXTERFASSUNG-3.

Das Urheberrechtsgesetz vom 12.*Sept.*2003 (BGBl*I Nr.*46) regelt, dass die Vervielfältigung von Text und Bild nur mit Zustimmung des Urhebers erlaubt ist. Ausnahmen sind unter bestimmten Voraussetzungen lt. §*53 UrHG für den schulischen Gebrauch zulässig.

Worttrennung – Silbentrennung im Textverarbeitungsprogramm

- Um den beim Erfassen eines Textes entstehenden unschönen rechten Flatterrand auszugleichen, muss die Worttrennung durchgeführt werden.
- Die Worttrennung darf nie von Hand durch die Eingabe eines Mittestriches erfolgen, sondern muss immer programmtechnisch durchgeführt werden. Dadurch ist gewährleistet, dass nach Textänderungen nicht mehr benötigte Worttrennungen automatisch zurückgenommen werden.
- Die standardmäßig eingestellte Trennzone (0,75 cm) kann verkleinert werden, um einen möglichst gleichmäßigen rechten Rand zu erhalten.
- Man unterscheidet die manuelle und die automatische Worttrennung. Bei der manuellen Worttrennung werden Trennvorschläge angeboten, die bestätigt bzw. verbessert werden müssen. Bei der automatischen Worttrennung, die bereits beim Erfassen eines Textes eingesetzt werden kann, können unschöne Trennungen oder Fehler auftreten, die nachträglich verbessert werden müssen.

Geschützter Leerschritt

- Beim Erfassen eines Textes oder nach erfolgter Worttrennung ist es möglich, dass ein zusammengehörender Begriff, z. B. 2,99 €, am Zeilenende auseinandergerissen wird. Aus diesem Grund ist es notwendig, anstelle eines normalen Leerschrittes einen „geschützten Leerschritt" einzugeben. Er bewirkt, dass der gesamte Begriff auf der neuen Zeile steht.
- Strg + Umschalt-Taste + Leertaste

Siehe auch Lehrer\Handreichungen**Dauerhafte Aktivierung Silbentrennung** auf der Begleit-CD.

1.3 Verbessern von Texten – Markieren, Löschen und Einfügen

Aufgabe 4:

Erfassen Sie die folgenden Zeilen. Löschen Sie anschließend die rot dargestellten Zeichen.

```
einem tragen brauen Beitrag blickte Brote wieder Herren Regeln
Brauch landen lang leisten Pforte rostig Schlaf unrecht Zeilen
Herr Bogner hat die neuen Aufträge zur Zufriedenheit erledigt.
Wir gewähren auf Kleider der letzten Saison jetzt 20 % Rabatt.
```

Speichern Sie unter TEXTERFASSUNG-4.

Aufgabe 5:

Erfassen Sie die folgenden Zeilen mit Zeilenschaltung (Return):

```
Text wider genau Information weben anfahren brach
vorgenommen Lieferbedingungen merken Schüssel bat
```

Fügen Sie die rot unterlegten Zeichen ein, und speichern Sie unter TEXTERFASSUNG-5:

```
Textil wieder ungenau Informationen werben angefahren brachte
voreingenommen Lieferungsbedingungen bemerken Schlüssel brate
```

Markieren

Markierte Bereiche werden in Textverarbeitungsprogrammen farbig hinterlegt dargestellt. Es gibt verschiedene Markierungsmöglichkeiten:

❑ Markieren durch Mausziehen

Sie klicken auf die Stelle, an der die Markierung beginnen soll. Dann wird die linke Maustaste gedrückt und die Maus nach rechts bewegt. Bewegungen nach rechts oder unten vergrößern die Markierung, Bewegungen nach links oder oben verkleinern die Markierung. Wenn Sie die Maustaste loslassen, steht die Markierung fest.

❑ Markieren mithilfe der Tastatur

Sie setzen den Cursor an den Anfang des zu markierenden Bereichs. Dann drücken Sie die Umschalt-Taste. Jetzt können Sie die Markierung mit den vier Cursortasten zeichenweise vergrößern oder verkleinern. Für größere Textbereiche stehen außerdem die Tasten Bild↑, Bild↓, Pos1 und Ende zur Verfügung.

Durch den Einsatz der Strg-Taste zusätzlich zur Umschalt-Taste vergrößert sich der Bereich nochmals. Beispiel: Strg + Umschalttaste + Ende → Markierung bis zum Dateiende

❑ Schnelles Markieren bestimmter Bereiche

Wort	Doppelklick ins Wort
Satz	Strg + Mausklick in den Satz (Word)
Zeile	Klick in der Markierungsspalte (Word)
Absatz	Dreifachklick im Text
Gesamte Datei	Dreifachklick in der Markierungsspalte oder Strg + A

Löschen

Die Entfernen-Taste oder die Rückschritt-Taste löschen die markierten Textteile. Besteht keine Markierung, löscht die Entfernen-Taste das Zeichen rechts der Cursorposition. Mit der Rückschritt-Taste wird das Zeichen links der Cursorposition gelöscht.

Einfügen

Die meisten Textprogramme arbeiten standardmäßig im Einfügemodus. An der Cursorposition können Zeichen in beliebiger Menge eingefügt werden. Der nachfolgende Text verschiebt sich nach rechts. Ist eine Textstelle markiert, so wird die Markierung in der Regel durch die Eingabe ersetzt.

1.4 Absätze

Aufgabe 6:

Erfassen Sie folgenden Text als Fließtext. Trennen Sie die Absätze durch je eine Leerzeile.

Smartphone

In den 90er-Jahren prägte Apple den Begriff PDA (Personal Digital
Assistent) für einen tragbaren PC mit Touchscreen. Den PDAs blieb
der Erfolg versagt; sie wurden durch das Smartphone abgelöst.

Das Smartphone ist eine ideale Kombination von Handy, PC, Kamera
und vielen weiteren Funktionen in Form von Apps. Durch seine
Internetfähigkeit ist das Smartphone eine echte Kommunikations-
zentrale für die Westentasche; allerdings ist der Streichel-PC
für den Einsatz im Büro nicht geeignet.

Tatsache ist, dass diese Kommunikationsmöglichkeiten, die in der
Regel unabhängig vom Stromnetz funktionieren, unser Alltagsleben
gravierend verändern werden oder bereits verändert haben.

Wir können unabhängig von Ort und Zeit Informationen abrufen
und Mitteilungen versenden, aber es bestehen berechtigte Zweifel,
ob wir der Informationsflut auf die Dauer gewachsen sind. Vermut-
lich wird unsere Kommunikation in dem Maße oberflächlicher, in
dem der Spaß an der Technik zunimmt. So besteht durchaus die
Gefahr, dass wir der immensen Flut von E-Mails, SMS und Tweets
nicht mehr Herr werden und dadurch die Qualität unserer Mit-
teilungen zu wünschen übrig lässt. Beim Versuch, den Tagesablauf
zu optimieren, wächst die Versuchung, vereinbarte Termine immer
wieder zu verschieben, weil es durch eine ständige Erreichbarkeit
möglich ist, jederzeit umzudisponieren. Auf die Dauer dürfte dies
der Verlässlichkeit einer privaten und geschäftlichen Beziehung
nicht zuträglich sein.

Ob wir die Fülle der Informationen bewältigen und in der Lage
sind, sie in nachhaltiges Wissen umzuwandeln, liegt in der Fähig-
keit jedes Einzelnen, kritisch zu analysieren und Prioritäten
setzen zu können. Die Gefahr, sich gehetzt und getrieben zu
fühlen, wird wachsen und auch die Gefahr, menschliche Kontakte zu
vernachlässigen.

Führen Sie die Worttrennung durch und speichern Sie unter TEXTERFASSUNG-6. Drucken Sie die Datei.

- Ein Text wird übersichtlicher und dadurch leichter lesbar, wenn er in **Absätze** gegliedert wird. Ein Absatz kann aus einem Satz oder mehreren Sätzen bestehen. In einem Absatz wird zusammengefasst, was inhaltlich zusammengehört.
- Nach DIN 5008 werden Absätze durch eine Leerzeile getrennt.
- In der **Drucktechnik** versteht man unter einem Absatz einen Textblock, der einheitliche typografische Merkmale (z. B. Textausrichtung) aufweist. Auch der Abstand zwischen zwei Absätzen (z. B. eine Leerzeile) ist ein Formatierungsmerkmal und kann über die Absatzformatierung (Absatzabstand vor/nach) geregelt werden.

Siehe auch Lehrer\Handreichungen**Absatzabstand** auf der Begleit-CD.

1.4 Absätze

Aufgabe 7:

Erfassen Sie folgenden Text. Fügen Sie während des Erfassens Sinnabsätze ein.

Kreatives Schreiben am PC

Jeder, der Texte erstellen muss, weiß um die Probleme, welche die
Formulierung, die verständlich zu sein hat, und die Gestaltung des
Textes, der ansprechend und übersichtlich sein sollte, mit sich
bringen. Am besten ist es sicher, vor der Texterstellung eine
grobe Gliederung zu erstellen, in welcher die Hauptpunkte, um die
es geht, aufgeführt werden. Sinnvoll ist es auch, evtl. Unter-
punkte zu definieren und Stichworte zu den einzelnen Punkten zu
notieren. Hat man die Haupt- und Unterpunkte, also die Gliede-
rungsebenen, erarbeitet, empfiehlt es sich, das Seitenlayout fest-
zulegen und Formatvorlagen, z. B. für den Standardtext, die Über-
schriften, die Kopf- und Fußzeile anzulegen bzw. vorhandene For-
matvorlagen zu ändern. Der Festlegung der Schriftarten und der
Schriftgrößen kommt einige Bedeutung zu, denn das Verhältnis der
Schriftgrößen von Überschriften und Standardtext sollte ausgewogen
sein. Für den Standardtext ist eine gut lesbare Grundschrift zu
verwenden, deren Anmutung zum Inhalt des Textes passt, für die
Überschriften ist eine aussagestarke Schrift einzusetzen. Auch für
die Absatzgestaltung können Formatvorlagen angelegt werden, die
z. B. die Ausrichtung oder den Zeilenabstand regeln. Alle diese
Vorarbeiten können in einer Vorlage gespeichert und in Zukunft für
andere, ähnliche Texte verwendet werden. Nachdem die Gliederungs-
ebenen im Entwurf festgelegt sind, kann mit der Arbeit begonnen
werden, denn der Computer erlaubt es, jederzeit neue Gedankengänge
an der richtigen Stelle einzuarbeiten. Während der Arbeit wird man
feststellen, dass bestimmte Wörter oder Textpassagen immer wieder
auftreten. Um sich auch hier die Arbeit zu vereinfachen, werden
Textbausteine angelegt, die bei Bedarf aufgerufen werden. Das
Textprogramm macht während der Texterfassung auf Tippfehler oder
Rechtschreibfehler aufmerksam, die am besten sofort berichtigt
werden. Auch bestimmte Grammatikfehler werden angemahnt und können
ausgemerzt werden. Ist für eine größere Arbeit ein Inhalts-,
Abbildungs- oder ein Stichwortverzeichnis nötig, bietet das Text-
programm auch hier entsprechende Hilfen an.

Führen Sie die Worttrennung durch.
Speichern Sie den Text unter dem Dateinamen TEXTERFASSUNG-7. Drucken Sie die Datei.

Aufgabe 8:

Öffnen Sie die Datei TEXTERFASSUNG-8 (Begleit-CD).
Gestalten Sie das Gedicht so, dass immer 4 Zeilen einen Absatz bilden.
Speichern Sie das Gedicht unter dem Dateinamen TEXTERFASSUNG-8A. Drucken Sie das Gedicht.

- ❑ Gespeicherte Dateien können von der Festplatte oder einem externen Datenträger in den Arbeitsspeicher **geladen** werden.
- ❑ Eine Datei, die sich am Bildschirm bzw. im Arbeitsspeicher befindet, kann **ausgedruckt** werden.

1.5 Rechtschreibprüfung – Grammatikprüfung

❑ Allgemeines

Textprogramme können Texte auf Eintast- und Rechtschreibfehler überprüfen. Dabei wird jedes Wort mit den Einträgen des internen Wörterbuches verglichen. Weicht die Schreibweise im Text von den Einträgen im Wörterbuch ab, wird das Wort im Text durch eine **rote Schlangenlinie** markiert, sofern die **automatische Rechtschreibprüfung** eingeschaltet ist.

Nicht jedes durch die Rechtschreibprüfung markierte Wort muss fehlerhaft sein. Es ist möglich, dass das markierte Wort nicht im Wörterbuch aufgeführt ist. Ist dies der Fall, kann das unbekannte Wort dem **Benutzerwörterbuch** hinzugefügt werden. Alle Programme eines Office-Pakets verwenden dasselbe Benutzerwörterbuch.

Leider kann das Programm nicht alle Fehler entdecken. So kann die Rechtschreibprüfung nicht erkennen, ob es sich um die WIESE handelt oder um die WEISE, beide Wörter sind im internen Wörterbuch aufgeführt.

❑ Fremdsprachige Texte

Auch fremdsprachige Texte können überprüft werden, wenn die entsprechende Sprache gewählt ist und das fremdsprachige Wörterbuch installiert ist. In der Regel ist das englische, französische und italienische Wörterbuch installiert. Werden häufig fremdsprachige Texte, z. B. englische Texte, erfasst, schaltet das Programm meist selbsttätig nach der Eingabe von einigen Wörtern in die englische Sprache um.

Leider behandeln manche Programme Texte auch dann z. B. als englischsprachig, wenn nur wenige englische Begriffe vorkommen. Um dies zu verhindern, müssen Sie die **automatische Spracherkennung** deaktivieren.

❑ Korrekturmöglichkeiten

Ein falsch geschriebenes Wort kann auf verschiedene Art und Weise korrigiert werden. Es ist möglich, wie gewohnt durch Löschen oder Einfügen von Zeichen zu verbessern.

Rationeller ist es sicher, mit der rechten Maustaste auf das falsch geschriebene Wort, das durch eine rote Wellenlinie markiert ist, zu klicken. Das **Kontextmenü** stellt dann in der Regel **Korrekturvorschläge** zur Verfügung. Ein passender Vorschlag kann dann durch einen Klick mit der linken Maustaste ausgesucht werden und wird sofort in das Dokument übernommen. Ist kein passender Menüvorschlag vorhanden, muss der Fehler manuell, z. B. durch Einfügen oder Löschen, berichtigt werden.

Die Rechtschreibprüfung muss nicht automatisch ablaufen, es gibt auch die Möglichkeit, sie **schrittweise** durchzuführen. Dabei wird bei jedem Fehler oder vermeintlichen Fehler über das weitere Vorgehen, z. B. Korrektur, keine Korrektur, entschieden.

❑ Hinweis

Die Rechtschreibprüfung von Textverarbeitungsprogrammen erkennt nicht alle neuen Regeln der Rechtschreibung. Es ist deshalb erforderlich, die Schreibweise im Text auf jeden Fall selbst zu überprüfen.

❑ Grammatikprüfung

Es ist möglich, gleichzeitig mit der Rechtschreibprüfung die Grammatik zu prüfen. Grüne Schlangenlinien markieren evtl. Grammatikfehler. Auch hier stellt das Kontextmenü (Klick mit der rechten Maustaste) Vorschläge für eine Verbesserung zur Verfügung. Wenn nur die Rechtschreibprüfung durchgeführt werden soll, müssen Sie die **automatische Erkennung von Grammatikfehlern** deaktivieren.

Siehe auch Begleit-CD\Lehrer\Handreichungen**Voreinstellungen für das Textprogramm Word.**

1.5 Rechtschreibprüfung – Grammatikprüfung

Aufgabe 9:

Im nachstehenden Text sind Eintast-, Rechtschreib-, Grammatik- und Satzzeichenfehler enthalten, die Sie suchen sollen.

Öffnen Sie anschließend die Datei TEXTERFASSUNG-9 (Begleit-CD). Testen Sie Ihr Rechtschreibprüfprogramm! Ergänzen Sie Ihr Benutzerwörterbuch! Versuchen Sie die Grenzen der Rechtschreib- und Grammatikprüfung zu erklären!

Speichern Sie den verbesserten Text unter dem Dateinamen TEXTERFASSUNG-9A.

Erneuerbare Energien

Die globale Erderwärmung, die man in den letzten Jahrzehnten beobachten konnte, wird zumindet teilweise dem Ausstoß von klimaschädlichen Gasen wie Kohlenstoffdioxid, Methan, Distickstoffoxid usw. zugeschrieben.

Katastrophen, die sich in den letzte Jahren ereigneten, werden zunehmend in Zusammenhang mit der riskanten Gewinnung von Energei gebracht.

Tragische Ereignisse, z. B. die Explosion der Erdölplattform Deepwater Horizon oder die Problematik der Stromerzeugung durch Kernkraftwerke, macht es dringend erforderlich, den Ausbau der regenerativen Energien zu forzieren.

Das 2005 in Kraft getretene Kyoto-Protokoll legt fest, den Treibhausgas-Ausstoß der Industrieländer bis 2012 um ca. 5 % gegenüber 1990 zu reduzieren.

Das Energiekonzept der Bundesregierung Deutschland von 2010 sieht u. a. vor, das bis zum Jahr 2020 der Anteil der Stromversorgung aus erneuerbaren Energien 35 % betragen soll, Das ist eine gewaltige Herausforderung, denn laut einer Veröffentlichung des Bundesverband der Energie- und Wasserwirtschaft e. V. betrug im Jahr 2009 der Anteil der erneuerbare Energien an der Stromgewinnung 16 %.

Forscher, Wissenschaftler und Techniker arbeitet in vielen Ländern der Erde intensiv daran, umweltfreundliche Techniken und Materialein zu entwickeln, um den ständig wachsenden Energiebedarf decken zu können.

Ungeachtet dieser Anstrengungen sollte jeder Einzelne sein Energiekonto überprüfen. Selbstverständlich kann sich nur wenige Privilegierte ein Niedrigenergiehaus bauen oder eine Photovoltaikanlage auf dem Dach installieren, doch kann im häuslichen Bereich oder am Arbeitsplatz an vielen Stellen Energie eingespart werden, ohne auf die gewohnte Lebensqualität verzichten zu müssen. Auch die Wahl des Verkehrsmittel sollte nicht immer unter dem Aspekt der Zeitgewinnung stattfinden, vielmehr sollte man sich für den Weg zur Arbeit oder in der Freizeit – wenn möglich – für ein umweltfreundliches Verkehrsmittel entscheiden.

Bitte Fehlerkorrektur durchführen!

2.1 Zeichenformatierung – Unterstreichen und Großbuchstaben

Aufgabe 1:

Erfassen Sie folgenden Text; unterstreichen Sie während des Erfassens. Speichern Sie unter TEXT-1.

E-Mail

Seit das Internet die Welt erobert hat, wird der Schriftverkehr mehr und mehr elektronisch erledigt.

Um E-Mails verschicken zu können, benötigt man einen Internet-anschluss bei einem Internet-Provider oder Online-Dienst, eine E-Mail-Adresse und ein E-Mail-Programm.

Mit dem Zugang zum Internet wird auch ein elektronisches Postfach eingerichtet. Mit dem Postfach erhält man automatisch eine E-Mail-Adresse; sie ist weltweit gültig, und es gibt sie nur einmal.

E-Mail-Adressen sind nach einem bestimmten Schema aufgebaut: Zuerst kommt der Name, dann das AT-Zeichen @, es folgt die Domain, (Name des Providers oder Online-Dienstes), und am Ende steht die länderspezifische TDL (Top-Level-Domain), z. B. .de, .fr. Leerzeichen zwischen Vor- und Nachname werden durch einen Punkt oder einen Unterstrich ersetzt. Eine typische E-Mail-Adresse sieht wie folgt aus: Karl.Mueller@t-online.de.

Bei Sendungen ins Ausland sollte auf „ß" und Umlaute verzichtet werden.

Aufgabe 2:

Öffnen Sie die Datei TEXT-2 (Begleit-CD); unterstreichen Sie nachträglich. Speichern Sie unter TEXT-2A.

DVD

Die DVD (digitale vielseitige Scheibe) ist ein neuartiges Speichermedium, das die CD-ROM schon zum Teil ersetzt hat.

Auf einer DVD lassen sich Daten, Bilder und Töne in höchster Qualität abspeichern. Derzeit kann eine DVD bis zu ca. 17 Gigabyte an Daten fassen, was dem 7-Fachen einer CD-ROM entspricht.

- Wichtige Textteile können durch **Unterstreichen** hervorgehoben werden. Nach DIN 5008 sollten Unterlängen von Buchstaben weder gestreift noch geschnitten werden, so dass in diesen Fällen eine andere Hervorhebungsart, z. B. Fettschrift, zu wählen ist. Dies gilt nicht für die automatisch vorgenommene Andeutung von Hyperlinks.

  Das Unterstreichen beginnt unter dem ersten und endet unter dem letzten Schriftzeichen des hervorzuhebenden Textteils. Satzzeichen innerhalb einer Hervorhebung werden mit unterstrichen. Satzzeichen am Ende einer Hervorhebung werden nur dann in die Hervorhebung einbezogen, wenn sie inhaltlich zum hervorzuhebenden Teil gehören.
- **Großbuchstaben** eignen sich nur für Abkürzungen, zur Hervorhebung weniger Wörter oder zur Auszeichnung von Überschriften. Für längere Passagen sind sie nicht geeignet, da Texte, die nur aus Großbuchstaben bestehen, schwer zu lesen sind.

Siehe auch Bildschirmpräsentation **Allgemeine Hinweise für den Umgang mit Schrift** auf Seite 148 und auf der Begleit-CD.

2.2 Zeichenformatierung – Schriftschnitt (Fettdruck, Kursivschrift)

Aufgabe 3:

Gestalten Sie die nachstehende Speisekarte, indem Sie Fettdruck und Kursivschrift sinnvoll einsetzen. Speichern Sie die Karte unter TEXT-3.

```
NEPTUN-SPEZIALITÄTEN-RESTAURANT
Tagesmenü
in der Woche vom
21. bis 25. Oktober 201.

Montag
Süppchen von Küstenfischen
Hamburger Pfannfisch
Gebratenes Filet vom Angelschellfisch
Rote Grütze

Dienstag
Reissuppe mit Krabben
Geräucherter Heilbutt
Schellfisch, gekocht mit Senfbutter
Gemischtes Eis

Mittwoch
Hummercremesüppchen
Sülze von Edelfischen
Nordseescholle mit Meeresfrüchten gefüllt
Fruchtsoufflé

Donnerstag
Edelfischrahmsuppe
Marinierte Heringsleckerbissen
Aal, gebraten in Butter mit Apfelspalten
Walnuss-Weinschaum

Freitag
Hamburger Aalsuppe
Hummer "Thermidor" oder im Würzsud gekocht
Mokkasahnecreme
```

Aufgabe 4:

Öffnen Sie die Datei TEXT-4 (Begleit-CD); gestalten Sie die Speisekarte. Speichern Sie den Text unter dem Dateinamen TEXT-4A ab.

Aufgabe 5:

Öffnen Sie die Datei TEXT-5 (Begleit-CD); gestalten Sie den Text. Speichern Sie den Text unter dem Dateinamen TEXT-5A ab.

- Es empfiehlt sich, in einem Schriftstück nicht mehr als zwei, maximal drei **Schriftschnitte** (normal, fett, kursiv) einzusetzen. Mit der Zuordnung eines Schriftschnitts kann die Zugehörigkeit von Begriffen zu einer Gruppe optisch dargestellt werden. Verschiedene Schriftschnitte können kombiniert werden, z. B. fett und kursiv.

2.3 Zeichenformatierung – Schriftarten und Schriftgrößen

Aufgabe 6:

Erfassen Sie folgenden Satz in einer nicht proportionalen Schrift, z. B. Courier, Schriftgröße 12 Punkt.

```
Peter Mitterhofer ist der Erfinder der Schreibmaschine.
```

Formatieren Sie den obigen Satz in den Schriftgrößen 14 Punkt, 16 Punkt, 18 Punkt, 10 Punkt, 8 Punkt.

Aufgabe 7:

Erfassen Sie folgenden Satz in einer Proportionalschrift mit Serifen, z. B. Times New Roman, 12 Punkt.

Peter Mitterhofer aus Partschins (Südtirol) ist der Erfinder der Schreibmaschine.

Formatieren Sie den obigen Satz in den Schriftgrößen 14 Punkt, 16 Punkt, 10 Punkt, 8 Punkt, 6 Punkt.

Aufgabe 8:

Erfassen Sie folgende Überschrift in einer Proportionalschrift ohne Serifen, z. B. Arial, 12 Punkt.

Peter Mitterhofer – das Genie aus Südtirol –

Formatieren Sie die Überschrift in den Schriftgrößen 14 Punkt, 16 Punkt, 18 Punkt, 20 Punkt usw.

- Unter dem Begriff **Schriftart** versteht man eine Sammlung von Zeichen in definierten Größen und Formen.
- Bei **nicht proportionalen Schriften**, z. B. Courier, ist jeder Buchstabe gleich breit. Der schmale Buchstabe „i" nimmt den gleichen Platz ein wie der breite Buchstabe „m". Bedingt durch die gleiche Schrittweite können bei der Courier, Schriftgröße 12 Punkt, 10 Zeichen auf 2,54 cm (1 Zoll) untergebracht werden. Bei der Courier, Schriftgröße 10 Punkt, passen 12 Zeichen auf ein Zoll.
- **Proportionale Schriften**, z. B. Times New Roman, berücksichtigen den tatsächlichen Platzbedarf der Zeichen, so nimmt ein „i" weniger Platz ein als ein „w".
- In der Drucktechnik wird die **Schriftgröße** in **Punkt** angegeben (Schriftgrad). 1 Zoll hat 72 Punkt. Ein Zeichen, das 1/6 Zoll hoch ist, hat also den Schriftgrad 12. Da 1 Zoll 2,54 cm entspricht, ergibt sich für 1 Punkt ca. 0,352 mm, d. h., 3 Punkt entsprechen ca. 1 mm.
- Generell werden bei den Schriftgrößen drei Klassen unterschieden: **Konsultationsgrößen** (6 bis 8 Punkt, z. B. für Telefonbücher, Lexika, Fußnoten), **Lesegrößen** (9 bis 12 Punkt, z. B. für Bücher und Zeitungstexte) und **Schaugrößen** (14 Punkt und mehr, z. B. für Überschriften).
- Es gibt Schriftarten mit und ohne Serifen. Serifen werden die kleinen Querstriche am oberen und unteren Ende von Zeichen genannt. Schriftarten mit Serifen, wie die Times New Roman, sind bei längerem Text besser lesbar. Serifenlose Schriftarten, wie die Arial, laufen am Buchstabenende gerade aus, sie sind für Überschriften besonders geeignet.
- Darüber hinaus finden zur Gestaltung von besonderen Schriftstücken **Zierschriften** und **Schreibschriften** Anwendung.
- Prinzipiell sollten Sie darauf achten, dass Sie eine Schriftart wählen, die gut lesbar ist und zum Inhalt des Textes passt. So vermittelt die Serifenschrift Times New Roman einen konservativen Eindruck, während die serifenlose Schrift Arial klar, kühl und plakativ anmutet.
- Für jede Schriftart wird die Beschreibung, wie jedes einzelne Zeichen einer Schriftart auf dem Bildschirm oder Drucker ausgegeben wird, in einem **Zeichensatz** festgelegt. Diese Dateien werden als **Fonts** bezeichnet.

Siehe auch Seite 148 ff.

2.4 Zeichenformatierung – Weitere Möglichkeiten (Schriftfarbe, Hintergrundfarbe, Zeichenabstand)

Aufgabe 9:

Erfassen Sie folgenden Text. Weisen Sie der Überschrift eine andere Schriftfarbe zu.

Absatz

Ein Absatz ist ein einzelner zusammenhängender Textblock in einem Dokument. Sie können für jeden Absatz ein spezielles Format fest-legen oder mehrere Absätze eines Dokuments gleich formatieren.

Aufgabe 10:

Erfassen Sie folgenden Text. Weisen Sie der Überschrift eine andere Hintergrundfarbe zu.

Zeichensatz

Windows hält für seine Benutzer zahlreiche Zeichensätze, auch Schriftarten genannt, bereit. Der Zeichensatz umfasst alle Buch-staben, Zahlen und Symbole, die sich in einer Schrift darstellen lassen. Je nach Schriftart variiert er in Aussehen und Ausstat-tung.

Aufgabe 11:

Erfassen Sie den ersten Absatz des folgenden Textes mit der Schriftart Courier, 10 Pt.
Ändern Sie die Laufweiten, indem Sie den Text mit Zeichenabstand 2 Pt, 4 Pt, 6 Pt darstellen.

Der Abstand zwischen zwei Druckzeichen wird als Zeichenabstand bezeichnet.

Der Abstand zwischen zwei Druckzeichen wird als Zeichen-abstand bezeichnet.

Der Abstand zwischen zwei Druckzeichen wird als Zeichenabstand bezeichnet.

Der Abstand zwischen zwei Druckzei-chen wird als Zeichenabstand bezeich-net.

Aufgabe 12:

Erfassen Sie den ersten Absatz des folgenden Textes mit der Schriftart Courier, 12 Pt.
Verringern Sie die Laufweite um 2 Pt. Beurteilen Sie das Ergebnis.

Die Zeilenbreite ist der Abstand vom Beginn der Zeile bis zum Ende der Zeile.
Die Zeilenbreite ist der Abstand vom Beginn der Zeile bis zum Ende der Zeile.

- Die **Hintergrundfarbe** gehört genau genommen nicht zu den Zeichenformatierungen, denn das Zeichen selbst wird nicht formatiert. Die Funktion ähnelt der eines Textmarkers auf dem Papier.
- Unter **Laufweite** versteht man den Abstand der Buchstaben zueinander. Wird die Laufweite erhöht, spricht man von **Sperren** (empfiehlt sich besonders für manche Zierschriften), wird sie verringert, bezeichnet man das als **Unterschneiden**.

2.5 Absatzformatierung – Absatzausrichtung (Blocksatz, Zentrieren, links- und rechtsbündig)

❑ **Textausrichtungen**

Ein Text kann innerhalb des linken und rechten Randes im **Blocksatz, zentriert, links-** oder **rechtsbündig** angeordnet werden.

Blocksatz	zentriert	linksbündig	rechtsbündig
XXXX XX XX XX X X XX XX XXXXX X X XX	XXXX XX XXX X X XXXXX X X	XXXXXXX XX X X XXXX XXXX XX XX XX	XXXXXXX X XX X XXXX XXXX XX XX XX

Aufgabe 13:

Öffnen Sie die Datei TEXT-13 (Begleit-CD). Führen Sie die Worttrennung durch, und richten Sie den Text im Blocksatz aus. Speichern Sie den Text unter dem Dateinamen TEXT-13A.

Aufgabe 14:

Erfassen Sie folgenden Spruch in einer Proportionalschrift. Probieren Sie verschiedene Textausrichtungen (rechtsbündig, zentriert), Schriftarten und -größen aus. Speichern Sie unter TEXT-14.

Wir denken selten
beim Licht an Finsternis
beim Glück ans Elend
bei der Zufriedenheit an Schmerz
aber umgekehrt
jederzeit

Immanuel Kant

Aufgabe 15:

Gestalten Sie das Deckblatt für ein Tagungsmanuskript. Speichern Sie die Datei unter TEXT-15.

Die Firma HAUEISEN – Kommunikationsindustrie AG – , Möhringer Straße 5, 70351 Stuttgart, Telefon 0711 7844-0, Telefax 7833-275, E-Mail: Haueisen@z-web.de, plant eine Fortbildungsveranstaltung für Organisationssachbearbeiter/innen von Unternehmungen und Behörden.
Sie findet am 15. und 16. Mai statt. Thema: „Der Personalcomputer und die Telekommunikation"; Ort der Veranstaltung: Waldhotel Stuttgart, Stuttgart-Degerloch, Waldstraße 1.

Aufgabe 16:

Gestalten Sie ein Deckblatt für Ihren Hefter „Textverarbeitung". Das Deckblatt sollte nachstehende Angaben enthalten. Speichern Sie unter TEXT-16.

Schulname und Schulort
Fachbezeichnung
Schuljahr

Vor- und Zuname
Klassenbezeichnung

❑ Ist sowohl der linke als auch der rechte Rand eines Absatzes gerade, spricht man vom **Blocksatz**. Wird die Ausrichtung Blocksatz gewählt, sollte die Worttrennung durchgeführt werden.

❑ In der Regel werden Texte **linksbündig** erfasst, der rechte Rand flattert. Ist nur der rechte Rand eines Absatzes gerade, spricht man von **rechtsbündig**.

❑ Beim **Zentrieren** werden eine oder mehrere Zeilen „mittig" gesetzt, sodass der linke und der rechte Rand „flattern".

Siehe auch Seite 148 ff.

2.6 Absatzformatierung – Tabulator

❑ **Tabulatoren**

linksbündig | rechtsbündig | zentriert | Dezimaltabulator

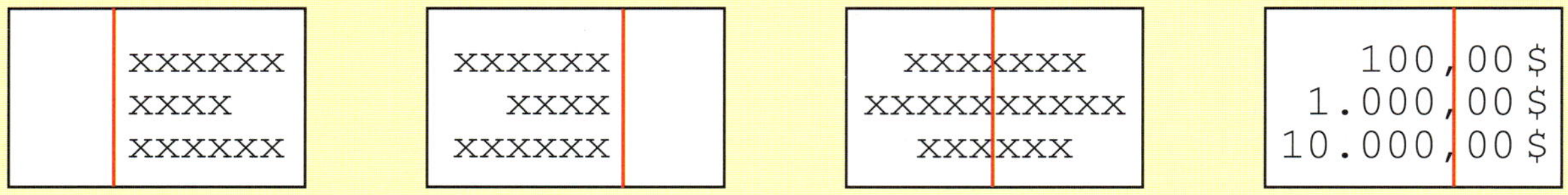

Aufgabe 17:

Setzen Sie einen linksbündigen Tabulator (Tabstopp) auf 7,5 cm, und erfassen Sie folgenden Lebenslauf.

Lebenslauf

Vorname und Name:	**Sieglinde Fröhlich**
Geburtstag:	25. Juli 1996
Geburtsort:	Itzehoe
Anschrift:	25524 Itzehoe
	Steinitzer Straße 4
Eltern:	Albert Fröhlich
	Schreinermeister
	Martha Fröhlich geb. Fink
	Hausfrau
Geschwister:	Ute, 14 Jahre, Schülerin
	Thomas, 19 Jahre, Schüler
Schulbesuch:	September 2002 – Juli 2005
	Grundschule in Itzehoe
	September 2005 – Juli 2012
	Schlossrealschule in Itzehoe
	Mittlerer Bildungsabschluss
	September 2012 – Juli 2013
	Höhere Berufsfachschule in Itzehoe
Zusätzliche Angaben:	Gute Kenntnisse in Spanisch
	Fit im Umgang mit dem Office-Paket
Itzehoe, 10. Juli 2013	

Speichern Sie den Lebenslauf unter TEXT-17.

❑ Mithilfe von **Tabulatoren** lassen sich einfache **Tabellen** gestalten. Tabulatoren sind Markierungen im Zeilenlineal, die angeben, wohin der Cursor nach Druck auf die **Tabulatortaste** springt.

❑ Die meisten Textprogramme bieten **Standardtabulatoren** an. Der Abstand der **Tabstopps** beträgt in der Regel 1,25 cm. Durch Betätigen der **Tab-Taste** wird der nächste Tabstopp erreicht. Der Abstand der Standardtabulatoren kann jedoch nach Bedarf verändert werden.

❑ Bei Bedarf können **individuelle Tabstopps** gesetzt werden. Dabei ist es möglich, je nach der gewünschten Ausrichtung des Textes zwischen **links-** und **rechtsbündigen Tabulatoren**, **Tabulatoren**, die den Text **zentrieren**, und **Dezimaltabulatoren** zu wählen.

❑ Der durch einen Tab-Sprung erzeugte Zwischenraum ist leer. Er kann, z. B. bei Inhaltsverzeichnissen, mit einer punktierten Linie **(Füllzeichen)** versehen werden.

Siehe auch PowerPoint-Präsentation **Bewerbung** auf der Begleit-CD.
Siehe auch **Lebenslauf** Seiten 36, 178 und 179.

2.6 Absatzformatierung – Tabulator

Aufgabe 18:

Setzen Sie einen linksbündigen Tabulator (Tabstopp) für die zweite Spalte. Erfassen Sie nachstehende Aufstellung.

Ergänzen Sie die Tabelle, evtl. mithilfe einer Recherche im Internet, mit Ihnen bekannten Top-Level-Domains. Ändern Sie die Überschrift entsprechend.

Sortieren Sie die Top-Level-Domains alphabetisch.

Speichern Sie unter TEXT-18.

Sieben neue thematische Top-Level-Domains (TLDs) im Internet

Endung	**Adresse für**
.aero	Luftverkehr
.biz	kommerzielle Unternehmen
.coop	Genossenschaften
.info	allgemeine Informationsangebote
.museum	Museen
.name	Privatpersonen
.pro	Anwälte, Steuerberater, Ärzte

Aufgabe 19:

Setzen Sie einen rechtsbündigen Tabstopp auf 14 cm, und erfassen Sie die Kopfzeile. Setzen Sie einen rechtsbündigen Tabstopp mit Füllzeichen. Erfassen Sie das Inhaltsverzeichnis.

Speichern Sie unter TEXT-19.

INHALT	ab Seite
Britische Inseln	21
Deutschland	35
Frankreich	67
Griechenland	88
Großbritannien	90
Holland	92
Irland	96
Italien	101
Malta	110
Österreich	112
Portugal	132
Schweiz	150
Spanien	172
Türkei	190
Individuelle Wanderferien	220
Wanderkreuzfahrten	273
Reisekalender	282
Allgemeine Hinweise und Bedingungen	283

2.6 Absatzformatierung – Tabulator

Aufgabe 20:

Setzen Sie einen linksbündigen Tabstopp auf 2,5 cm und einen Dezimaltabulator auf 12 cm. Erfassen Sie nachstehenden Briefauszug.

Speichern Sie unter TEXT-20.

Sehr geehrter Herr Müller,

wir bitten Sie folgende Rechnungsbeträge bis Ende d. M. zu begleichen:

Rechnung Nr. 345	17,00 €
Rechnung Nr. 353	200,10 €
Rechnung Nr. 367	51,70 €
Rechnung Nr. 389	2.500,50 €
Rechnung Nr. 401	12.420,50 €
Rechnung Nr. 405	22,50 €
Rechnung Nr. 406	21,25 €
Rechnung Nr. 407	26,10 €

Mit freundlichen Grüßen

OFEN & EHRLICH

Aufgabe 21:

Erfassen Sie nachstehende Menükarte mithilfe von zentrierten Tabulatoren auf 3 und 12,5 cm.

Speichern Sie unter TEXT-21.

Menü I	**Menü II**
Vorspeise	**Vorspeise**
Selleriesuppe	Lachs auf buntem Blattsalat
	Toast mit Butter
Hauptspeise	**Hauptspeise**
Frische Bachforelle	Rosmarinkaninchen mit Zitrone
Petersilienkartoffeln	Grünkernrisotto
Gemischter Salat	Frühlingsgemüse
Dessert	**Dessert**
Waldbeeren in Gelee	Mirabellengrütze
mit Orangen-Vanillesauce	im Krokantkörbchen
und Schlagsahne	

2.6 Absatzformatierung – Tabulator

Aufgabe 22:

Stellen Sie nachstehenden Lebenslauf in tabellarischer Form dar. Die Verfasserin ist Ursula Maier, Saarlandstraße 50, 58511 Lüdenscheid.

Speichern Sie unter TEXT-22.

Lebenslauf

Ich wurde am 2. Juli 1991 in Lüdenscheid geboren. Mein Vater, Fritz Maier, ist Abteilungsleiter beim Staatsverlag, meine Mutter Elke ist Verwaltungsangestellte bei der Stadt Lüdenscheid. Ich habe einen Bruder Stefan, der 15 Jahre alt ist, und eine 14-jährige Schwester; sie heißt Heike.

Von 1997 bis 2001 besuchte ich die Grundschule in Lüdenscheid, anschließend bis 2007 die Adolf-Reichwein-Realschule, die ich mit dem mittleren Bildungsabschluss verließ.

Von 2007 bis 2010 wurde ich im Druckhaus Schmitz zur Bürokauffrau ausgebildet. In diesem Verlag bin ich seit Abschluss meiner Berufsausbildung im Jahre 2010 als Assistentin des Geschäftsleiters tätig.

Lüdenscheid, (heutiges Datum) Ursula Maier

Aufgabe 23:

Gestalten Sie eine übersichtliche Preisliste für das Gartencenter Blütenmann.

Speichern Sie unter TEXT-23.

Bananenbaum 24,95 €
Blaublütige Margerite 9,75 €
Buchsbaum 17,50 €
Datura 20,10 €
Eisenkraut 1,10 €
Fleißiges Lieschen 1,90 €
Flieder 9,25 €
Fuchsienbaum 9,75 €
Garten-Gerbera 2,90 €
Geranie 0,90 €
Hängepetunie 1,10 €
Heliotrop 0,95 €
Hortensie 4,25 €
Lobelie 1,10 €
Margeritenbaum 10,75 €
Rhododendron 12,50 €
Tagetes 1,30 €
Trompetenbaum 22,00 €

2.7 Absatzformatierung – Einzüge (Einrückungen)

Wichtige Textteile können durch Einrücken hervorgehoben werden. Der Typograf bezeichnet eine Einrückung als Einzug.

Je nach Gestaltung der Einrückung unterscheidet man den

- **Einzug links**
- **hängenden Einzug**
- **Einzug links und rechts**
- **Erstzeileneinzug**

Einzug links

Der Einzug links und der Einzug links und rechts wird in der DIN 5008 als Einrückung bezeichnet.

> Beim Einzug links wird der Text in der Regel um ca. 2,5 cm eingerückt.

Der Anfangsrand eines oder mehrerer Absätze hat gegenüber der Textfluchtlinie einen veränderten Anfangsrand.

Möglichkeit zur Hervorhebung eines Absatzes

Einzug links und rechts

Der Einzug links und der Einzug links und rechts wird in der DIN 5008 als Einrückung bezeichnet.

> Beim Einzug links wird der Text in der Regel um ca. 2,5 cm eingerückt.

Auch der rechte Rand kann eingezogen werden. Der Einzug beträgt auch hier in der Regel 2,5 cm.

Anwendung in Verbindung mit Blocksatz

Hängender Einzug

Der hängende Einzug kann in der Registerkarte Start unter dem Befehl Absatz im Bereich Sondereinzug definiert werden.

Der Absatzanfang beginnt linksbündig, während die weiteren Zeilen hängend beginnen.

Schlagworte könnten auch auf diese Weise dem Leser ins Auge fallen.

Besonderes Gestaltungsmittel, siehe Beispiel Seite 27

Erstzeileneinzug

Der Sondereinzug erste Zeile findet vielfach in Tageszeitungen Anwendung, oft mit stark verringertem Absatzabstand.
Der Absatzabstand erscheint durch den Erstzeileneinzug größer, als er tatsächlich ist. Dies spart Platz und ermöglicht mehr Text auf der Seite unterzubringen.
Beim Blocksatz aktivieren Sie die Worttrennung.

Anwendung im Zeitungsdruck häufig in Verbindung mit verringertem Absatzabstand

---

Siehe auch Seite 148 ff.

2.7 Absatzformatierung – Einzüge (Einrückungen)

Aufgabe 24:

Öffnen Sie die Datei TEXT-24. Rücken Sie den rot unterlegten Textteil um 2,5 cm ein (linker Einzug). Speichern Sie unter TEXT-24A.

Spracherkennung

Viele Nutzer des Personalcomputers finden es mühsam und zeitraubend, ihre Texte über die Tastatur zu erfassen. In den letzten Jahrzehnten ist der Traum, Sprache durch den Computer in Text umwandeln zu lassen, zumindest teilweise in Erfüllung gegangen.

Schon in den 60er-Jahren begann die Entwicklung der Spracherkennungssysteme, aber erst in den 80er- und 90er-Jahren war die Entwicklung der Hard- und Software so weit vorangeschritten, dass an einen praktischen Einsatz zu denken war.

Man unterscheidet heute zwischen der sprecherunabhängigen Spracherkennung, deren Wortschatz jedoch begrenzt ist, und der sprecherabhängigen Spracherkennung.

Um ein zufriedenstellendes Ergebnis zu erhalten, muss der Benutzer bei der sprecherabhängigen Spracherkennung mithilfe von Trainingstexten mit dem Spracherkennungsprogramm üben.

Zurzeit liegt die Erkennungsquote der Sprache bei ca. 99 %, was aber immer noch bedeutet, dass bei 100 Zeichen mit einem Fehler zu rechnen ist, der verbessert werden muss.

Die besten Ergebnisse werden bei standardisierten Texten, z. B. bei Arztberichten, beim Schriftverkehr der Notare und Anwälte, erreicht.

Bekannte Programme sind z. B. Dragon Naturally Speaking Preferred (Anbieter Nuance), Voice Pro (Anbieter Lingatec).

Auch die Betriebssysteme von Windows verfügen über eine Spracherkennungsfunktion.

Ein neues Einsatzgebiet hat die Spracherkennung bei den Tablet-PCs und Smartphones gefunden.

Werden jedoch schwierige Texte neu formuliert und während des Diktats ständig Änderungen vorgenommen, könnte die Arbeit mit dem Spracherkennungsprogramm immer noch mühsamer sein als die direkte Eingabe über die Tastatur.

- ❑ Bei einem Einzug links wird der Text in der Regel um ca. 2,5 cm nach rechts eingerückt.
- ❑ Eingerückte Textteile werden vom vorausgehenden und vom folgenden Text durch je eine Leerzeile abgesetzt.

2.7 Absatzformatierung – Einzüge (Einrückungen)

Aufgabe 25:

Öffnen Sie die Datei TEXT-25. Ziehen Sie die rot unterlegten Absätze links und rechts um 2,5 cm ein.

Speichern Sie unter TEXT-25A.

Scanner

Der Begriff „Scanner" kommt aus dem Englischen und wurde von „to scan" abgeleitet, was so viel bedeutet wie „prüfen", „rastern", „abtasten".

Im täglichen Leben stoßen wir immer wieder auf Scangeräte. Neben dem Computer steht ein Scanner, oft kombiniert mit Drucker und Faxgerät, mit dem wir Informationen wie Texte, Bilder usw. umwandeln und in digitaler Form an den Computer zur weiteren Verarbeitung geben.

Beim Einkaufen an der Supermarktkasse sieht man den Strichcodeleser, selber zieht man die Zeiterfassungskarte durch den Barcode-Kartenleser, vor einer Flugreise wird man gescannt, in der Medizintechnik werden verschiedene Scantechniken zur Erstellung diagnostischer Bilder eingesetzt.

Seit einiger Zeit sehen wir auf Produkten, in Zeitschriften, in Büchern, sogar an Sehenswürdigkeiten und auf Fahrkarten den quadratischen QR-Code, den wir mithilfe unseres Smartphones oder Tablet-PCs entschlüsseln können.

Nachstehend werden verschiedene Scannertypen für die Dokumentation im beruflichen und privaten Bereich kurz beschrieben:

Beim **Flachbettscanner** wird die Vorlage wie bei einem Kopierer auf das Gerät gelegt und dann eingelesen. Flachbettscanner sind für das Scannen von Texten, Grafiken und Fotos geeignet. Mit einem Durchlichtaufsatz wird der Flachbettscanner zum Diascanner.

Ein **Einzugscanner** zieht die Vorlage durch das Gerät. Er ist besonders dafür geeignet, große Mengen an losen Seiten einzulesen. Bücher können nicht gescannt werden.

Mit **Durchlichtscannern** werden Dias und Filme erfasst. Es gibt einfache Geräte für den Hobby- und hochwertige für den professionellen Gebrauch.

Buchscanner sind für das Einlesen gebundener Schriftstücke geeignet.
Den **Handscanner** muss man mit der Hand über die Vorlage ziehen.

Aufgabe 26:

Öffnen Sie die Datei TEXT-26 (Begleit-CD); rücken Sie den zweiten Absatz ein.

Speichern Sie unter TEXT-26A.

Aufgabe 27:

Öffnen Sie die Datei TEXT-27 (Begleit-CD). Rücken Sie den Text von „Die Geschichte ..." bis „... fünfte Generation." ein. Speichern Sie unter TEXT-27A.

Aufgabe 28:

Öffnen Sie die Datei TEXT-28 (Begleit-CD); heben Sie den wichtigsten Textteil durch Einrücken hervor. Speichern Sie unter TEXT-28A.

2.7 Absatzformatierung – Einzüge (Einrückungen)

Aufgabe 29:

Erfassen Sie nachstehenden Text in der Schriftart Courier (12 Punkt). Beachten Sie die Stellung der ersten Zeile der Absätze und die Stellung der Folgezeilen in Bezug auf die Fluchtlinie (hängender Einzug).

Formatieren Sie den Text in einer anderen Schriftart (Proportionalschrift).

Speichern Sie unter TEXT-29.

Häufig verwendete Pixelformate

Es gibt viele Methoden, **Bilder,** die z. B. von digitalen Kameras erzeugt wurden, zu speichern. In welchem Format ein Bild am besten gespeichert wird, hängt vom geplanten Verwendungszweck ab.

Ist allerhöchste Bildqualität gewünscht, wird ein Kamerabild im **RAW-Format** (Rohformat) gespeichert. Rohbilder werden ohne Korrektur durch die Kamera und nicht komprimiert abgespeichert, deshalb sind sie riesig groß. Das RAW-Format erlaubt jede gewünschte Nachbearbeitung.

Pixelgrafiken sind hochwertige Bilder, die sich aus einzelnen Punkten zusammensetzen. Bei einer Vergrößerung werden die einzelnen Bildpunkte sichtbar.

Hier einige der wichtigsten Pixelformate in alphabetischer Reihenfolge:

BMP bedeutet Speicherung im **B**it**m**a**p**-Format. Das BMP-Format ist das Standardformat unter Windows. BMP-Dateien werden weitgehend unkomprimiert gespeichert, dadurch sind sie sehr groß und nicht für das Internet geeignet. Dieses Format kann von jedem Grafikprogramm geöffnet werden.

GIF (**G**raphics **I**nterchange **F**ormat) wurde vom Datendienst CompuServe entwickelt. Wegen der geringen Dateigröße und der Möglichkeit, Grafiken zu animieren, wird es für Zeichnungen im Internet verwendet. Es kennt jedoch lediglich maximal 256 Farben, ist deshalb für Fotos nicht geeignet und wurde in manchen Anwendungsbereichen vom PNG-Format abgelöst.

JPG (**J**oint **P**hotographic Experts **G**roup) ist sicher das bedeutendste Pixelformat, vor allem weil sich die Dateigröße ohne größeren Qualitätsverlust durch Komprimierung deutlich verringern lässt. Viele Digitalkameras speichern im JPG-Format; dieses Format wird auch häufig für Fotos im Internet verwendet. Jedes Bearbeiten und Speichern einer JPG-Datei führt jedoch zu einer neuen, verlustbehafteten Kompression. Im Profibereich wird dieses Format selten verwendet, stattdessen werden TIF-, BMP- oder PNG-Formate eingesetzt.

PNG (**P**ortable **N**etwork **G**raphics)ist ein neueres Datenformat, das von allen Webbrowsern unterstützt wird. Es glättet, unabhängig vom Hintergrund, die Kanten von Text und Bildern. Die Grafik wird verlustfrei gespeichert.

TIF (**T**agged **I**mage File **F**ormat) ist ein sehr weit verbreitetes Grafikformat, das wegen seiner hohen Qualität häufig für Drucke verwendet wird.

- Bei **hängendem Einzug** werden die Folgezeilen eines Absatzes eingerückt. Hängende Einzüge müssen bei einer Änderung der Schriftart bzw. der Schriftgröße neu angepasst werden.

2.7 Absatzformatierung – Einzüge (Einrückungen)

Aufgabe 30:

Erfassen Sie nachstehendes Programm für einen Betriebsausflug.

Speichern Sie unter TEXT-30.

Haueisen 5. Mai 201.
Kommunikations-Industrie AG
- Der Betriebsrat -

Betriebsausflug am 15. Mai 201.

08:00 Uhr	Abfahrt am Haupteingang des Betriebs Fahrt auf der Autobahn bis Kempten Fahrt auf der Bundesstraße bis zur Breitachklamm Wanderung durch die Klamm Die Nichtwanderer fahren im Bus bis ans Ende der Klamm Vesper in einer Grillhütte
Gegen 13:30 Uhr	Fahrt nach Oberstdorf mit dreistündigem Aufenthalt (Gelegenheit zum Besuch des Wellenhallenbades)
17:00 Uhr	Rückfahrt nach Ulm
Gegen 19 Uhr	Ankunft in Ulm im Gasthof „Roter Ochsen“
19:30 Uhr	Gemeinsames Abendessen
20:30 - 22:00 Uhr	Die „Ulmer Spatzen“ spielen zum Tanz
22:15 Uhr	Rückfahrt nach Stuttgart

Aufgabe 31:

Gestalten Sie ein übersichtliches Programm für eine Isar-Floßfahrt von Wolfratshausen nach München. Die Floßfahrt wird vom Reisebüro Bavaria, 80331 München, veranstaltet.

Die Fahrt findet am 1. Juli statt. Abfahrt in Wolfratshausen an der Schiffsanlegestelle um 09:00 Uhr. Den Teilnehmern wird sportliche Kleidung empfohlen.

Für jeden Teilnehmer sind genügend Getränke an Bord, außerdem ist eine Grillmöglichkeit vorhanden. Brezeln, Brot, Gewürze, Geschirr und Besteck werden gestellt. Während der Fahrt spielt eine zünftige Blaskapelle.

Ankunft in München an der Schiffsanlegestelle gegen 15 Uhr, Rückfahrt nach Wolfratshausen um 15:30 Uhr mit dem Omnibus, Ankunft in Wolfratshausen gegen 16:30 Uhr.

Die Anmeldung sollte bis spätestens 1. Juni erfolgen. Der Fahrpreis beträgt 40 €.

Speichern Sie das Programm unter TEXT-31 ab.

2.7 Absatzformatierung – Einzüge (Einrückungen)

Aufgabe 32:

Öffnen Sie die Datei TEXT-32. Rücken Sie jeweils die erste Zeile der einzelnen Absätze um 1 cm ein (Erstzeileneinzug).

Speichern Sie unter TEXT-32A.

Arbeitszeugnisse

Wenn Lehrer an der Schule Zeugnisse austeilen, gibt es oft Ärger. Bei Arbeitszeugnissen im Betrieb ist es genauso. Hier werden Noten aber verklausuliert: Wenn ein Arbeitnehmer „stets zur vollsten Zufriedenheit“ der Firma gearbeitet hat, verbirgt sich dahinter die Note „eins“. „Stets zu unserer vollen Zufriedenheit“ das ist immer noch die Note „zwei“.

Umstritten ist, was in ein Arbeitszeugnis hineindarf und was nicht. Ein Zeugnis soll die über die Dauer des Arbeitsverhältnisses gezeigte Leistung widerspiegeln. Daraus kann man den Schluss ziehen, dass es einzelne Fehlleistungen nicht enthalten soll, da die sonst überbewertet werden und das Gesamtbild auch verzerren.

Auch Krankheitszeiten gehören in ein Arbeitszeugnis nicht hinein, dies kann den Arbeitnehmer diskriminieren. Schließlich setzen viele Arbeitgeber häufige Fehlzeiten mit „Blaumachen“ gleich. Für das Verbot, Krankheitszeiten ins Zeugnis aufzunehmen, gibt es jedoch eine Ausnahme: Wenn der Arbeitnehmer mehr als die Hälfte der Arbeitszeit wegen Krankheit gefehlt hat, darf dies vermerkt werden.

Kündigungsgründe gehören auch nicht ins Zeugnis – es sei denn, der Arbeitnehmer wünscht dies. Das macht aber nur Sinn bei betriebsbedingten Kündigungen. Auch Abmahnungen darf der Chef nicht ins Zeugnis schreiben.

Und er ist in jedem Fall verpflichtet, dem scheidenden Mitarbeiter ein Zeugnis auszustellen. So verlangt es Paragraf 630 des Bürgerlichen Gesetzbuches. Dem Arbeitnehmer steht auf Wunsch ein so genanntes „qualifiziertes Zeugnis“ zu, also eine Beurteilung von Führung und Leistung.

Diese Zeugnisart kann aber ihre Tücken haben: Denn qualifizierte Zeugnisse können auch ungünstige oder abträgliche Angaben enthalten. Der Willkür des Arbeitgebers sind dabei aber enge Grenzen gesetzt. So muss jedes qualifizierte Arbeitszeugnis in sich schlüssig sein, Schlussnote und Einzelbeurteilung müssen sich also decken.

„Schlecht“ heißt in der Zeugnissprache: „Der Arbeitnehmer hat sich bemüht, die übertragene Arbeit zu unserer Zufriedenheit zu erledigen.“ Oder: „Er führte die übertragene Aufgabe mit großem Interesse und Fleiß durch.“ Zu deutsch: Diese Leistung war ungenügend.

Heißt es: „Der Arbeitnehmer hat die ihm übertragenen Aufgaben zu unserer Zufriedenheit erledigt“, so verbergen sich dahinter unterdurchschnittliche, gerade noch ausreichende Leistungen. Solche Beurteilungen führen oft zu Konflikten mit dem Arbeitgeber.

Wer mit seinem Arbeitszeugnis unzufrieden ist, sollte zunächst versuchen, eine Einigung mit dem Verfasser des Zeugnisses zu erzielen – also mit dem Vorgesetzten. Der Arbeitnehmer kann auch zum Arbeitsgericht gehen und auf Berichtigung des Zeugnisses klagen. Meist endet das mit einem Vergleich, so dass man dann Satz für Satz durchgeht und versucht, zu einem Kompromiss zu kommen. Gelingt das nicht, muss letztlich das Gericht ein Zeugnis erstellen.

Siehe auch unter **www.arbeitszeugnisse.de/Notenscala**

- Der **Erstzeileneinzug** wird zur Gliederung von umfangreichen Texten – oft anstelle von vergrößertem Zeilenabstand zwischen Absätzen – benutzt. Dabei wird jeweils die erste Zeile eines Absatzes eingerückt.

2.8 Absatzformatierung – Verändern des Absatzabstands und des Zeilenabstands – Seitenansicht

Aufgabe 33:

Öffnen Sie die Datei TEXT-33. Stellen Sie den Text mit verschiedenen Zeilenabständen dar. Kontrollieren Sie das Layout in der Seitenansicht Ihres Programms.

Gestalten Sie abschließend den Text in einer Proportionalschrift mit sinnvollem Absatz- und Zeilenabstand. Speichern Sie unter TEXT-33A.

Scziale Netzwerke im Internet

1989 entstand das World Wide Web und in der Folgezeit wurden Unternehmen wie Amazon oder Ebay gegründet. Nachdem eine Interaktion der User möglich wurde, war das Web 2.0 geboren und nach und nach entstanden die Online Communitys (soziale Netzwerke), wie z. B. Facebook, StudiVZ, Twitter, XING und Google+.

Mark Zuckerberg gründete im Jahre 2004 zusammen mit drei Mitstudenten die Kommunikationsplattform Facebook mit dem Ziel, Studenten der Harvard-University in Cambridge (USA) miteinander bekannt zu machen. Das Netz wuchs rasant; nach vorsichtigen Schätzungen hat Facebook im Jahre 2013 weltweit ca. 1,1 Mrd. aktive Nutzer und ist damit das größte soziale Netzwerk im Internet.

Um Mitglied in einem sozialen Netzwerk zu werden, muss man sich im Netz registrieren lassen und sein eigenes Profil erstellen. Dabei sollte man äußerst kritisch prüfen, welche Informationen man über sich ins Netz stellen will und welche Folgen die Selbstdarstellung haben könnte; denn was im Netz veröffentlicht ist, kann eine Eigendynamik entwickeln, die nicht mehr zu beeinflussen ist. Das Gleiche gilt für alle Texte, Bilder und Videos, die man hochladen will; in erster Linie muss der Schutz der eigenen Privatsphäre und der vom Upload betroffenen Personen gewährleistet sein.

Online-Netzwerke bieten Möglichkeiten mit Menschen vieler Länder der Erde Kontakt aufzunehmen und Informationen auszutauschen, wobei immer zu berücksichtigen ist, dass die Informationen oft ungeprüft sind und deshalb kritisch bewertet werden müssen.

Es ist möglich, dass Online-Kontakte auch zu realen Begegnungen führen, aber der persönliche Kontakt zu Mitschüler/innen und Freundinnen und Freunden, zu Verwandten und Bekannten, das Gespräch von Mensch zu Mensch ist durch keine virtuelle Welt zu ersetzen.

- ❑ In den Schreib- und Gestaltungsregeln für die Textverarbeitung (DIN 5008) ist als Abstand zwischen zwei Absätzen eine Leerzeile vorgesehen. Eine **Leerzeile** kann durch zweimaliges Betätigen der Returntaste eingefügt werden. Professioneller ist es, wenn der Abstand zwischen zwei Absätzen über den **Absatzabstand** (in der Regel 12 Pt) geregelt wird.
- ❑ Von der Schreibmaschine haben Textprogramme das Prinzip 1-, $1\frac{1}{2}$- und 2-zeiliger **Zeilenabstand** übernommen. Darüber hinaus kann jeder beliebige Zeilenabstand in der Maßeinheit Punkt (Pt) gewählt werden.
- ❑ Typografen geben den Zeilenabstand und die Zeichengröße in Punkt an. Der Abstand von der Grundlinie einer Zeile zur nächsten Zeilen-Grundlinie wird als Zeilenabstand bezeichnet; die Höhe des Freiraums zwischen den Zeilen wird **Durchschuss** genannt. Die Größe des Durchschusses entscheidet wesentlich über die Lesbarkeit des Textes. Als Anhaltspunkt für die Größe des Durchschusses gilt ein Viertel der Schriftgröße. Bei einer Schriftgröße von 12 Pt ist ein Durchschuss von ca. 3 Pt angemessen, was einen Zeilenabstand von 15 Pt ergibt.
- ❑ Komfortable Textverarbeitungsprogramme bieten die Möglichkeit, komplette Druckseiten verkleinert anzeigen zu lassen. In der **Seitenansicht** kann schnell der Aufbau der Seite(n) einer Datei im Überblick erkannt werden.

Siehe auch Lehrer\Handreichungen**Absatzabstand** auf der Begleit-CD.

2.9 Aufzählungen

Aufgabe 34:

Öffnen Sie die Datei TEXT-34.

Im Text sind Absätze enthalten, die durch Symbole für Aufzählungsglieder Ihrer Wahl hervorgehoben werden sollen.

Speichern Sie den Text unter dem Dateinamen TEXT-34A.

Tipps für ein Vorstellungsgespräch

Wenn Sie aufgrund Ihrer Bewerbung die Chance bekommen, sich bei einem Arbeitgeber vorzustellen, sollten Sie sich auf dieses Gespräch gut vorbereiten:

Legen Sie Wert auf eine gepflegte äußere Erscheinung. Ihr Outfit sollten Sie so wählen, dass es zum angestrebten Arbeitsplatz passt. Seien Sie unbedingt pünktlich, Sie sollten sich etwa 15 Minuten vor dem Termin am Gesprächsort einfinden.

Bereiten Sie sich auf das Vorstellungsgespräch gründlich vor. Informieren Sie sich im Internet über den Arbeitgeber über verschiedene Informationskanäle, z. B. die Homepage, Presseartikel, Bewertungsportale. Wenn möglich, sprechen Sie mit Mitarbeitern und ehemaligen Mitarbeitern aus Ihrem Bekanntenkreis. Sie sollten auch Produkte, Marktstellung und Standorte des Arbeitgebers kennen. Vor allem sollten Sie auf Fragen nach einem evtl. Wohnortwechsel und Ihren Gehaltsvorstellungen gefasst sein. Ganz sicher werden Sie gefragt, warum Sie sich gerade um diese Stelle bewerben.

Stellen Sie sich darauf ein, einen zusammenhängenden Bericht über Ihren schulischen Werdegang, Ihre Praktika, Ausbildung, Studiengänge und beruflichen Tätigkeiten und Auskunft über die Gründe für die Beendigung Ihrer derzeitigen Tätigkeit zu geben.

Sprechen Sie über Ihre Fähigkeiten, Ihr Fachwissen, Ihre Erfahrungen und sozialen Kompetenzen, ohne zu übertreiben. Bei kreativen Berufen kann es Sinn machen, Probearbeiten bereitzuhalten, um sie bei sich bietender Gelegenheit zu präsentieren.

Stellen Sie sich darauf ein, dass Ihnen viele Fragen gestellt werden, auch nach Ihren familiären Verhältnissen, Ihren Hobbys oder ehrenamtlichen Tätigkeiten.

Vergessen Sie nicht, dass auch Sie sich entscheiden müssen, ob die Stelle für Sie geeignet ist. Bitten Sie um Informationen, die Sie für Ihre Entscheidung brauchen, z. B. nach Tätigkeitsprofil, Ihrer hierarchischen Stellung, Verantwortung, Ihren Entwicklungs- und Aufstiegsmöglichkeiten, Ihrem Einsatzort usw.

Wenn Ihre Bewerbung oder Vorstellung nicht zum Ziel führt, dann lassen Sie sich dadurch nicht entmutigen. Meistens sind dafür sachliche und nicht persönliche Gründe entscheidend. Nutzen Sie die gemachten Erfahrungen bei neuen Bewerbungen. Evtl. macht es Sinn, nach den Gründen für die Ihnen erteilte Absage zu fragen.

- ❑ Beginn und Ende einer Aufzählung sind vom übrigen Text durch eine Leerzeile zu trennen.
- ❑ Aufzählungsglieder können durch Ordnungszahlen (z. B. 1., 2., 3.), Kleinbuchstaben mit Nachklammer, römische Ziffern (I., II., III.) oder Symbole (z. B. ◆, ➪) gekennzeichnet werden.
- ❑ Die einzelnen Aufzählungsglieder können durch Leerzeilen voneinander getrennt werden, insbesondere wenn sie mehrzeilig sind.

Siehe auch Lehrer\Handreichungen**Absatzabstand** auf der Begleit-CD.

2.10 Aufzählungen – Fußnoten

Aufgabe 35:

Öffnen Sie die Datei TEXT-35 (Begleit-CD). Kennzeichnen Sie die rot markierten Absätze mit Aufzählungszeichen Ihr Wahl.

Erstellen Sie nach „14. Januar 2003" eine automatische Fußnote (Fußnotenhinweiszeichen und Fußnotentext). Speichern Sie den Text unter dem Dateinamen TEXT-35A.

Anlage zum Bundesdatenschutzgesetz vom 14. Januar 2003*

– Technische und organisatorische Maßnahmen zur Datensicherheit –

Werden personenbezogene Daten automatisiert verarbeitet oder genutzt, ist die innerbehördliche oder innerbetriebliche Organisation so zu gestalten, dass sie den besonderen Anforderungen des Datenschutzes gerecht wird.

Dabei sind insbesondere Maßnahmen zu treffen, die je nach der Art der zu schützenden personenbezogenen Daten oder Datenkategorien geeignet sind,

Unbefugten den Zutritt zu Datenverarbeitungsanlagen, mit denen personenbezogene Daten verarbeitet oder genutzt werden, zu verwehren **(Zutrittskontrolle)**,

zu verhindern, dass Datenverarbeitungssysteme von Unbefugten genutzt werden können **(Zugangskontrolle)**,

zu gewährleisten, dass die zur Benutzung eines Datenverarbeitungssystems Berechtigten ausschließlich auf die ihrer Zugriffsberechtigung unterliegenden Daten zugreifen können und dass personenbezogene Daten bei der Verarbeitung, Nutzung und nach der Speicherung nicht unbefugt gelesen, kopiert, verändert oder entfernt werden können **(Zugriffskontrolle)**,

zu gewährleisten, dass personenbezogene Daten bei der elektronischen Übertragung oder während ihres Transports oder ihrer Speicherung auf Datenträger nicht unbefugt gelesen, kopiert, verändert oder entfernt werden können und dass überprüft und festgestellt werden kann, an welche Stellen eine Übermittlung personenbezogener Daten durch Einrichtungen zur Datenübertragung vorgesehen ist **(Weitergabekontrolle)**,

zu gewährleisten, dass nachträglich überprüft und festgestellt werden kann, ob und von wem personenbezogene Daten in Datenverarbeitungssysteme eingegeben, verändert oder entfernt worden sind **(Eingabekontrolle)**,

zu gewährleisten, dass personenbezogene Daten, die im Auftrag verarbeitet werden, nur entsprechend den Weisungen des Auftraggebers verarbeitet werden können **(Auftragskontrolle)**,

zu gewährleisten, dass personenbezogene Daten gegen zufällige Zerstörung oder Verlust geschützt sind **(Verfügbarkeitskontrolle)**,

zu gewährleisten, dass zu unterschiedlichen Zwecken erhobene Daten getrennt verarbeitet werden können.

* zu § 9 Satz 1

- **Fußnoten** dienen als Erläuterungen, Kommentare oder Verweise, mit denen ein Text erweitert werden kann. Eine Fußnote besteht aus zwei miteinander verknüpften Teilen, nämlich dem **Fußnoten-Hinweiszeichen** und dem **Fußnotentext**. Für den Fußnotentext sollte im Vergleich zum Fließtext eine kleinere Schriftgröße gewählt werden. Mit Ihrem Textprogramm können Sie Fußnoten automatisch erstellen.
- Fußnoten-Hinweiszeichen sind hochgestellte Zahlen aus **arabischen Ziffern**. Bei mehrseitigen Texten sind die Fußnoten über alle Seiten hinweg fortlaufend zu nummerieren. Bei höchstens drei Fußnoten dürfen auch **Sonderzeichen**, z. B. Sterne, verwendet werden. Die entsprechenden Fußnoten stehen jeweils unten auf der Seite, auf der im Text auf sie hingewiesen ist. Sie werden mit dem **Fußnotenstrich** vom Text abgegrenzt, mit dem entsprechenden Fußnoten-Hinweiszeichen gekennzeichnet und mit einfachem Grundzeilenabstand geschrieben.
- Vor dem Fußnotenstrich muss mindestens eine Leerzeile stehen. Auch bei nicht mit Text gefüllten Seiten werden Fußnotenstrich und Fußnoten am Fuß der Seite geschrieben.

Siehe auch Lehrer\Handreichungen**Nummerierungen** auf der Begleit-CD.

2.10 Aufzählungen – Fußnoten

Aufgabe 36:

Öffnen Sie die Datei TEXT-36 (Begleit-CD). Führen Sie die Kennzeichnung der Absätze der Einrückung mit Symbolen durch. Speichern Sie unter TEXT-36A.

Informationen zum Bundesdatenschutzgesetz (BDSG)

Zweck und Anwendungsbereich des Gesetzes

Zweck des Bundesdatenschutzgesetzes ist es, den Einzelnen davor zu schützen, dass er durch den Umgang mit seinen personenbezogenen Daten in seinem Persönlichkeitsrecht beeinträchtigt wird.

Das Gesetz gilt für die Erhebung, Verarbeitung und Nutzung personenbezogener Daten durch

öffentliche Stellen des Bundes,

öffentliche Stellen der Länder, soweit der Datenschutz nicht durch Landesgesetz geregelt ist,

nicht-öffentliche Stellen, soweit sie die Daten unter Einsatz von Datenverarbeitungsanlagen verarbeiten, nutzen oder dafür erheben oder die Daten in oder aus nicht automatisierten Dateien verarbeiten, nutzen oder dafür erheben, es sei denn, die Erhebung, Verarbeitung oder Nutzung der Daten erfolgt ausschließlich für persönliche oder familiäre Tätigkeiten.

Rechte des Betroffenen

Der Betroffene, über den Daten gespeichert werden, hat ein Recht auf

Auskunft über die zu seiner Person gespeicherten Daten,

Benachrichtigung über die Speicherung der Daten, die ihn betreffen und die ohne seine Kenntnis erhoben wurden,

Berichtigung der Daten, wenn sie unrichtig sind,

Löschung der gespeicherten Daten, wenn ihre Speicherung unzulässig ist oder die Kenntnis der Daten nicht mehr erforderlich ist. Anstelle der Löschung kann eine **Sperrung** der Daten treten, wenn einer Löschung besondere Gründe entgegenstehen.

Von der Berichtigung unrichtiger Daten, der Sperrung bestrittener Daten sowie der Löschung oder Sperrung wegen Unzulässigkeit der Speicherung sind die Stellen zu verständigen, denen im Rahmen einer Datenübermittlung diese Daten zur Speicherung weitergegeben wurden, wenn dies keinen unverhältnismäßigen Aufwand erfordert und schutzwürdige Interessen des Betroffenen nicht entgegenstehen.

Aufgabe 37:

Fügen Sie nach „Bundesdatenschutzgesetz (BDSG) folgende Fußnote ein: „Quelle: BfDI-Info 1 – Bundesdatenschutzgesetz – Text und Erläuterung (Stand Januar 2011)".

Speichern Sie unter TEXT-37.

- ❑ Der Fußnotenhinweis sollte mit einem Punkt abschließen. Dieser ist bei kurzen Fußnoten entbehrlich.

2.11 Aufzählung – Vorzeitiger Zeilenumbruch

Aufgabe 38:

Erfassen Sie den folgenden Text. Formatieren Sie die Aufzählungen und verwenden Sie, wenn nötig, einen vorzeitigen Zeilenumbruch.

Speichern Sie unter TEXT-38.

Internet und Computerspiele – wann beginnt die Sucht?

Der Deutsche Bundestag hat sich im Juni 2009 in der Drucksache 16/13382 mit dieser Problematik beschäftigt und Folgendes festgestellt:

- Die exzessive Nutzung elektronischer Medien kann mit gesundheitlichen und sozialen Konsequenzen verbunden sein.
- Die Nutzung ist nicht mehr selbstbestimmt und die Auswirkungen und Begleiterscheinungen sind vergleichbar mit den Symptomen einer Suchterkrankung.
- Die wissenschaftliche Erforschung steht erst am Anfang bei
Mediensucht,
Computerspiel- und Internet- bzw. Onlinesucht.
- Drei bis sieben Prozent der Nutzer werden als gefährdet angesehen und zeigen süchtiges Verhalten im Umgang mit Computern und Spielkonsolen.

Ziel der Anfrage ist:

**Medien- und Onlinesucht als Suchtphänomen erforschen,
Prävention und Therapien fördern**

Der Bundestag fordert die Bundesregierung auf, Maßnahmen zu ergreifen, und schlägt u. a. vor:

1. Prüfung, ob Online- und Mediensucht als Krankheit bei der WHO anerkennungsfähig sind.
2. Die Forschung soll geeignete Maßnahmen entwickeln, um die Suchtgefahr zu vermindern.
3. Technische Hilfsmittel, wie Time-outs, Wecker und Einstellmöglichkeiten von Spielzeitkontingenten sollen von den Herstellern implementiert werden.
4. Zur Vorbeugung wird vorgeschlagen,
die Jugendschutzbestimmungen zu erweitern,
die Medienkompetenz zu fördern,
eine Aufklärungskampagne zu starten.
5. Für Suchtbetroffene sollen Beratungs- und Therapiemöglichkeiten angeboten werden.

Im Drogen- und Suchtbericht 2013 wird ausgeführt, dass die Internetabhängigkeit noch nicht als eigenständige Krankheit anerkannt ist. Laut der repräsentativen Studie (PINTA I) vom September 2011 sind in Deutschland 560.000 Menschen internetabhängig und 2,5 Mio. Menschen werden als problematische Internetnutzer eingestuft. Es wurden inzwischen Beratungsstellen eingerichtet und es stehen Informationen im Internet, z. B. www.klicksafe.de oder www.stiftung-medienundonlinesucht.de, bereit.

Absatz oder vorzeitiger Zeilenumbruch – zwei Möglichkeiten, eine neue Zeile zu beginnen

- Mit der **Return-Taste** wird ein neuer **Absatz** (Absatzmarke ¶) erzeugt. Die Absatzmarke ist ein nicht druckbares Zeichen und wird gelöscht wie jedes andere Zeichen. Innerhalb einer Aufzählung erhält jeder Absatz ein Aufzählungszeichen.
- Durch **Umschalt-Taste + Return-Taste** wird ein **vorzeitiger Zeilenumbruch** (↵) erzeugt. Damit ist es möglich, innerhalb eines Absatzes eine neue Zeile zu beginnen, ohne dass ein Aufzählungszeichen erscheint. Die Gestaltungsmerkmale des Absatzes (z. B. Einzug, Zeilenabstand, Tabulator) bleiben erhalten.
- Nach DIN 5008 muss bei Aufzählungen vor Beginn der Aufzählung und nach deren Abschluss eine Leerzeile eingefügt werden.

2.12 Gliederung (Inhaltsverzeichnis)

Aufgabe 39:

Erfassen Sie folgendes Inhaltsverzeichnis. Kennzeichnen Sie die Abschnittsüberschriften automatisch mithilfe Ihres Programms. Speichern Sie unter TEXT-39.

Inhaltsverzeichnis

1	**Termine**	**2**
1.1	Terminplanung	2
1.2	Terminarten	3
1.3	Hilfsmittel zur Terminüberwachung	3
2	**Sitzungen und Tagungen**	**4**
2.1	Veranstaltungsarten	4
2.2	Vorbereitung	5
2.2.1	Termin und Teilnehmer	5
2.2.2	Einladungsschreiben	5
2.2.3	Tagungsraum	6
2.3	Durchführung	7
2.4	Nachbereitung (Auswertung)	7
3	**Geschäftsreisen**	**8**
3.1	Vorbereitung	8
3.1.1	Reiseplan	9
3.1.2	Hotelbuchung	10
3.1.3	Reservierungen	10
3.1.4	Reiseunterlagen	11
3.1.5	Wahl des Verkehrsmittels	12
3.2	Reisen mit dem Pkw	13
3.3	Reisen mit der Bahn	14
3.3.1	Zugarten	14
3.3.2	Besondere Einrichtungen	15
3.3.3	Vergünstigungen für Geschäftsreisende	16
3.3.4	Fahrplan und Buchung	17
3.4	Reisen mit dem Flugzeug	19
3.5	Auslandsreisen	20
3.6	Reisekostenabrechnung	22
3.7	Abschlussarbeiten	25
4	**Protokoll**	**27**
4.1	Protokollarten	28
4.1.1	Wortlautprotokoll	29
4.1.2	Verlaufsprotokoll	31
4.1.3	Kurzprotokoll	32
4.1.4	Ergebnisprotokoll	33

- In **Inhaltsverzeichnissen** beginnen alle **Abschnittsnummern** an derselben Fluchtlinie. Zwischen der längsten Abschnittsnummer und dem folgenden Text (Abschnittsüberschrift) müssen mindestens zwei Leerzeichen eingefügt werden. Die Abschnittsüberschriften beginnen an einer weiteren Fluchtlinie.
- Als Gliederungszeichen ist der Punkt zu verwenden. Am Ende der Abschnittsnummer steht kein Punkt.

Siehe auch Lehrer\Handreichungen**Gliederung – Inhaltsverzeichnis** auf der Begleit-CD.

2.13 Linien, Rahmen und Schattierungen

Aufgabe 40:

Erfassen Sie folgenden Lebenslauf.

Speichern Sie die Datei unter TEXT-40.

Lebenslauf

Name:	**Sieglinde Witting**
Geburtstag:	1. August 1969
Geburtsort:	Hamburg
Anschrift:	Gustav-Hank-Str. 11, 22145 Hamburg
Telefon:	040 1234567
E-Mail:	witting@vr-hamburg.de
Schulabschluss:	1988 Abitur
Derzeitige Tätigkeit:	Seit 1995 Kauffrau für Bürokommunikation beim Fremdenverkehrsverband Hamburg
Berufliche Tätigkeiten:	1990 – 1995 Kauffrau für Bürokommunikation bei der Kaffee-Import KG Hamburg 1988 – 1990 Ausbildung zur Kauffrau für Bürokommunikation bei der Kaffee-Import KG Hamburg
Besondere Kenntnisse:	Sehr gute Englisch-Kenntnisse Fit in MS Office Führerschein Klasse B und C1
Hamburg, 15. Mai 201.	*Sieglinde Witting*

- Wenn Sie einen **Absatz oben, unten, links oder rechts mit Linien versehen** wollen, gehört dies zu seiner Formatierung. Sie müssen ihn zuerst markieren und dann die entsprechende Linienart auswählen. Auch den Abstand zum Text können Sie individuell bestimmen.
- Beim **Lebenslauf** können die einzelnen Stationen des Werdegangs entweder in **aufsteigender Folge**, beginnend mit der Schule und endend mit dem derzeitigen Arbeitgeber (siehe Seite 20), aufgeführt werden oder in **absteigender Folge** (siehe oben). Die letztere Möglichkeit kann man Bewerbern empfehlen, die bereits eine längere Berufslaufbahn hinter sich haben.

Siehe auch Lebenslauf auf Seite 20.
Siehe auch **Europäischer Lebenslauf** auf Seite 178 und 179.

2.13 Linien, Rahmen und Schattierungen

Aufgabe 41:

Gestalten Sie folgendes Einladungsschreiben:

Volkshochschule Dresden e. V. 15. April 201.

Schilfweg 3
01237 Dresden
☎ 0351 2515912
Fax 2515923
E-Mail vhsdresden@sachs-web.de

Italienisch-Lernen in den Pfingstferien

Ein einwöchiger Italienisch-Kurs
in Caorle-Jesolo
an der Venezianischen Küste

In Caorle-Jesolo bietet sich die Möglichkeit, intensives Lernen der italienischen Sprache mit der praktischen Anwendung zu verbinden.

Vormittags findet der Unterricht statt, nachmittags bleibt Zeit, das Gelernte in den Cafés und Bars, in den Läden und auf dem Markt, am Strand oder im Freibad praktisch zu erproben.

Ausflüge und Fahrten nach Venedig und zu den Palladio-Villen im Hinterland werden auf Wunsch organisiert.

Unterkunft:	Hotel mit Vollpension
Anreise:	4. Juni 201. (mit privaten Kraftfahrzeugen bzw. öffentlichen Verkehrsmitteln)
Kursende:	9. Juni 201.
Preis:	340 €
Anmeldeschluss:	5. Mai 201.
Informationsabend:	3. Mai 201., 20 Uhr, Raum C 204

Speichern Sie die Datei unter TEXT-41 ab.

- Ein bzw. mehrere Absätze können besonders hervorgehoben werden, indem man sie **umrahmt**.
- Der Absatz bzw. die Absätze können mit einer **Farbe** und/oder einem **Raster** hinterlegt werden.

2.13 Linien, Rahmen und Schattierungen

Aufgabe 42:

Gestalten Sie nachstehendes Plakat.

Speichern Sie die Datei unter TEXT-42.

Gesucht

Kursleiter/innen

für das Kinderferienprogramm der Stadt Irgendingen

Aufgaben:	Leitung der Kurse (5 x 3 Std./Woche); Montag bis Freitag von 9 bis 12 Uhr oder 14 bis 17 Uhr
Kurse:	Z. B. Fußball, Schach, Tanz, Musik; über neue Vorschläge freuen wir uns natürlich sehr
Wann:	Sommerferien (4. bis 29. August)
Voraussetzungen:	Mindestalter 18 Jahre, Verantwortungsbewusstsein und Spaß am Umgang mit Kindern
Vergütung:	Jeder Kursleiter erhält pro Woche/Kurs 120 €
Auskunft:	Erteilt die Stadt Irgendingen Schul-, Kultur- und Sportamt Belforter Str. 1 71234 Irgendingen Tel. 07890 222324

- Es ist möglich, auch den **Seitenrand** zu gestalten. Es stehen dafür Linien, Rahmen und z.T. Schmuckrahmen zur Verfügung. Diese Elemente gelten für das ganze Dokument und sind daher Bestandteil der Seiteneinrichtung.

2.14 Versetzen und Kopieren von Textteilen

Aufgabe 43:

Öffnen Sie die Datei TEXT-43 (Begleit-CD); versetzen Sie die gekennzeichneten Textteile.

Speichern Sie das Programm unter TEXT-43A.

PowerPoint – Grundlagen-Seminar

Ideen an die Frau oder an den Mann zu bringen – das ist im Berufsleben sehr wichtig. Mit PowerPoint können Sie auf einfache Weise Präsentationen erstellen, um beispielsweise Eigenschaften von Produkten, die Darstellung Ihres Unternehmens, die Struktur eines Vortrags auf knappe und optisch ansprechende Weise zu visualisieren.

Zielgruppe:	Personen, die beruflich Präsentationen benötigen, um Inhalte ansprechend visuell aufzubereiten
Voraussetzungen:	Sicherer Umgang mit Windows, Kenntnisse in Word
Inhalte:	Erstellen von Folien Layout, Vorlagen, Texte gestalten Übernahme von Cliparts und sonstigen Grafiken Druck von Handzetteln und Folien
Abschluss:	Teilnahmezertifikat
Referentin:	Gina Seitenbacher, Diplominformatikerin
Gebühren:	115 €
Termin:	Samstag, 15. März d. J., 09:00 – 16:00 Uhr

Aufgabe 44:

Öffnen Sie die Datei TEXT-44 (Begleit-CD). Nach dem in dieser Datei beschriebenen Arbeitsablauf kann das Gebäck nicht gelingen! Wie muss die richtige Reihenfolge der Zubereitung sein? Speichern Sie die berichtigte Datei unter TEXT-44A ab.

Aufgabe 45:

Öffnen Sie die Datei TEXT-45 (Begleit-CD); kopieren Sie den Refrain an die mit * gekennzeichneten Stellen. Speichern Sie unter TEXT-45A.

- Wenn ein Textteil oder ein Objekt (Grafik, Bild usw.) **versetzt** bzw. **kopiert** werden soll, muss der Textteil oder das Objekt **markiert** werden. Wird ein ganzer Absatz versetzt bzw. kopiert, ist es zweckmäßig, die zum Absatz gehörende Leerzeile mit zu markieren. Durch den entsprechenden Befehl wird der markierte Text in die **Zwischenablage** übernommen.
- Die Zwischenablage ist ein temporärer Speicherbereich, in dem zwischengelagert wird, was ausgeschnitten oder kopiert wurde. In die **erweiterte Zwischenablage** können mehrere Elemente aufgenommen und von dort abgerufen werden. So ist es möglich, in verschiedenen Programmdateien Daten einzusammeln und sie nacheinander oder insgesamt in ein Office-Programm zu übertragen.
- Nach dem Markieren muss die Einfügestelle durch Cursorposition gekennzeichnet werden. Dann wird der Versetze- bzw. Kopierbefehl erteilt. Während beim Kopieren der Text an der ursprünglichen Stelle erhalten bleibt, wird er beim Versetzen an der alten Stelle gelöscht.

Weitere Beispiele im Band 1 **Tastaturschulung**.

2.15 Suchen und Ersetzen

Aufgabe 46:

Öffnen Sie die Datei TEXT-46.

Suchen Sie den Begriff CO_2 im gesamten Text und ersetzen Sie ihn, außer beim ersten Vorkommen, durch *Kohlendioxid*.

Speichern Sie unter TEXT-46A.

Globale Erderwärmung

Extreme Dürre, Wirbelstürme, verheerende Überschwemmungen; ihr gehäuftes Auftreten im ersten Jahrzehnt dieses Jahrtausends, der ungebremste Anstieg der durchschnittlichen Jahrestemperatur – vor allem in den letzten Jahrzehnten – ist nach Meinung von Experten nicht mehr mit natürlichen Schwankungen im Weltklima zu erklären.

Nach Ansicht vieler Forscher ist u. a. die vom Menschen verursachte Zunahme der Treibhausgase für die Erderwärmung verantwortlich: Immer mehr Treibhausgase, z. B. Kohlendioxid (CO_2), Methan, Stickstoffoxid, gelangen in die Atmosphäre.

Die Erdatmosphäre ist eine zarte Hülle aus Gas und Staub, deren Hauptbestandteile Stickstoff und Sauerstoff sind, außerdem finden sich in ihr in geringen Mengen auch andere Gase, z. B. CO_2, dessen wachsende Konzentration in der Atmosphäre gravierende Auswirkungen für das Weltklima hat.

Für mehr als die Hälfte des vom Menschen verursachten Treibhauseffekts ist das CO_2 verantwortlich, das bei der Verbrennung fossiler Brennstoffe wie Kohle, Öl und Gas entsteht. Auch die Entwaldung, die Intensivierung der Landwirtschaft, die Konsumgewohnheiten der Menschen der reichen Länder der Welt und das rasante Wachstum der Weltbevölkerung sind Verursacher der Zunahme des CO_2-Ausstoßes, denn jedes Lebewesen, ob Mensch oder Tier, erzeugt beim Atmen CO_2.

Nach der Nuklearkatastrophe in Fukushima im Jahre 2011 hat sich Deutschland für den stufenweisen Atomausstieg und eine generelle Energiewende entschieden. Das ehrgeizige Ziel der Bundesrepublik ist, bis zum Jahr 2022 sämtliche Atomkraftwerke stillzulegen und bis zum Jahr 2020 im Vergleich zu 1990 die Treibhausgasemissionen um 40 % zu reduzieren.

Es bedarf horrender Anstrengungen, dieses gewaltige Vorhaben zu realisieren. Sein Gelingen hängt von vielen Faktoren ab: Die Politik muss die Voraussetzungen schaffen, die immensen Kosten, die die Energiewende zunächst verursacht, gerecht auf viele Schultern zu verteilen, Wissenschaftler und Industrie sind gefordert, neue Wege zu gehen, die Gesellschaft ist gehalten, wirtschaftliche Interessen einem gemeinsamen Ziel unterzuordnen, und jeder Einzelne sollte bereit sein, durch nachhaltiges Konsumverhalten nach seinem persönlichen Vermögen zu einem Gelingen beizutragen.

Aufgabe 47:

Öffnen Sie die Datei TEXT-47 (Begleit-CD); ersetzen Sie das Wort Sekretärin durch das Wort Assistentin. Speichern Sie unter TEXT-47A.

- Mithilfe des **Suchbefehls** ist es möglich, nach bestimmten Zeichen und Zeichenfolgen (Wörtern) und nach Formatierungsmerkmalen (z. B. Zeichen- und Absatzformatierungen, harten Seitenwechseln) zu suchen. Mit dem Suchbefehl wird der Cursor zum gesuchten Zeichen (zur Zeichenfolge, zum Formatierungsmerkmal) geführt. Er kann so lange wiederholt werden, bis der ganze Text nach dem Begriff durchsucht ist.
- Ein gesuchtes Zeichen oder eine Zeichenfolge (ein Formatierungsmerkmal) kann durch andere Zeichen (ein anderes Formatierungsmerkmal) **ersetzt** werden. Man unterscheidet **wahlweises Ersetzen** und **generelles Ersetzen**.

Weitere Beispiele im Band 1 **Tastaturschulung**.

2.16 Seitenformatierung – Mehrseitige Schriftstücke

- Jedes Programm arbeitet mit Grundeinstellungen für das **Format** (z. B. A4), die **Formatausrichtung** (in der Regel Hochformat) und die **Seitenränder**. Für den **linken Rand** sind meistens 2,5 cm voreingestellt.
- In der Praxis ist es – je nach Art des Schriftstücks – häufig erforderlich, diese Grundeinstellungen zu ändern. So ist es beispielsweise möglich, das Format A4 quer zu wählen und als Standardvorgabe festzulegen.

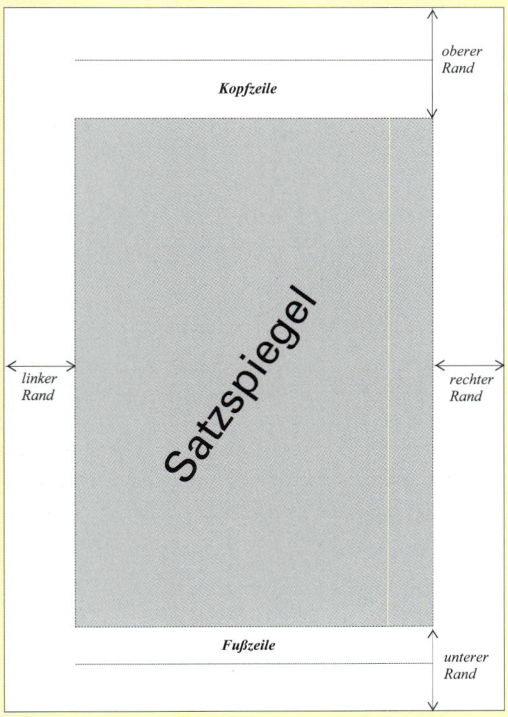

- Ebenfalls können die Maße der Seitenränder geändert werden, wenn z. B. ein breiterer rechter Rand erforderlich ist. Dadurch werden auch die Maße des **Satzspiegels** beeinflusst.
- Bei Bedarf kann im Bereich des oberen Randes eine **Kopfzeile** eingerichtet werden. In der Kopfzeile können u. a. Angaben über den Inhalt des Dokuments untergebracht werden.
- Im Bereich des unteren Randes kann eine **Fußzeile** eingerichtet werden, die organisatorische Angaben über das Dokument (Erstellungsdatum, Druckdatum, Dateiname und -pfad, Name des Autors u. a.) aufnimmt.
- Die Eintragungen in der Kopf- und Fußzeile werden in der Regel auf allen Seiten des Dokuments automatisch wiederholt. **Hilfsprogramme (Feldfunktionen)** sorgen dafür, dass die Eintragungen aktualisiert werden.
- Die Seitenzahl wird meistens rechtsbündig in der Kopfzeile untergebracht (siehe Beispiel 1). Alternativ kann sie auch rechtsbündig in der Fußzeile stehen (siehe Beispiel 2). Die erste Seite erhält keine Seitennummer.
- Die Angaben in der Kopf- und Fußzeile werden durch durchgezogene Linien vom Text abgegrenzt.
- In der Praxis ist es auch üblich, die Seiten rechtsbündig in der Kopf- oder Fußzeile mit „Seite ... von ...“, beginnend bei Seite 1, zu kennzeichnen (siehe Beispiel 3).

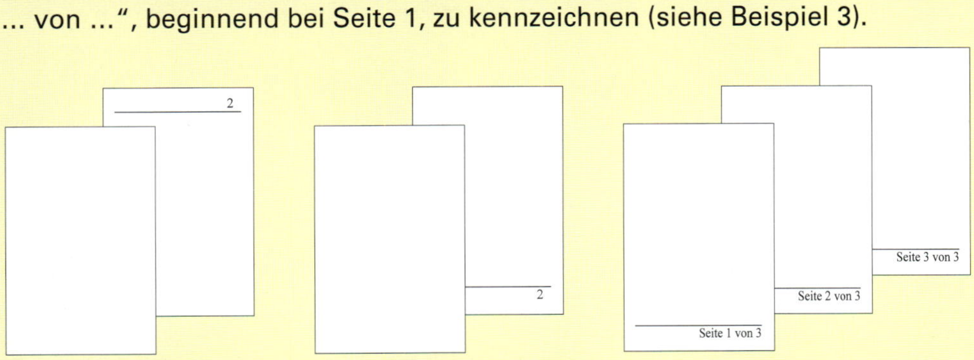

Beispiel 1 Beispiel 2 Beispiel 3

- Der **automatische Seitenwechsel** (weicher Seitenumbruch) könnte an einer ungünstigen Textstelle erfolgen. In diesem Fall ist es erforderlich, den **erzwungenen Seitenwechsel** an einer geeigneten Textstelle (vor dem automatischen Seitenwechsel) durch Eingabe eines entsprechenden Befehls **(harter Seitenumbruch)** vorzubereiten.
- Es empfiehlt sich, den **Seitenumbruch** als allerletzte Textbearbeitungsmaßnahme vorzunehmen.

Siehe auch Lehrer\Handreichungen**Seitenformatierung – Mehrseitige Schriftstücke – Seitennummerierung** auf der Begleit-CD.
Siehe auch Seiten 109 und 147.

2.16 Seitenformatierung – Mehrseitige Schriftstücke

Aufgabe 48:

Erfassen Sie folgendes Programm.

Legen Sie die Maße des rechten und unteren Randes auf 3 cm fest.

Führen Sie die Seitennummerierung in der Kopfzeile durch. Die Seite 1 soll keine Seitennummer erhalten.

Bereiten Sie den Seitenumbruch an einer geeigneten Textstelle vor.

Speichern Sie den Text unter dem Dateinamen TEXT-48 und drucken Sie ihn aus.

Haueisen
Kommunikations-Industrie AG
Möhringer Straße 5
70351 Stuttgart

Programm
der Fachtagung für Organisationssachbearbeiter
im Waldhotel Stuttgart
Stuttgart-Degerloch, Waldstraße 1

15. Mai 201.

10:00 Uhr	Direktor Dr. Martin Meyer Begrüßung
10:15 Uhr	Diplomvolkswirt Dr. Siegfried Rothardt „Betriebssystem Windows 8"
12:30 Uhr	Mittagspause
14:00 Uhr	Waldemar Schön „E-Mail-Virenschutz und Spamfilter"
16:00 Uhr	Kaffeepause
16:30 Uhr	Diskussion
17:00 Uhr	Diplomvolkswirt Dr. Siegfried Rothardt „Desktop Publishing - Professionelle Druckgestaltung am Arbeitsplatz - (Ein Vergleich zwischen QuarkXPress und InDesign)"
19:00 Uhr	Spaziergang zum Fernsehturm
19:30 Uhr	Abendessen im Turmrestaurant Gemütliches Beisammensein im Grünen Salon

16. Mai 201.

08:00 Uhr	Frühstück
08:30 Uhr	Dagmar Fink „Erstellung von Internetseiten mit Frontpage"
10:00 Uhr	Kaffeepause
10:30 Uhr	Dagmar Fink „Erstellung von Internetseiten mit Frontpage"
12:00 Uhr	Diskussion
12:30 Uhr	Mittagspause
13:30 Uhr	Diplomvolkswirt Franz Keck „Microsoft Office 2013"
15:30 Uhr	Dr. Gustav Roth „Psychische Beanspruchung an Bildschirmarbeitsplätzen"
17:00 Uhr	Diskussion Ende gegen 18 Uhr

2.16 Seitenformatierung – Mehrseitige Schriftstücke

Aufgabe 49:

Öffnen Sie die Datei TEXT-49 (Begleit-CD).

Fügen Sie nach dem Textabschnitt „3 Die Tastatur" nachstehenden Textabschnitt „4 Die Maus" ein.

Kontrollieren und berichtigen Sie ggf. den Seitenwechsel.

Führen Sie die Seitennummerierung durch.

Speichern Sie den Text unter dem Dateinamen TEXT-49A.

4 Die Maus

Während die Tastatur überwiegend zur Eingabe von Texten, Zahlen und Sonderzeichen verwendet wird, erleichtert die PC-Maus bei grafischen Benutzeroberflächen die Auswahl aus Bildschirmsymbolen, Auswahllisten und Schaltflächen. Dadurch werden Fehler, die bei der Eingabe über die Tastatur relativ häufig vorkommen, vermieden. Außerdem ist der Lernaufwand bei der Verwendung grafischer Benutzeroberflächen geringer.

Das kleine Gerät liegt meist rechts oder links neben der Tastatur. Bei optischen Mäusen wird die Oberfläche, auf der die Maus bewegt wird, mit einer Leuchtdiode beleuchtet und die Bewegung optisch erfasst. Bei Lasermäusen wird eine Laserdiode als Lichtquelle eingesetzt, deren Licht für das menschliche Auge kaum erfassbar ist.

Eine kleine Software, der sogenannte Maustreiber, bildet für die erfassten Daten die Schnittstelle zu den Programmen und setzt die Informationen in Bewegungsinformationen des Mauszeigers auf dem Bildschirm um. Durch Klicken mit den Maustasten können Aktionen ausgelöst werden.

Alternativ zur Maus wird bei Laptops ein Touchpad eingebaut. Es handelt sich um eine berührungsempfindliche Fläche, unter der ein Gitternetz mit Elektroden eingebaut ist. Fährt man mit dem Finger über das Touchpad, so entstehen elektrische Impulse. Die Bewegungsinformationen gibt der Touchpad-Treiber an den Mauszeiger weiter.

Aufgabe 50:

Öffnen Sie die Datei TEXT-49A. Ändern Sie die Schriftart Courier in eine Proportionalschrift, 12 Punkt, um.

Stellen Sie den Text im Blocksatz dar.

Kontrollieren und berichtigen Sie ggf. den Seitenumbruch, kontrollieren Sie das Layout in der Seitenansicht.

Speichern Sie den Text unter TEXT-50 ab.

- Sind in einem Text **harte Seitenumbrüche** eingefügt, müssen sie in der Regel entfernt werden, wenn nachträgliche Textbearbeitungen (z. B. Wahl einer anderen Schriftart, Texteinfügungen) durchgeführt werden. Der Seitenwechsel (Seitenumbruch) ist dann erneut zu kontrollieren.

2.16 Seitenformatierung – Mehrseitige Schriftstücke

Aufgabe 51:

Öffnen Sie die Datei TEXT-51 (Begleit-CD). Legen Sie den Seitenumbruch sinnvoll fest.

Gestalten Sie die Kopfzeilen mit folgenden Angaben:

Linksbündig: → PROTOKOLL
Rechtsbündig: → Seitennummerierung

Die Fußzeilen sollen wie folgt gestaltet werden:

Linksbündig: → Sekretärinnenseminar
Rechtsbündig: → VHS Ulm

Speichern Sie die Datei unter TEXT-51A.

Aufgabe 52:

Öffnen Sie die Datei TEXT-51A und fügen Sie nachfolgenden Text vor dem Kapitel „Sprachliche Gestaltung" ein:

4 Protokollrahmen

Unter dem Protokollrahmen versteht man die Gestaltung des Kopfes und des Schlusses eines Protokolls. Aus ihm muss Folgendes ersichtlich sein:

- Name des Veranstalters (Firmen-, Behörden-, Vereinsname)
- Tag der Protokollerstellung
- Angabe der Protokollart (Verlaufs- oder Ergebnisprotokoll)
- Thema der Sitzung, Tagesordnungspunkte
- Ort der Sitzung (Ort, Straße, Raum)
- Datum der Sitzung
- Dauer der Sitzung (von/bis)
- Sitzungsteilnehmer

An erster Stelle wird in der Regel der Vorsitzende genannt. Sind es mehr als etwa 10 Anwesende, wird eine Teilnehmerliste erstellt und dem Protokoll beigefügt. Bei verhinderten und entschuldigten Eingeladenen kann hinter den Namen ein entsprechender Vermerk angefügt werden.

Das Protokoll schließt mit dem Ort und dem Datum der Ausfertigung und wird vom Vorsitzenden und von der Protokollführerin/dem Protokollführer unterschrieben.

Führen Sie den neuen Seitenumbruch durch. Kontrollieren Sie das Layout in der Seitenansicht.

Speichern Sie die Datei unter TEXT-52. Drucken Sie die Datei aus.

Aufgabe 53:

Öffnen Sie die Datei TEXT-53 (Begleit-CD).

Das vorliegende Protokoll wurde anlässlich der Vorbereitung des Schulfestes erstellt. Korrigieren Sie das Protokoll aufgrund der folgenden Informationen: Die Besprechung fand im SMV-Zimmer statt, wurde vom Schülersprecher geleitet und endete um 13:00 Uhr. Ziel ist ein Ergebnisprotokoll, daher sollen Passagen, die nur den Verlauf der Besprechung darstellen, gelöscht werden.

Speichern Sie Ihr Ergebnisprotokoll unter TEXT-53A.

2.17 Spalten

- In der Regel wird der Text eines Dokuments vom linken bis zum rechten Rand angeordnet, diese Anordnung nennt man **einspaltig**.
- Ein umfangreiches Schriftstück ohne auflockernde Illustrationen bezeichnet man als **Mengentext**. Untersuchungen haben ergeben, dass Texte, die in einer **Spaltenbreite** von 45 bis 80 mm dargestellt werden, vom Leser leichter erfasst werden können.
- **Spaltenanzahl, Spaltenbreite** und **Spaltenabstand** können individuell festgelegt werden.
- Eine einmal getroffene Spalteneinteilung muss nicht für den ganzen Text gelten. Wenn Teile des Dokuments markiert sind, kann für den markierten Bereich eine andere Spaltenanzahl festgelegt werden. Der Text wird dadurch in **Abschnitte** eingeteilt.
- Bei mehrspaltigem Text fließt der Text von Spalte zu Spalte, d. h., erst wenn die erste Spalte voll ist, wird die nächste Spalte gefüllt. Ist ein vorzeitiger Spaltenwechsel erforderlich, muss ein **manueller Spaltenwechsel** eingefügt werden.
- Sie können bereits ein leeres Dokument in Spalten einteilen und den Text in Spalten erfassen. Genauso ist es möglich, nach dem einspaltigen Schreiben die Spalteneinteilung vorzunehmen.

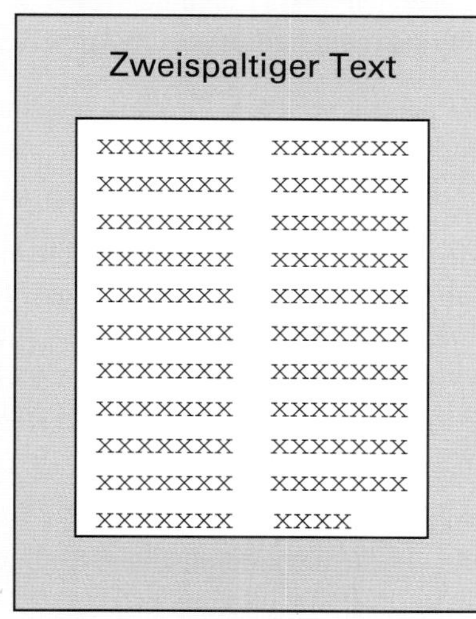

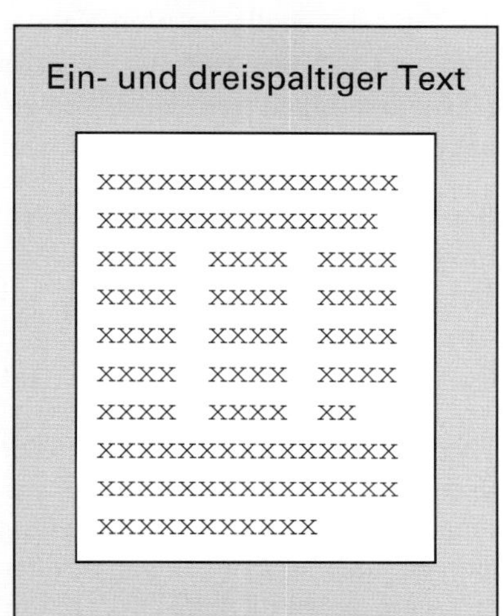

2.17 Spalten

Aufgabe 54:

Öffnen Sie die Datei TEXT-54 (Begleit-CD).

Stellen Sie den Text zweispaltig dar.

Führen Sie die Worttrennung durch.

Stellen Sie den Text im Blocksatz dar.

Speichern Sie unter TEXT-54A.

Additive Farbmischung: **Spektralfarben** ergeben zusammengefügt **Weiß**

Subtraktive Farbmischung: **Körperfarben** ergeben zusammengefügt **Schwarz**

Additive und subtraktive Farbmischung

Häufig erscheint ein Ausdruck im Farbton anders als die Anzeige auf dem Bildschirm. Der Grund für diesen Unterschied liegt in der unterschiedlichen Art, wie die Farben erzeugt werden. Generell wird zwischen zwei verschiedenen Verfahren unterschieden: der „additiven Farbmischung“ (auch „Licht- oder Spektralfarben“) und der „subtraktiven Farbmischung“ (auch „Körperfarben“).

Bei den Lichtfarben wird aus verschiedenfarbigen Lichtquellen die gewünschte Farbe gemischt, die selbstleuchtenden Farben werden also zu einer neuen Farbe addiert, woraus sich der Begriff der „additiven Farbmischung“ erklärt.

Die drei Grundfarben (das sind die Farben, die nicht aus anderen gemischt werden können) der additiven Farbmischung sind Rot, Grün und Blau, abgekürzt als RGB. Mischt man ein rotes Licht mit einem grünen Licht, so erhält man ein gelbes Leuchten, Rot und Blau mischen sich zu Magenta, Blau und Grün zu Cyan. Durch unterschiedliche Anteile der Grundfarben lassen sich praktisch beliebig viele Farben erzeugen. Die Farbe Weiß entsteht, wenn die drei Grundfarben gleich stark leuchten, Schwarz wird durch das Fehlen aller drei Farben hervorgerufen.

Bei den „Körperfarben“ verhält es sich gewissermaßen genau andersherum. Ein Gegenstand oder Körper erhält seine Farbe nicht durch eigenständiges Leuchten, sondern dadurch, dass seine Oberfläche bestimmte Anteile des auftreffenden Lichts verschluckt und nur einen bestimmten Teil reflektiert. Ein roter Apfel erscheint etwa deshalb rot, weil seine Oberfläche aus dem auftreffenden weißen Licht nur die Rottöne reflektiert, die restlichen Farbtöne also abzieht oder „subtrahiert“, weshalb hier auch von der subtraktiven Farbmischung gesprochen wird.

Die drei Grundfarben der subtraktiven Farbmischung sind Cyan, Magenta und Gelb, abgekürzt als CMY, wobei das Y für das englische Wort Yellow (Gelb) steht. Bei der subtraktiven Farbmischung wird durch die Kombination von Cyan und Magenta die Farbe Blau erzeugt, Cyan und Gelb ergeben in der Kombination Grün; Gelb und Magenta mischen sich schließlich zu Rot. Mischt man Cyan, Gelb und Magenta zu gleichen Teilen, erhält man Schwarz. Die Farbe Weiß wird erzielt, indem man gar keine Farbe benutzt.

Bei einem Monitor wird also mit der additiven Farbmischung gearbeitet. Ein Drucker dagegen verwendet die subtraktive Farbmischung. Beide Mischungsverfahren decken nicht den gesamten Farbbereich ab, sie sind also nicht vollständig deckungsgleich, woraus sich die Unterschiede zwischen einem Bild auf dem Monitor und im Ausdruck erklären. Bildschirm und Drucker lassen sich so einstellen, dass Anzeige und Ausdruck praktisch identisch werden, die Geräte werden „kalibriert“.

Theoretisch benötigt ein Farbdrucker also nur drei Farben (CMY), um sämtliche Farbtöne darstellen zu können. In der Praxis sieht es aber anders aus. Ein aus den drei Grundfarben erzeugtes Schwarz ähnelt da eher einem schmutzigen Braun. Aus diesem Grund verfügen Tintenstrahldrucker über eine zusätzliche schwarze Tintenpatrone, die mit K abgekürzt wird (steht für das K in „black“, schwarz), weshalb Sie in den Beschreibungen zu Druckern auf das Kürzel CMYK stoßen.

2.17 Spalten

Aufgabe 55:

Öffnen Sie die Datei TEXT-55 (Begleit-CD).

Gestalten Sie den Text ab der Anrede zweispaltig.

Formatieren Sie die Kalenderdaten und die Uhrzeiten in Kursivschrift, die Ortsnamen in Fettschrift.

Speichern Sie den Text unter dem Dateinamen TEXT-55A.

Drucken Sie das Schreiben aus.

Käthe-Kollwitz-Schule
Eppstein

Im Mai 201.

Liebe Schülerinnen und Schüler,

werft diesen Zettel nicht gleich weg; er enthält kurz gefasst das Resultat unserer gestrigen Besprechung über die Vorbereitung unserer Studienfahrt am 25. und 26. Mai.

Legt Euren Personalausweis oder den Reisepass bereit, denkt an Arzneimittel, die Ihr evtl. auf der Fahrt benötigt, sowie an gute Schuhe für die Wanderung und an warme Kleidung! Nehmt für den ersten Tag ein kräftiges Vesper mit.

Am 25. Mai fahren wir pünktlich um 06:30 Uhr am S-Bahnhof Brehmthal ab. Den ersten Aufenthalt haben wir in Straßburg. Schaut Euch das gotische Münster an, möglichst auch von innen, sucht die astronomische Uhr im Kircheninnern. Unbedingt solltet Ihr Euch das Haus Kammerzell, das schönste Fachwerkhaus von Straßburg, ansehen. Ist noch Zeit, dann besucht das alte Stadtviertel „La Petite France“ oder „Bain-aux-Plantes“.

Empfehlen kann ich den elsässischen Gugelhupf mit vielen „raisins de Malaga épépinés“.

Um 14:00 Uhr fahren wir auf der Elsässischen Weinstraße über Obernai und Ottrott nach Barr, wo wir im Hôtel de la Couronne absteigen werden. Bei gutem Wetter machen wir zusammen eine kleine Wanderung zum Kloster der Heiligen Odile.

Am Abend ist ein gemütliches Beisammensein vorgesehen. Unser Festausschuss hat ihn sicher gut vorbereitet.

Denkt daran, dass noch andere Gäste im Hause sein werden; deshalb müssen wir uns ab 22 Uhr ruhig verhalten.

Am nächsten Morgen gibts um 08:00 Uhr Frühstück; Abfahrt um 09:00 Uhr. Fahrt über Andlau, Itterswiler, Dambach-la-Ville, Kintzheim zur Hohkönigsburg. Bei gutem Wetter machen wir eine kleine Wanderung. Dann gehts weiter über St. Hippolyte, Bergheim, Riquewihr (kurzer Aufenthalt), Kaysersberg nach Colmar.

In Colmar besichtigen wir zusammen das Museum „Unterlinden“. Empfehlenswert ist auch der Besuch der Martinskirche. Sollte die Zeit noch reichen, dann stattet dem alten Stadtteil „La Petite Venise“ einen Besuch ab.

Um 16 Uhr fahren wir nach Freiburg weiter. Schaut euch das Münster an; wer total erschöpft sein sollte, kann es auch aus der Ferne – von einem netten Café aus – bewundern.

Bei Bedarf können wir unterwegs noch eine kleine Rast einlegen. Voraussichtlich werden wir zwischen 20 und 21 Uhr am S-Bahnhof Brehmthal wieder ankommen. Der Unterricht beginnt am Donnerstag um 07:50 Uhr.

Haltet die Daumen, dass Petrus es gut mit uns meint!

Eure Klassenlehrerin

2.18 Initiale und Sonderzeichen

Aufgabe 56:

Erfassen Sie folgenden Text. Stellen Sie das erste Zeichen als Initial dar.

Speichern Sie unter TEXT-56.

Freude
Wie mit den Lebenszeiten,
so ist es auch mit den Tagen,
keiner ist uns gut genug,
keiner ist ganz schön,
und jeder hat, wo nicht seine Plage,
doch seine Unvollkommenheiten,
aber rechne sie zusammen,
so kommt eine Summe Freude
und Leben heraus.

Friedrich Hölderlin

Aufgabe 57:

Erfassen Sie folgenden Text 3-spaltig. Fügen Sie passende Symbole Ihrer Wahl als Aufzählungszeichen ein.

Speichern Sie unter TEXT-57.

Schulabgänger – Das erwartet die Wirtschaft

Fachliche Kompetenz

- ● Grundlegende Beherrschung der deutschen Sprache in Wort und Schrift
- ● Beherrschung einfacher Rechentechniken
- ● Grundlegende naturwissenschaftliche Kenntnisse
- ● Grundlegende wirtschaftliche Kenntnisse
- ● Grundkenntnisse in Englisch

Persönliche Kompetenz

- ■ Zuverlässigkeit
- ■ Lern- und Leistungsbereitschaft
- ■ Ausdauer, Durchhaltevermögen, Belastbarkeit
- ■ Sorgfalt, Gewissenhaftigkeit
- ■ Konzentrationsfähigkeit
- ■ Verantwortungsbereitschaft, Selbstständigkeit
- ■ Fähigkeit zur Kritik und Selbstkritik
- ■ Kreativität, Flexibilität

Soziale Kompetenz

- ▲ Kooperationsbereitschaft, Teamfähigkeit
- ▲ Höflichkeit, Freundlichkeit
- ▲ Konfliktfähigkeit
- ▲ Toleranz

© Westdeutscher Handwerkskammertag, IHKs in NRW

- ❑ Ein **Initial** ist ein Buchstabe, mit dem ein Absatz beginnt. Dieser Buchstabe wird vergrößert dargestellt. Das Initial soll mit der Schriftgrundlinie einer Zeile abschließen und sich an der linken Zeilenbegrenzung orientieren.
- ❑ Über die **Normtastatur** sind auf 48 Tasten 96 Zeichen verfügbar. Über die Drittbelegung sind weitere Zeichen erreichbar, z. B. @, €, ~, |. Diese Sonderzeichen sind Symbole, die nicht zu den Buchstaben, Zahlen und Satzzeichen gehören.
- ❑ Darüber hinaus werden im Textprogramm weitere Sonderzeichen zur Verfügung gestellt, die teilweise auch über den ANSI-Code (siehe Seite 182) zu erreichen sind, z. B. 🕯, ©.

3.1 Bilder

❑ 1 Bildgewinnung

Es gibt verschiedene Möglichkeiten, digitale Bilder zu gewinnen.

❑ 1.1 Scanner

Auf dem Markt sind Scanner für viele Einsatzbereiche erhältlich, z. B. zum Scannen von Dokumenten, transparenten Vorlagen, dreidimensionalen Objekten.

Für den privaten Bereich eignen sich Flachbettscanner. Kompakte Handscanner finden im mobilen Einsatz Anwendung. Einzugscanner werden zur Digitalisierung von Dokumenten besonders im betrieblichen Bereich eingesetzt.

Wichtig beim Scannen ist die Wahl der **Auflösung**. Die Auflösung bestimmt die Qualität des Bildes am Monitor und im Druck. Die Auflösung wird in dpi (dots per inch – Punkte pro Zoll) oder ppi (Pixel per inch) angegeben. Je höher die Zahlenwerte sind, desto höher ist die Bildqualität. Für den Einsatz auf einer Webseite oder einer Bildschirm-Präsentation reicht eine Auflösung von 72 Punkt. Für die Ausgabe über den Drucker ist neben der richtigen Papierwahl eine Auflösung von 150 bis 300 dpi richtig. Wenn das Bild bei einer Druckerei gedruckt wird, ist eine Auflösung von mindestens 300 dpi zu wählen.

Auch die **Farbtiefe** bestimmt die Qualität des Bildes. Sie gibt die Anzahl der Farben an, die gleichzeitig dargestellt werden können. Das menschliche Auge kann etwa 17 Millionen Farben unterscheiden.

❑ 1.2 Digitale Kamera

Die digitalen Kompaktkameras sind in den letzten Jahren immer kleiner, leistungsfähiger und preiswerter geworden. Sie verfügen über einen **Lithium-Ionen-Akku**, der es ermöglicht, eine Vielzahl von Bildern mit einem Akku aufzunehmen. Auch bei der digitalen Kamera spielt die **Bildauflösung** eine große Rolle. Derzeit werden Kameras mit 10 Megapixeln im zweistelligen €-Bereich angeboten, wobei zu berücksichtigen ist, dass außer der Pixelzahl auch noch andere Komponenten der Kamera die Bildqualität beeinflussen und höhere Auflösungen nur bei ungewöhnlich großen Ausdrucken eine Rolle spielen. **Speichermedien** sind **Speicherkarten** (z. B. CompactFlash-, SmartMedia-, SD-Karte, xD-Karte). Die Bilder werden in der Regel über einen **USB-Anschluss** auf den PC übertragen.

Wer Belichtungszeit, Blende oder Blitz einstellen oder mit Wechselobjektiven arbeiten will, sollte sich für eine **digitale Spiegelreflexkamera** entscheiden, die in letzter Zeit für den ambitionierten Hobbyfotografen erschwinglich geworden ist. Sie ist größer und schwerer als die Kompaktkamera. **Speichermedien** sind CompactFlash-, SD- oder SDHC-Karte.

❑ 1.3 Digitalisierung auf CD/DVD

Viele Firmen bieten einen Scanservice an. Der analoge Film (Dias, Negative) wird mit Diascannern digitalisiert und als JPEG-Dateien auf eine CD/DVD gebrannt. Die Bilder können im Computer weiterbearbeitet werden.

❑ 1.4 Fotos oder Grafiken auf CD, DVD oder zum Download aus dem Internet

sind eine gute Quelle für die Gestaltung von Texten mit Grafiken; zu beachten sind aber die Lizenzvereinbarungen (Urheberrecht).

❑ 1.5 Internet

Firmen, z. B. Daimler AG, Siemens, Braun, professionelle Anbieter, z. B. www.mev.de, und auch private Anbieter stellen ihre Bilder ins Web. Beachten Sie auf jeden Fall das Urheberrecht.

❑ 1.6 Grafiken

Mit einem Grafikprogramm, z. B. Paint oder Corel Draw, können Sie Grafiken selbst erstellen.

Siehe auch PowerPoint-Präsentation **Bildgewinnung für Bildschirm-Präsentationen** auf der Begleit-CD.

3.1 Bilder

❑ 2 Grafikformate

❑ 2.1 Pixelformate (Bitmap)

Eine **Pixelgrafik** (Rastergrafik, Bitmap-Grafik) setzt sich aus vielen einzelnen Punkten (Pixeln) zusammen. Die Anzahl und die Eigenschaften der einzelnen Bildpunkte werden auf Bits übertragen, daher Bitmap-Grafik.

Die Anzahl der Bildpunkte, aus denen ein Bild besteht, wird als **Auflösung** bezeichnet. Die Angabe **dpi** (dots per inch) gibt an, wie viele Bildpunkte auf einem Zoll (2,54 cm) untergebracht sind.

Eine Bitmap kann, im Gegensatz zu einer Vektorgrafik, nicht beliebig vergrößert werden, es entsteht dann der sogenannte Treppcheneffekt.

Trotzdem eignet sich das Pixelformat für **digitale Bilder** wie Fotos, da diese mit Punkten gut wiedergegeben werden können.

Bei Fotos wird schnell eine Dateigröße von mehreren Megabyte erreicht. Um die riesigen Datenmengen, die bei Bitmap-Grafiken anfallen können, zu reduzieren, um z. B. Übertragungszeit zu sparen, ist es möglich, sie zu **komprimieren**. Je nach Verwendungszweck der Grafik kann der Kompressionsfaktor gewählt werden. Das bekannteste Verfahren für **Datenkompression** ist das **JPG-Verfahren**.

Man unterscheidet die **verlustfreie** und die **verlustreiche Kompression**. Bei der verlustfreien Kompression werden die Bildinformationen nach gleichen oder ähnlichen Informationen untersucht, diese Informationen werden nicht einzeln gespeichert, sondern zusammengefasst. So ergibt die Kombination rot-rot-weiß-weiß verlustfrei 2 x rot-2 x weiß. Bei der verlustreichen Kompression werden größere Farbbereiche zusammengefasst, das bedeutet, je größer der Kompressionsfaktor ist, desto mehr leidet die Wiedergabequalität.

Pixelformate sind Grafikformate mit der Endung .gif, .png. .pcx, .tif. Im Internet finden hauptsächlich das GIF-, das PNG- und das JPG-Format Anwendung.

Außerdem gibt es ein Grafikformat mit der Endung .bmp, das Standardformat beim Betriebssystem Windows. Dieses Format speichert alle Bilddaten unkomprimiert ab, dadurch entstehen sehr große Dateien.

Möchten Sie eine Pixelgrafik bearbeiten, können Sie die Grafik in ein Grafikprogramm (z. B. Photoshop, Gimp) laden und die Grafik mit den zur Verfügung stehenden Funktionen verändern.

❑ 2.2 Vektorformate

Zeichnungen und Illustrationen können mithilfe von **Vektorprogrammen** erstellt werden. Die Objekte einer Zeichnung, z. B. Kreise, Rechtecke, Linien, werden nicht aus einzelnen Bildpunkten aufgebaut, sondern durch mathematische Vektoren erstellt.

Vektorgrafiken können ohne Qualitätsverlust skaliert werden, d. h., sie können vergrößert, verkleinert, gedehnt oder gestaucht werden. Der Speicherbedarf ist gering. Es ist möglich, Vektorgrafiken auch vom Textprogramm aus weiter zu bearbeiten, z. B. kann die Grafik in ihre einzelnen Elemente zerlegt werden. Jede Linie, jede Fläche ist ein Objekt und kann einzeln bearbeitet werden.

Viele Cliparts von Microsoft liegen **im WMF-Format** vor. Das **EMF-Format** ist eine Weiterentwicklung des WMF-Formats. Hier können die Vektorgrafiken mit Rastergrafiken gefüllt werden.

Weitere Vektorformate sind z. B. .cdr, .cgm.

Siehe auch PowerPoint-Präsentation **Grafiken** auf der Begleit-CD.

3.1 Bilder

❑ 3 Umwandeln von Grafikformaten

Mithilfe eines Bildbearbeitungsprogramms können Sie eine Grafik in ein anderes Grafikformat umwandeln, z. B. eine GIF-Datei in eine JPG-Datei.

❑ 4 Textfluss oder Umlauf

Viele Schriftstücke, z. B. Plakate, Werbebroschüren, Einladungen, können ansprechend gestaltet werden, wenn sie mit Grafiken, z. B. Clipart oder Bild, aufgelockert werden.

Grundsätzlich wird eine Grafik an der Cursorposition eingefügt. Darüber hinaus können Sie das Layout der Grafik bestimmen, d. h., Sie bestimmen das Verhältnis von Text zu Grafik.

Nachstehend finden Sie einige Möglichkeiten des Textflusses/Umlaufs, die in Textverarbeitungsprogrammen angeboten werden.

Oben und Unten – kein Umlauf

Der Text endet oberhalb der Grafik und beginnt wieder unterhalb. Die Bereiche links und rechts neben der Grafik stehen für Text nicht zur Verfügung.

Quadrat – Parallel

Der Text fließt in einem rechteckigen Rahmen um die Grafik. Zusätzlich bieten manche Programme die Einstellung **vor** oder

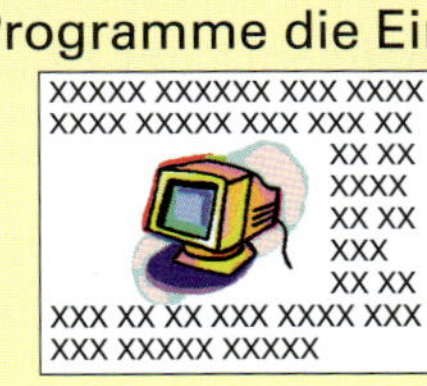

hinter.

Passend – Parallel mit Kontur

Der Text fließt an der tatsächlichen Kontur der Grafik entlang. Es ist möglich die Kontur/die Rahmenpunkte zu bearbeiten und damit den Abstand zu regulieren.

Vor oder hinter den Text - Durchfluss

Text und Grafik befinden sich an der gleichen Stelle und überdecken sich gegenseitig. Die Verwendung ist so nicht sinnvoll, da die Lesbarkeit des Textes nicht mehr gegeben ist. Bei Tabellen bietet die Einstellung vor den Text die Möglichkeit eine Grafik über den Rand zu legen. Durch die Einstellung hinter den Text wäre die Gestaltung von Wasserzeichen möglich.

3.2 Bitmapgrafiken (Pixelgrafiken)

Aufgabe 1:

Formulieren und gestalten Sie ein übersichtliches Merkblatt über richtiges Sitzen am PC-Arbeitsplatz nach folgenden Stichworten. Ordnen Sie die Stichworte den Überschriften „Arbeitsstuhl", „Sitzhaltung", „Monitor", „Tastatur" und „Vorlagenhalter" zu.

Verwenden Sie je nach Bedarf die JPG-Grafiken „Bildschirmarbeitsplatz", „Vordere Sitzhaltung", „Mittlere Sitzhaltung" und „Hintere Sitzhaltung", die Sie auf Ihrer Begleit-CD finden.

Speichern Sie unter GRAFIK-1.

Die Oberarme hängen locker herab.

Die Unterarme bilden eine waagerechte Linie zur Tastatur.

Oberarme und Unterarme sollen einen Winkel von 90° oder mehr bilden.

Das Gesäß muss die Sitzfläche ganzflächig besitzen.

Die Sitzfläche sollte gepolstert und luftdurchlässig sein.

Der Arbeitsstuhl sollte über eine hohe Rückenlehne mit verstellbarer Neigung und einen Lendenbausch (Abstützung im Lendenwirbelbereich) verfügen.

Der Rücken liegt ganzflächig der Rückenlehne an.

Der Arbeitsstuhl sollte in der Sitzhöhe verstellbar sein.

Ober- und Unterschenkel sollen einen Winkel von 90° oder mehr bilden. Dabei soll es möglich sein, die Füße ganzflächig aufzustellen.

Wenn die Beine in der Luft hängen, kann eine Fußstütze helfen.

Sitzen Sie bewegungsreich, verändern Sie häufig Ihre Sitzhaltung, indem Sie eine vordere, mittlere und hintere Sitzhaltung einnehmen (dynamisches Sitzen).

Der Abstand Auge – Monitor beträgt etwa 50 bis 70 cm.

Ein guter Bildschirm sollte flimmerfrei und gleichmäßig hell sein, die Zeichen positiv (dunkel auf hell) darstellen und nicht reflektieren.

Die Tastatur muss vom Bildschirm getrennt, leicht beweglich, aber trotzdem rutschfest und möglichst flach sein. Eine leichte Neigung (5 bis 15°) ist vorteilhaft.

Der Vorlagenhalter sollte ungefähr den gleichen Abstand zu den Augen haben wie der Bildschirm, also 50 bis 70 cm.

Weitere Internetseiten zu diesem Thema:

- www.bkk.de Rubrik Service
  BKK Bildschirmschoner, Berti Kuckelkorn, Gesundheitstrainer, zum Download
- http://www.baua.de/de/Publikationen/Broschueren/A11.html
  Broschüre „Wohlbefinden im Büro" (PDF-Datei) – Bundesanstalt für Arbeitsschutz und Arbeitsmedizin

- ❑ Die obige Grafik wurde eingescannt und in einem Bildbearbeitungsprogramm in ein **Bitmapbild (Pixelbild, Rastergrafik)** im JPG-Format umgewandelt und komprimiert.
- ❑ Für die Darstellung von Text und Grafik nebeneinander wurde der Textfluss bzw. Umlauf auf „Quadrat" bzw. „Parallel" eingestellt.

3.2 Bitmapgrafiken (Pixelgrafiken)

Aufgabe 2:

Gestalten Sie nachstehende Einladung des Sportvereins Aalen zu einer Radtour. Verwenden Sie eine passende Clipart-Grafik.

Speichern Sie unter GRAFIK-2.

Turn- und Sportverein Aalen

Was?	Radtour durchs Donautal
Wann?	Vom 15. bis 17. Juli d. J.
Abfahrt?	07:00 Uhr am Vereinsheim
Übernachtung?	Hotel Pelikan in Beuren
Kosten?	75 € (Fahrt, Übernachtung im Doppelzimmer, Frühstück)
Anmeldung?	Bis 15. Juni d. J. im Vereinsheim

- Zur optischen Gestaltung von besonderen Schriftstücken können u. a. auch **Grafiken** als „Blickfang" eingesetzt werden.
- Cliparts können aus verschiedenen Quellen in ein Dokument eingefügt oder kopiert werden, z. B. können sie über einen Anbieter von Clipart-Grafiken von einer Website heruntergeladen werden. Microsoft Office verfügt über einen Clipart-Organizer, mit dessen Hilfe Sie aus Office- und Websammlungen unter vielen Cliparts ein geeignetes Bild wählen können.
- Cliparts können bearbeitet werden, z. B. können sie ausgerichtet, zurechtgeschnitten, gedreht und der Textfluss geändert werden. Bei der obigen Grafik wurde die Umbruchart „oben und unten" gewählt.
- Cliparts können mit einem Rahmen versehen, Helligkeit und Kontrast können geändert werden. Wenn die Dateigröße reduziert werden soll, ist es möglich, Pixelgrafiken zu komprimieren.

3.3 Vektorgrafiken (Clipart)

Aufgabe 3:

Öffnen Sie die Datei GRAFIK-3 (Begleit-CD). Fügen Sie eine passende Grafik ein.

Wählen Sie eine Umbruchart, bei der sich der Text der Kontur der Rose anpasst.

Speichern Sie die Gestaltung unter GRAFIK-3A.

Die Rose

(nach Rainer Maria Rilke)

Während seines Pariser Aufenthaltes ging Rilke täglich um die Mittagszeit in Begleitung einer jungen Französin an einer Bettlerin vorbei. Stumm und unbeweglich saß die Frau da und nahm die Gaben der Vorübergehenden ohne jedes Anzeichen von Dankbarkeit entgegen. Der Dichter gab ihr zur Verwunderung seiner Begleiterin, die selbst immer eine Münze bereit hatte, nichts. Vorsichtig darüber befragt, sagte er: „Man müsste ihrem Herzen schenken, nicht ihrer Hand."

An einem der nächsten Tage erschien er mit einer wundervollen, halb erblühten Rose. Ah, dachte das Mädchen, eine Blume für mich, wie schön! Aber er legte die Rose in die Hand der Bettlerin. Da geschah etwas Merkwürdiges: Die Frau stand auf, griff nach seiner Hand, küsste sie und ging mit der Rose davon.

Eine Woche lang blieb sie verschwunden. Dann saß sie wieder auf ihrem Platz, stumm, starr wie zuvor. „Wovon mag sie die ganzen Tage über gelebt haben?" Rilke antwortete: „Von der Rose!"

- **Vektorgrafiken** sind nicht aus einzelnen Bildpunkten aufgebaut, sondern werden mittels mathematischer Formeln definiert.
- Sie können die Endungen .wmf, .cdr, .cgm und .eps tragen.
- Bei der obigen Grafik wurde für den Textfluss bzw. Textumlauf die Umbruchart so gewählt, dass sich der Text der Kontur der Grafik anpasst. Der Kontur-Verlauf ist nur bei Grafiken möglich, die im Vektorformat vorliegen.

3.3 Vektorgrafiken (Clipart)

Aufgabe 4:

Gestalten Sie einen „Geschenk-Gutschein“. Erfassen Sie den Text zweispaltig. Fügen Sie eine passende Clipart-Grafik ein. Speichern Sie unter GRAFIK-4.

Gutschein

für Melanie

und eine Begleitperson
ihrer Wahl

Gültig bis Ende Oktober!

für einen dreitägigen Ausflug an den Bodensee

mit Übernachtung im Hotel Kretzergrund
in Kressbronn

mit Segeltörn auf dem Bodensee

Aufgabe 5:

Gestalten Sie folgendes Einladungsschreiben. Erfassen Sie den Text zweispaltig. Fügen Sie eine passende Clipart-Grafik ein. Speichern Sie unter GRAFIK-5.

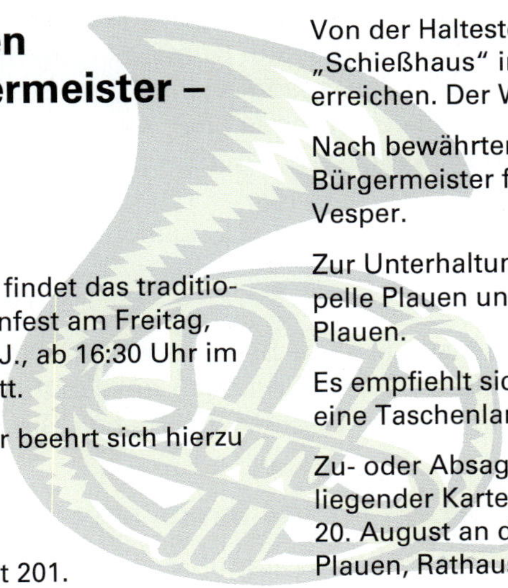

Stadt Plauen
– Der Bürgermeister –

Einladung

Bei gutem Wetter findet das traditionelle Hirschwiesenfest am Freitag, 12. September d. J., ab 16:30 Uhr im „Schießhaus“ statt.

Der Bürgermeister beehrt sich hierzu einzuladen.

Plauen, im August 201.

Von der Haltestelle „Forsthaus“ ist das „Schießhaus“ in 5 Minuten Gehzeit zu erreichen. Der Weg ist ausgeschildert.

Nach bewährtem Brauch sorgt der Bürgermeister für Getränke und ein Vesper.

Zur Unterhaltung spielen die Blaskapelle Plauen und der Spielmannszug Plauen.

Es empfiehlt sich für den Rückweg eine Taschenlampe mitzubringen.

Zu- oder Absagen werden auf beiliegender Karte bis spätestens 20. August an das Bürgermeisteramt Plauen, Rathaus, erbeten.

- Für die Grafik wurde der Textfluss **„Hinter den Text“** gewählt. Der Text fließt dann über die Grafik hinweg. Damit der Text gut lesbar bleibt, ist es in der Regel erforderlich, die Grafik aufzuhellen.

3.4 Textfelder

Aufgabe 6:

Öffnen Sie die Datei GRAFIK-6 (Begleit-CD).

Fügen Sie ein Textfeld und den zugehörigen Text ein. Gestalten Sie mithilfe der Grafik Heuss.jpg (Begleit-CD) den Text. Speichern Sie unter GRAFIK-6A.

Publizist – Politiker – Präsident

Theodor Heuss

Kaum ein Politiker der Bundesrepublik Deutschland wurde so respektiert und verehrt wie der erste Präsident der Bundesrepublik Deutschland, Theodor Heuss.

Theodor Heuss wurde 1884 in Brackenheim bei Heilbronn geboren, er hat viele Staatsformen – die Monarchie, die Weimarer Republik und den Nationalsozialismus – erlebt, bis er 1949 zum ersten Bundespräsidenten der Bundesrepublik Deutschland gewählt wurde.

In München und Berlin studierte er Nationalökonomie und war jahrelang als Autor, Redakteur und Chefredakteur bei Zeitschriften und Zeitungen u. a. in Heilbronn und Berlin tätig. Von 1920 bis 1933 wirkte er als Dozent an der Hochschule für Politik in Berlin.

Von 1924 bis 1928 und von 1930 bis 1933 war er Mitglied des Reichstags. 1933 wurde seine Publikation „Hitlers Weg" der Anlass für seine Entlassung als Dozent der Hochschule für Politik in Berlin und für die Aberkennung des Reichstagsmandats. 1942 erhielt er Schreibverbot durch die Nationalsozialisten. In den Zeiten des Schreibverbots verfasste er verschiedene Biografien, u. a. über den Politiker Friedrich Naumann und Robert Bosch.

1946 wird Heuss Mitglied der Verfassunggebenden Landesversammlung in Württemberg-Baden und Mitglied des Württemberg-Badischen Landtags, 1949 Bundesvorsitzender der FDP und nach der ersten deutschen Bundestagswahl am 14. August Bundespräsident. Dieses Amt übte er zehn Jahre lang aus. 1963 verstarb Theodor Heuss in seinem Haus in Stuttgart, das zum Museum umgestaltet wurde und eindrucksvolle Einblicke in das Leben eines großartigen Publizisten, Politikers, Präsidenten und Menschen gewährt.

Quelle: LeMO

- Ein Dokument kann außer Text beispielsweise Bilder oder Tabellen enthalten, Alles, was nicht zum Text gehört, ist ein **Objekt**. Ein Objekt kann auch ein **Textfeld** sein, das Sie unabhängig vom Text beliebig platzieren können. Bei Bedarf verschieben Sie das Textfeld, bis es sich an der richtigen Stelle befindet.
- Mithilfe der **Ziehpunkte** können Sie das Textfeld vergrößern oder verkleinern.
- Ein Textfeld kann Text, Tabellen und Grafiken aufnehmen.
- Mehrere Textfelder lassen sich miteinander verknüpfen, dann können Sie von Textfeld zu Textfeld springen.
- Bei Bedarf können Sie das Textfeld formatieren, d. h., Sie können die Rahmenfarbe ändern und ihm Füllfarben, Fülleffekte, Schattierungen usw. zuweisen.
- In einem Textfeld ist es möglich, den Text von oben nach unten oder von unten nach oben anzuordnen.

Text von oben nach unten

Text von unten nach oben

3.5 Texteffekte

- Mit Texteffekten (z. B. WordArt, Fontwork) ist es möglich, einen Text vordefinierten Formen, z. B. einer Wellenlinie oder einem Kreis, anzupassen. Texte können u. a. schattiert, gedreht oder gedehnt werden.
- Damit können Textteile, z. B. Überschriften, gestaltet werden.
- Texteffekte werden als Vektorgrafik in das Dokument eingebettet.

3.6 Zeichnungswerkzeuge

Mithilfe der **Funktion „Zeichnen"** können Sie **Vektorgrafiken** (siehe Seite 50), z. B. Linien, Kästchen oder Kreise, zeichnen, gestalten und bearbeiten.

❑ **1 Rechteck und Ellipse**

Wählen Sie aus der Zeichnen-Symbolleiste das gewünschte Objekt, z. B. ein Rechteck oder eine Ellipse, mit der Maus aus. Ihr Cursor nimmt die Form eines Fadenkreuzes an.

Rechtecke und Ellipsen werden vom oberen linken Punkt aus gezogen.

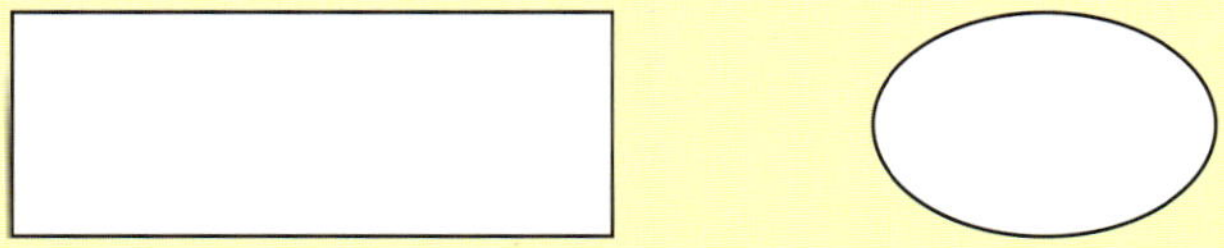

Mit gedrückter Umschalt-Taste erhalten Sie ein Quadrat bzw. einen Kreis.

Wenn Sie ein Objekt erstellt oder markiert haben, sehen Sie 8 Objektgriffe (Anfasser).

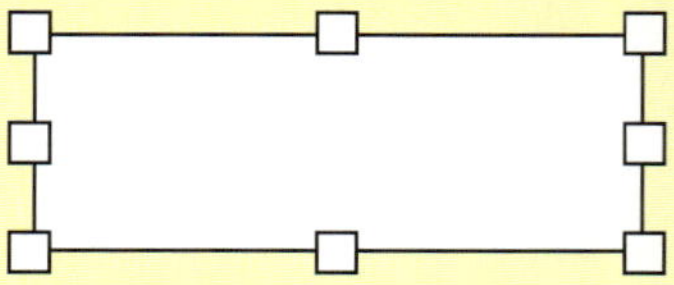

Mithilfe der **Eckgriffe** können Sie das Objekt diagonal vergrößern oder verkleinern, dabei bleiben die Proportionen erhalten, wenn Sie zusätzlich die Umschalttaste drücken.

Mithilfe der **Mittelgriffe rechts und links** wird das Objekt in der Breite gestaucht oder gestreckt.

Mithilfe der **Mittelgriffe oben und unten** kann das Objekt in der Länge gestaucht oder gestreckt werden.

Wenn Sie **das Objekt in der Mitte** anklicken, können Sie es bei gedrückter Maustaste an jede beliebige Stelle **ziehen**.

Wollen Sie ein **Objekt kopieren**, drücken Sie die Strg-Taste, lassen sie gedrückt, klicken das Objekt an und ziehen mit gedrückter Maustaste ein Duplikat aus dem Original heraus, an der gewünschten Stelle lassen Sie Maus- und Strg-Taste los.

Objekte können **gedreht** werden.

Objekte können zur gemeinsamen Bearbeitung **gruppiert** werden. Die zur Gruppierung vorgesehenen Objekte müssen vorher markiert werden.

Mehrere markierte Objekte können aneinander oder mithilfe des **Rasters ausgerichtet** werden. Mit den Richtungstasten (Cursortasten) können markierte Objekte **um einen Rasterschritt bewegt** werden.

Objekte können in **Ebenen gestaffelt** werden. Das zuletzt erstellte Objekt befindet sich auf der obersten Ebene. Diese Anordnung kann verändert werden.

3.6 Zeichnungswerkzeuge

Es ist außerdem möglich, Objekte zu formatieren (Linienfarbe, Füllfarbe, Farbverlauf).

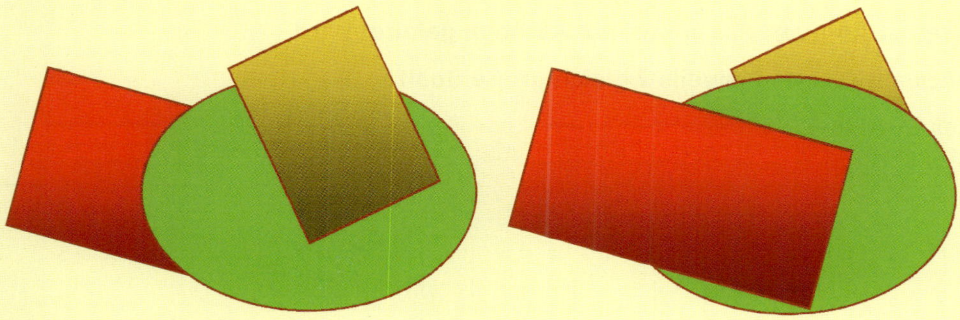

❑ **2 Linien**

Wählen Sie das gewünschte Objekt mit der Maus aus. Erstellen Sie mit gedrückter linker Maustaste das Element.

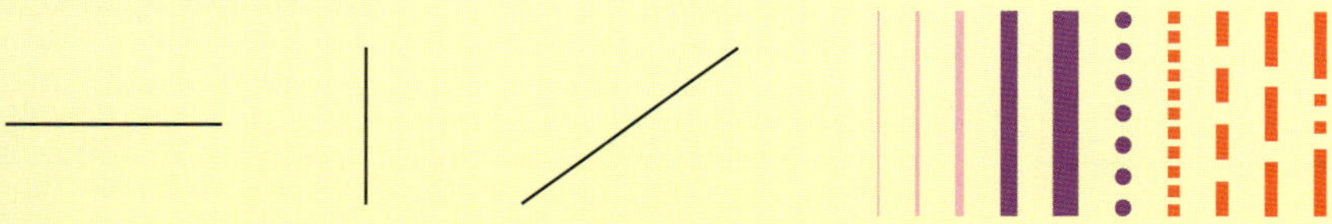

Die gezogene Linie ist nach dem Loslassen der Maustaste markiert. Wenn Sie mit dem Mauszeiger auf einen der Markierungspunkte zeigen und die linke Maustaste drücken, kann die Linie verlängert oder verkürzt werden. Formatierungen sind im Bereich der Linienstärke, der Linienart und Farbe möglich.

Linien mit verschiedenen Pfeilspitzen

❑ **3 Formen**

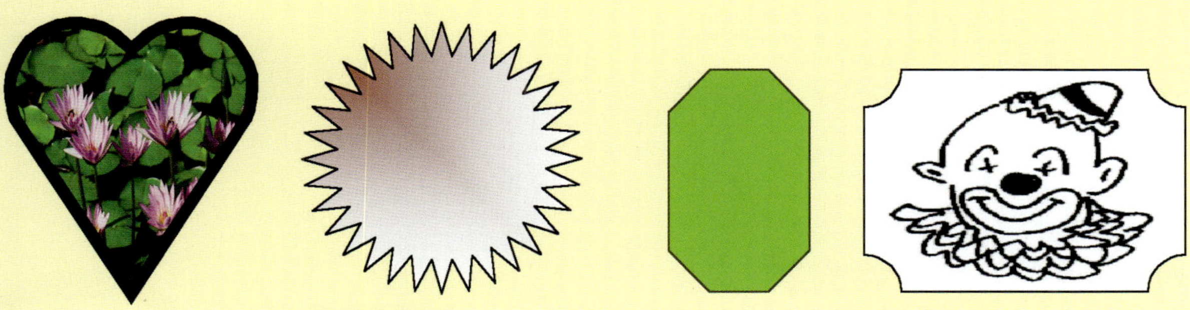

Es ist möglich, die Objekte zu gestalten (Linienfarbe, Füllfarbe, Farbverlauf, Grafik).

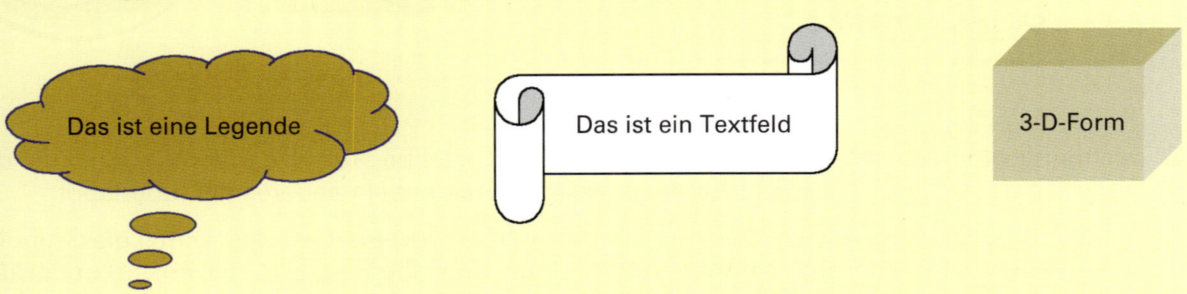

Siehe auch PowerPoint-Präsentation **Mit PowerPoint Objekte erstellen und gestalten** auf der Begleit-CD.

3.6 Zeichnungswerkzeuge

Aufgabe 7:

Gestalten Sie eine 4-seitige Einladungskarte.

Das Ausgangsformat ist A4-quer, das später auf A5-hoch gefaltet wird.

Die Vorder- und Rückseite wird in jeweils 2 gleich große Spalten eingeteilt.

Speichern Sie unter GRAFIK-7.

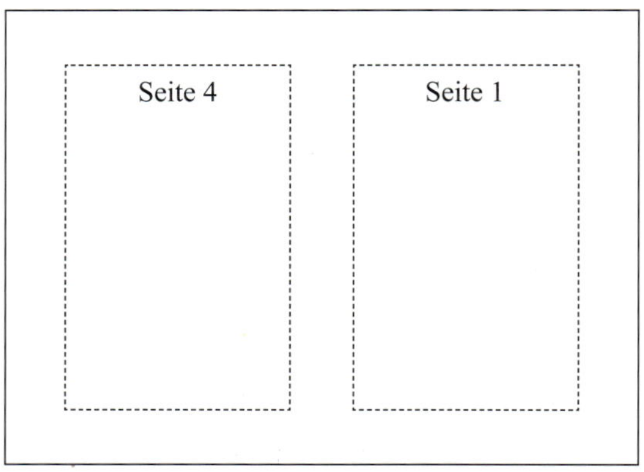

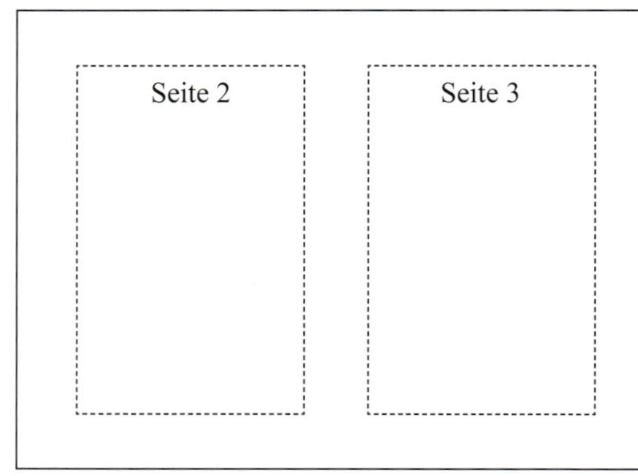

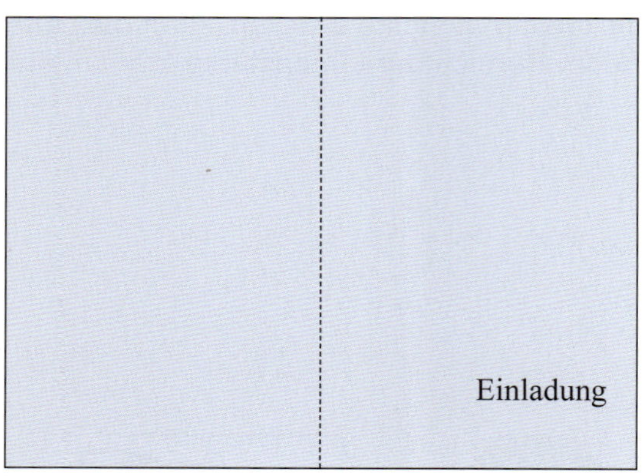

Aufgabe 8:

Gestalten Sie diese Formen mithilfe der Zeichnungswerkzeuge, und gruppieren Sie die jeweilige Form.

Speichern Sie unter GRAFIK-8.

- Zeichnungselemente werden in der Reihenfolge der Erstellung übereinandergelegt. Durch die Änderung der Reihenfolge wird festgelegt, welches Element ein anderes ggf. überlappt.
- Sind mehrere Elemente gleichzeitig markiert, können sie gruppiert werden. Durch die Gruppierung werden die Elemente zusammengefasst und eine Änderung, z. B. der Position oder der Größe, wird dadurch vereinfacht.

Siehe auch Dokumentvorlage **VORKARTE** auf der Begleit-CD.

3.6 Zeichnungswerkzeuge

Aufgabe 9:

Gestalten Sie die Vorder- und Rückseite eines Faltblatts nach nachstehendem Muster. Speichern Sie unter GRAFIK-9.

Vorderseite (Seiten – Spalten – 5, 6 und 1)

Aus Platzgründen verkleinerte Darstellungen

Seite 5

Seite 6

Seite 1 (Titelseite)

Multimedia und Internet

Die
total vernetzte
Dienstleistungs-
gesellschaft

Rückseite (Seiten – Spalten – 2, 3 und 4)

Seite 2

Einladung zum
Ludwigsburger
Podium

Samstag,
25. Januar 201.
09:00 – 13:00 Uhr
in 71642 Ludwigsburg
Alleenstraße 1

Veranstalter:

Evangelisch-soziale Arbeitnehmerschaft

Katholische Arbeitnehmer-bewegung

Industrie- und Handelskammer Region Stuttgart

Verband der Metallindustrie Baden-Württemberg e. V.

Seite 3

Thema

Die total vernetzte Dienstleistungsgesellschaft
Umbruch in Wirtschaft
und Arbeitswelt

Tatsache ist, dass aus hochentwickelten Industrienationen immer mehr Produktionen in kostengünstigere Regionen verlagert werden. Ebenso unbestritten ist, dass sich die weltweiten Kommunikations- und Informationsnetze in rasendem Tempo entwickeln.

Welche Konsequenzen hat dies für die Arbeitsplätze in Deutschland?

Wo werden neue zukunftsträchtige Beschäftigungsmöglichkeiten und Berufe entstehen?

Welche neuen Strukturen in der Arbeitswelt sind noch notwendig, um im internationalen Wettbewerb erfolgreich bestehen zu können?

Seite 4

Programm

09:00 Uhr	Begrüßung **Dr. B. Reinmann** Präsident der IHK Stuttgart
09:15 Uhr	**Prof. Dr. W. Niemeyer** „Deutschland im 21. Jahrhundert: Der steinige Weg zu einer modernen Volkswirtschaft“
10:15 Uhr	Diskussionsrunde
10:45 Uhr	**H. Perl** „Multimedia weltweit: Die Informationsgesellschaft gestalten“
11:00 Uhr	Pause mit kleinem Imbiss im Foyer
11:30 Uhr	**B. Weiß** „Globale Märkte, internationale Konzerne: Macht und Ohnmacht nationaler Gewerkschaften“
12:00 Uhr	Plenumsdiskussion Moderation: **M. Schmidt-Walter**
12:45 Uhr	Schlusswort

Siehe auch Dokumentvorlage **VORFOLDER** auf der Begleit-CD.

3.7 Organigramme

Aufgabe 10:

Erstellen Sie das nachfolgende Organigramm. Speichern Sie unter GRAFIK-10.

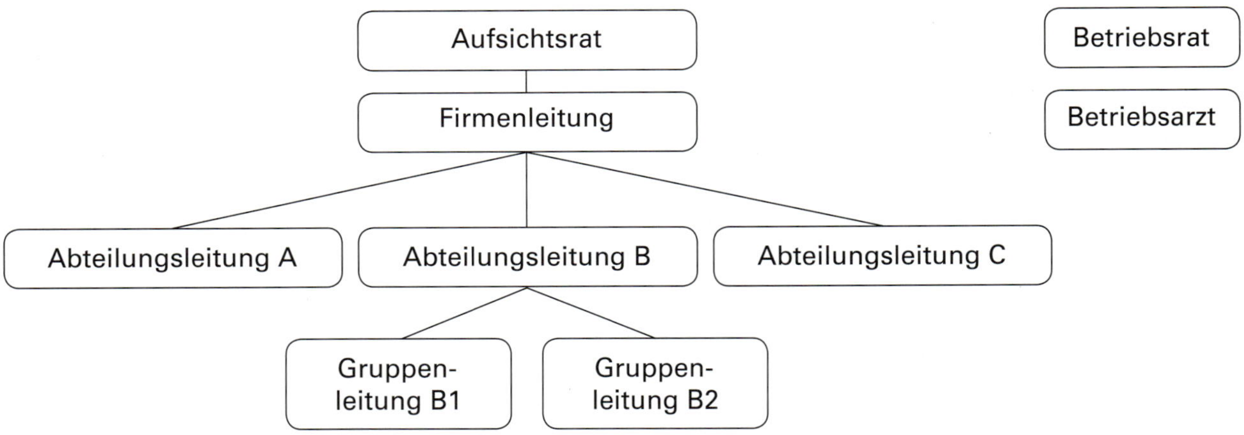

Gestalten Sie weitere Organigramme nach folgenden Angaben:

INTERNET-DIENSTE
Kommunikationsdienste – E-Mail – Usenet – Chat FTP Telnet WWW

Speichern Sie unter GRAFIK-11.

Organisationsstruktur des Turn- und Sportvereins Langenargen
Vorstand Leitung Sportbetrieb Erwachsene – Fußball – Tischtennis – Gymnastik Leitung Sportbetrieb Kinder und Jugendliche – Fußball – Handball – Tischtennis – Kunstradfahren – Kinderturnen Leitung Veranstaltungen und Außenwirkung – Organisation – Presse und Internet – Werbung und Sponsoring

Speichern Sie unter GRAFIK-12.

- ❑ Organigramme werden für die Abbildung komplexer Prozesse und Beziehungen verwendet. Die Abhängigkeiten werden dabei mithilfe von Linien und Pfeilen dargestellt.

4.1 Tabellen – Allgemeines

Für die Erstellung komplexer Tabellen können Sie die **Tabellenfunktion** Ihres Programms verwenden. Sie erleichtert Ihnen vor allem die optische Gestaltung der Tabelle.

Nach DIN 5008 gilt:

- Tabellen sollten zentriert zwischen den Seitenrändern ausgerichtet werden.
- Sie sind mit einem angemessenen Abstand (mindestens eine Leerzeile) vom vorangehenden und zum folgenden Text anzuordnen.
- Eine Tabelle sollte vollständig auf einer Seite stehen. Ist dies nicht möglich, muss der Tabellenkopf auf der Folgeseite wiederholt werden.
- Jede Tabelle sollte eine Überschrift haben. Sie darf auch in den Tabellenkopf integriert werden. Auf die Überschrift darf verzichtet werden, wenn der Inhalt der Tabelle aus dem vorhergehenden Text hervorgeht.
- Eine Tabelle besteht aus **Zellen (Feldern)**, **Spalten** und **Zeilen**. Vertikal untereinander stehende Zellen ergeben eine **Spalte**, horizontal nebeneinander stehende Zellen bilden eine **Zeile**.
- Hat die Tabelle einen **Tabellenkopf**, soll er durch waagerechte und senkrechte **Trennungslinien** übersichtlich gegliedert werden.
- Die **Spaltenbeschriftungen** im Tabellenkopf sollen zentriert werden. Die **Vorspalte** wird linksbündig beschriftet.
- Zellen (Felder) werden mit einem **Mindestabstand von 1 mm zur vertikalen Linie** beschriftet. Zwischen Text- und Feldbegrenzung sollte oben und unten ein gleichmäßiger Zeilenabstand festgelegt werden.
- Texte in Zellen (Feldern) sollten linksbündig, Zahlen in Zellen (Feldern) rechtsbündig ausgerichtet werden.
- Jede Zelle kann jede Art von Informationen aufnehmen, z. B. Text, Zahlen, Grafiken. Innerhalb einer Zelle können Sie arbeiten wie in einem Dokument: Sie können schreiben, korrigieren, Texte und Objekte formatieren.
- Tabellen sind durch waagerechte und senkrechte Linien übersichtlich zu gliedern; dabei sollten waagerechte Linien nur über Summenzeilen und zur Gruppierung verwendet werden.
- Zur besseren Lesbarkeit (auch zur optischen Trennung von Zeilen) dürfen andere Formatierungsmöglichkeiten, z. B. Hintergrundschattierungen, eingesetzt werden.
- Serifenschriften sind in statistischen Tabellen zu vermeiden, weil sie hier nicht so gut lesbar sind.

Bewegen in Tabellen (Textprogramm Word)	
Funktion	Taste/Tastenkombination
Zur nächsten Zelle	Tab
Zur vorhergehenden Zelle	Shift + Tab
Tabstopp innerhalb einer Zelle anspringen	Strg + Tab
Zeile am Ende der Tabelle einfügen	Tab
Zur ersten Zelle der Zeile	Alt + Pos1
Zur letzten Zelle der Zeile	Alt + Ende
Zum oberen Spaltenende	Alt + Bild ↑
Zum unteren Spaltenende	Alt + Bild ↓
Tabelle teilen	Strg + Shift + Return

Siehe auch PowerPoint-Präsentation **Tabellen nach DIN 5008 mit Word** auf der Begleit-CD.

4.2 Tabellen, Text und Grafik

Aufgabe 1:

Erstellen Sie die nachstehende Tabelle. Verwenden Sie eine serifenlose 10-Punkt-Proportionalschrift.

Protokollart	Vorteile	Nachteile	Anwendung	Stilmittel
Wortlautprotokoll	höchste Beweiskraft	höchstes kurzschriftliches Können erforderlich, sehr hoher Zeitaufwand, unübersichtlich, keine schnelle Information möglich	in den Parlamenten, bei Gericht	direkte Rede
Verlaufsprotokoll enthält personenbezogene, gekürzte Beiträge, chronologischer Verlauf	hohe Beweiskraft, übersichtlicher als Wortlautprotokoll	hohes kurzschriftliches Können erforderlich, hoher Zeitaufwand	bei sehr wichtigen Anlässen	indirekte Rede Präsens Indikativ und Konjunktiv
Ergebnisprotokoll enthält Ergebnisse, Aufträge	kurzschriftliches Können nicht Voraussetzung, wenig Zeitaufwand, schnelle Information	bietet keine Information über das Zustandekommen von Ergebnissen	bei partnerschaftlichen Besprechungen, bei denen es nur auf das Ergebnis ankommt	indirekte Rede Präsens Indikativ
Kurzprotokoll enthält Ergebnisse, Aufträge und Gründe für das Zustandekommen von Ergebnissen	in der Regel ausreichende Beweiskraft, wenig Zeitaufwand, schnelle Information, kurzschriftliche Kenntnisse nicht unbedingt erforderlich		Besprechungen aller Art	indirekte Rede Präsens Indikativ, ab und zu Konjunktiv

Versehen Sie die Tabelle mit einem Rahmen und Begrenzungslinien.

Unterlegen Sie wichtige Textelemente mit einer Farbe.

Versehen Sie die Tabelle mit der Überschrift „Übersicht über die häufigsten Protokollarten".

Speichern Sie die Datei unter TABELLE-1.

Aufgabe 2:

Öffnen Sie die Datei TABELLE-1. Die Tabelle soll auf Format A4-quer ausgedruckt werden. Nehmen Sie die notwendigen Änderungen, z. B. größere Schrift, breitere Spalten, vor.

Speichern Sie die Tabelle unter TABELLE-2.

4.2 Tabellen, Text und Grafik

Aufgabe 3:

Erfassen Sie die nachstehende dreispaltige Tabelle.

Speichern Sie die Tabelle unter TABELLE-3 ab.

Sportart	Wochentag	Trainingszeiten
Volleyball	montags	18:00 - 20:00 Uhr
Handball	dienstags	18:00 - 22:00 Uhr
Tischtennis	mittwochs	20:00 - 22:00 Uhr
Leichtathletik	donnerstags	18:00 - 20:00 Uhr
Fußball	freitags	18:00 - 22:00 Uhr

Fügen Sie als zweite Spalte ein:

Trainer
Hans Maier
Volker Lauderna
Irene Kapf
Dieter Rothenberg
Hermann Baier

Fügen Sie als letzte Spalte ein:

Halle
H1
H2
H2
H1
H3

Fügen Sie eine weitere Zeile ein:

Basketball	Heiko Klopfer	montags	20:00 - 22:00 Uhr	H1

Formatieren Sie die Tabelle in einer Proportionalschrift, damit sie auf A4-hoch ausgedruckt werden kann.

Ziehen Sie im Tabellenkopf waagerechte und senkrechte Linien. Ziehen Sie senkrechte Linien für die Spalten.

Fügen Sie die Überschrift „Neue Trainingszeiten" ein.

Speichern Sie die Datei unter dem Namen TABELLE-3A ab.

4.2 Tabellen, Text und Grafik

Aufgabe 4:

Erfassen und gestalten Sie nachstehendes Programm.

Speichern Sie es unter TABELLE-4.

Unsere Schule wird 50 **Schuljubiläum der** **Friedrich-List-Schule** **Weinstadt** **am 15. März 201.** **Festprogramm**	
10:00 Uhr	Eröffnungsansprache des Schulleiters
10:30 Uhr	Grußworte der Vertreter/innen – des Landkreises – der Stadtverwaltung – des Ministeriums für Kultus, Jugend und Sport – des Regierungspräsidiums – des Fördervereins „Neue Schule"
11:00 Uhr	Festvortrag „50 Jahre Friedrich-List-Schule"
12:00 Uhr	Gemeinsames Mittagessen in der Cafeteria
14:00 Uhr	Theater-AG Uraufführung: „Penne, Penner und Pennäler"
15 – 17 Uhr	Kaffee und Kunterbunt in der Cafeteria mit – der Schulband „Die Pennäler" – den List-Swingern – dem Duo Alexia und Vanessa – Clown Gustav – den Bauchtänzerinnen Tülay und Günay – Zauberkünstler Ronaldi
Durchgehende Ausstellung im 4. Stock, Saal 412	„70 Jahre Computer – von Konrad Zuse bis heute"

4.2 Tabellen, Text und Grafik

Aufgabe 5:

Erstellen Sie folgende Tabelle. Gestalten Sie die Tabelle mit einer Grafik.

Speichern Sie unter TABELLE-5.

```
Überschrift:                            Blühende Sträucher für das ganze Jahr
Spaltenüberschriften (Tabellenkopf):    Blühzeiträume; Name; Blütenfarbe

Dezember - Februar; Winterjasmin; gelb
Februar - März; Zaubernuss; gelb
März - April; Kornelkirsche; gelb
April; Felsenbirne; weiß
April - Mai; Schneeball; weiß, rosa
Mai; Goldregen; gelb
Mai - Juli; Flieder; weiß, rosa, lila
Mai - November; Rosen; alle Farben
Juli - Oktober; Schmetterlingsflieder; weiß, lila, rot
November - März; Winterschneeball; rosa
```

Aufgabe 6:

Obst und Gemüse aus deutschen Landen – Wann ist das Angebot an heimischem Obst und Gemüse reichhaltig und preiswert?

Erstellen Sie mithilfe des nachstehenden Textes eine Tabelle mit folgendem Tabellenkopf (Spaltenüberschriften): Monat – Obst – Gemüse

Setzen Sie eine passende Überschrift über die Tabelle.

Speichern Sie unter TABELLE-6.

Im Mai freuen wir uns auf frischen Spargel, auch Spinat wird nicht nur tiefgekühlt, sondern frisch angeboten; zum Nachtisch schmeckt ein Rhabarberkompott sicher vorzüglich.

Im Juni können wir uns noch am Spargel erfreuen, wir warten auf die ersten Erdbeeren zum Selberpflücken. Frühe Kirschen lachen von den Bäumen und locken in den Regalen der Händler zum Kauf.

Im Juli können wir unter Aprikosen, Erdbeeren, Himbeeren, Johannisbeeren, Kirschen und Stachelbeeren wählen. Die ersten Frühapfelsorten werden angeboten. Und an frischem Gemüse ist auch kein Mangel: Blumenkohl, Bohnen, grüne Erbsen, Gurken, Karotten, Kohlrabi, Pilze, Tomaten und Zucchini stehen auf dem Speiseplan.

Im August ist die Haupterntezeit für Brombeeren, Mirabellen, Frühäpfel und Frühzwetschgen, auch Johannisbeeren werden noch angeboten. In diesem Monat gibts ein Riesenangebot an Gemüse: Gurken, Blumenkohl, Bohnen, Erbsen, Karotten, Kohl, Kohlrabi, Kürbisse, Pilze, Tomaten und Zucchini sind in der Regel sehr preisgünstig.

Der Haupterntemonat September bringt uns Äpfel, Birnen, Pfirsiche, Zwetschgen; Bohnen, Kohlrabi, Karotten, Pilze, Porree, Rote Beete, Sellerie, Tomaten und Zucchini.

Im Oktober, dem Haupterntemonat für Äpfel und Weintrauben, gibts auch noch Spätzwetschgen und vor allem Birnen und Quitten. Auf den Feldern werden Gurken, Kohl, Karotten, Porree und Sellerie geerntet.

Im November werden die letzten Äpfel und Quitten von den Bäumen geholt, das Kraut wird eingebracht; einige Kohlsorten und Lauch sind Gemüse, die leichtem Frost trotzen und deshalb z. T. auch noch im Dezember geerntet werden.

4.2 Tabellen, Text und Grafik

Aufgabe 7:

Sie sind Mitarbeiter(in) beim Reisebüro Explorer, 42765 Haan, Düsselberger Straße 10, Telefon 02104 3344-0, Telefax 02104 3344-55, E-Mail: reise@explorer.de.

Ihr Chef bittet Sie eine übersichtliche Reisebeschreibung unter dem Motto „Aktuelle Reisetipps für den Monat Juni 201." zu erstellen und ansprechend zu gestalten, Format A4-hoch.

Speichern Sie unter TABELLE-7.

Spaltenüberschriften (Tabellenkopf): Datum; Reisebeschreibung; Leistungen; Preis

2. Juni - 6. Juni 201.; 5 Tage erlebnisreiches Paris; Fahrt mit modernem Reisebus, viermal Übernachtung und Frühstück im Hotel Gare de l'Est, alle Zimmer sind mit Bad oder Dusche/WC ausgestattet, zentrale Lage; 252 €

2. Juni - 6. Juni 201.; 5 Tage Eifel - Land der Maare und Vulkane; Fahrt mit modernem Reisebus, viermal Halbpension (davon einmal rustikales Büfett, Frühstücksbüfett), Begrüßungsgetränk im Hotel Waldhaus Eifel, alle Zimmer mit Dusche/WC, alle im Programm genannten Ausflüge mit Eintrittsgeld, Brauereibesichtigung in Bitburg mit Bierprobe, Fahrt mit dem Vulkanexpress, Besichtigung der Glockengießerei in Brockscheid bei Daun, Tanzabend mit Alleinunterhalter; 299 €

5. Juni - 13. Juni 201.; 9 Tage Normandie und Bretagne; Fahrt mit modernem Reisebus, achtmal Halbpension in guten Hotels (davon ein Feinschmeckermenü), alle Zimmer mit Bad oder Dusche/WC, sämtliche Ausflüge und Besichtigungen, Reiseleitung, Polyglott-Reiseführer; 734 €

9. Juni - 13. Juni 201.; 5 Tage Bernina-Gletscher-Express - Lenzerheide - Engadin - Pontresina - Disentis; Fahrt mit modernem Reisebus, viermal Halbpension mit Frühstücksbüfett und 5-Gang-Abendessen im Hotel Sunstar, alle Zimmer mit Bad oder Dusche und WC, Hallenbadbenutzung, Begrüßungsaperitif, Ausflug am zweiten Tag, Fahrt mit der Rhätischen Bahn; 322 €

10. Juni - 13. Juni 201.; 4 Tage Prag - Goldene Stadt an der Moldau mit Ausflug Burg Karlstein und Varieteebesuch; Fahrt mit modernem Reisebus, einmal Übernachtung/Frühstück und zweimal Halbpension im Hotel Krystal, alle Zimmer mit Dusche/WC, Stadtrundfahrt mit landeskundiger Reiseleitung, Ausflug zur Burg Karlstein mit Mittagessen, Varieteebesuch mit Eintrittskarten und Abendessen; 287 €

Aufgabe 8:

Erstellen Sie eine Tabelle über Grafikformate. Ordnen Sie die Grafikformate dem Vektor- bzw. dem Rasterformat zu. Vergleichen Sie dazu die Ausführungen auf der Seite 50.

Speichern Sie unter TABELLE-8.

Format	Name	Vektor	Raster
BMP	Bitmap		
CDR	Corel Draw Format		
CGM	Computer Graphics Metafile		
EPS	Encapsulated Postscript		
GIF	Graphics Interchange Format		
JPEG	Joint Photographic Experts Group		
PCX	PC Exchange File		
TIFF	Tagged Image File Format		
WMF	Windows Metafile Format		

4.2 Tabellen, Text und Grafik

Aufgabe 9:

Erfassen und ergänzen Sie, evtl. mithilfe einer Recherche im Internet, folgende Tabelle. Speichern Sie die Datei unter TABELLE-9.

Die deutschen Bundesländer

Rang	Land	Einwohner (Millionen)	Fläche (km²)	Hauptstadt
1	Nordrhein-Westfalen	17,84	34092	
2	Bayern	12,59	70550	
3	Baden-Württemberg	10,78	35751	
4	Niedersachsen	7,91	47613	
5	Hessen	6,09	21115	
6	Sachsen	4,13	18420	
7	Rheinland-Pfalz	3,99	19854	
8	Berlin	3,50	888	
9	Schleswig-Holstein	2,84	15799	
10	Brandenburg	2,49	29483	
11	Sachsen-Anhalt	2,31	20449	
12	Thüringen	2,22	16172	
13	Hamburg	1,79	755	
14	Mecklenburg-Vorpommern	1,63	23190	
15	Saarland	1,01	2569	
16	Bremen	0,66	419	

Quelle: Statistische Ämter des Bundes und der Länder (2011)

Aufgabe 10:

Sortieren Sie die Länder alphabetisch. Ermitteln Sie die Gesamteinwohnerzahl der BRD Deutschland. Benützen Sie für die Berechnung die Möglichkeiten Ihres Programms. Speichern Sie unter TABELLE-10.

Aufgabe 11:

Sortieren Sie die Länder nach der Fläche. Speichern Sie unter TABELLE-11.

Aufgabe 12:

Situationsbeschreibung: Für die Presseabteilung soll eine leistungsstarke Digitalkamera erworben werden. Erstellen Sie eine Tabelle, um zwei Kameras zu vergleichen. Suchen Sie Angebote im Internet und tragen Sie Ihre aktuellen Ergebnisse in die Tabelle ein. Speichern Sie unter TABELLE-12.

Beispiel für den Vergleich von Digital-Spiegelreflex-Kameras

Kriterium	Canon EOS 600 D	Nikon D3200
Auflösung	18 Megapixel	24 Megapixel
Display	3 Zoll, schwenkbarer TFT	3 Zoll, TFT-LCD-Display
Belichtungszeit	1/4.000 bis 30 Sek.	1/4.000 bis 30 Sek.
Objektiv	18 – 55 mm, 1 : 3,5 – 5,6	18 – 55 mm, 1 : 3,5 – 5,6
Akkulaufzeit	ca. 400 Bilder	ca. 500 Bilder
Preis	469,00 €	409,00 €

- Mithilfe der Tabellenfunktion Ihres Textprogramms können Sie **einfache Berechnungen** durchführen, z. B. den Inhalt von Zeilen oder Spalten addieren.
- Mithilfe der **Sortierfunktion** ist es möglich, die Inhalte von Spalten auf- und absteigend zu sortieren.

4.2 Tabellen, Text und Grafik

Aufgabe 13:

Gestalten Sie folgende Mitteilung:

Liebe Mitschülerinnen und Mitschüler,

heute haben wir eine gute Nachricht für Euch! Ab nächsten Montag wird in der Großen Pause und in der 7. Stunde im Raum 007 ein kleiner Laden geöffnet sein. In ihm gibt es alles, was ordentliche Schüler/innen an Schreibutensilien brauchen:

Papier und Hefte
Schnellhefter und Ordner
Bleistifte, Kugel- und Faserschreiber, Textmarker
Prospekt- und Sichthüllen
Locher und Heftgeräte
Klebstoffe
CDs, DVDs, USB-Sticks

Und alles ist – soweit möglich – aus umweltverträglichen Materialien hergestellt! Und preiswert, weil **wir** den **KULI** vollkommen selbstständig verwalten, d. h. **wir** kaufen ein, **wir** sorgen für das Marketing, **wir** verkaufen, **wir** erledigen unsere Buchführung selbst usw.

Zur Eröffnung des **KULI** können wir einige Sonderangebote – besonders geeignet für Eure Stellenbewerbungen – offerieren:

Kopierpapier für Laser- und Inkjetprinter, 80 g, 500-Blatt-Packung	4,25 €
Schnellhefter aus Manilakarton, 250 g, Farben: grün, blau, rot, orange, gelb, chamois und grau, je Stück	0,25 €
Prospekthüllen, oben offen, Packungseinheit 100 Stück	4,75 €

Wir erwarten Euch am Montag!

SMV der Kaufmännischen Schule
Görlitz

Speichern Sie die Mitteilung unter TABELLE-13 ab.

4.2 Tabellen, Text und Grafik

Aufgabe 14:

Gestalten Sie mithilfe der Tabellenfunktion eine Kurzmitteilung (einen Kurzbrief) im Format A4 zum handschriftlichen Ausfüllen nach nachstehendem Muster. Drucken Sie den Vordruck aus.

Speichern Sie unter TABELLE-14.

Zweiradshop Müller
Beim Tor 5
01099 Dresden

Zweiradshop Müller • Beim Tor 5 • 01099 Dresden

Empfänger

Ihr Zeichen:
Ihre Nachricht vom:
Unser Zeichen:
Unsere Nachricht vom:

Name:	
Telefon:	0351 2233445
Telefax:	0351 2233446
E-Mail:	info@zweiradshop.com
Internet:	www.zweiradshop.com

Datum:

Kurzmitteilung

Sie erhalten: ...... Anlage(n)

mit der Bitte um
- ☐ Kenntnisnahme
- ☐ Stellungnahme
- ☐ Rücksprache
- ☐ Erledigung
- ☐ Weitergabe
- ☐ Aufbewahrung

Bemerkungen:

....

....

....

....

....

....

....

....

....

....

....

....

....

....

- ❑ Wenn Unterlagen formlos zu versenden sind, kann eine **Kurzmitteilung (Kurzbrief)** beigefügt werden.
- ❑ Kurzmitteilungen können nach den Erfordernissen des Unternehmens gestaltet werden. Für die Gestaltung wird in der Regel das Layout des Geschäftsbriefs zu Grunde gelegt. Gängige Formate für die Kurzmitteilung sind z. B. A4, A5.
- ❑ In der Regel werden Kurzmitteilungen handschriftlich ausgefüllt. Es ist jedoch auch möglich, für die Kurzmitteilung eine Dokumentvorlage als Online-Vordruck (siehe Seiten 85 und 86) zu gestalten.
- ❑ Im Handel sind verschiedene Vordrucke für Kurzmitteilungen erhältlich.

4.2 Tabellen, Text und Grafik

Aufgabe 15:

Öffnen Sie die Datei TABELLE-15 und gestalten Sie den Text als zweispaltige Tabelle.

Farbwirkungen

Farben haben Einfluss auf die Stimmung des Menschen. Deshalb werden vor allem bei der Werbung ganz bestimmte Farben eingesetzt, um das Produkt besonders auffällig und attraktiv erscheinen zu lassen. Auch bei der Wahl unserer Kleidung und unserer Wohnungs- und Arbeitsplatzeinrichtung spielen Farben eine wesentliche Rolle. Jeder Mensch hat bestimmte Vorlieben und Abneigungen für Farben und verbindet mit Farben unterschiedliche Gefühle, je nach Tagesverfassung, unmittelbar erfahrenen Erlebnissen und individueller seelischer Konstitution. Trotzdem kann man bestimmten Farbtönen Wirkungen zuschreiben, die für die meisten Menschen zutreffen; sie haben mit den Farberlebnissen des frühesten Menschen zu tun (z. B. verbindet man mit Gelb die Sonne und das Licht).

Erstellen und gestalten Sie anschließend an diesen Text mithilfe der nachstehenden Angaben eine Tabelle mit folgendem Tabellenkopf (Spaltenüberschriften): Farbe – Auffälligkeitswert – Symbolik – Einfluss auf Stimmung – Einfluss auf Räume.
Speichern Sie unter TABELLE-15A.

Gelb; auffällig; Sonne, Licht, Erhabenheit; anregend, belebend, erheiternd; vergrößernd, regt geistig an, deshalb für Diskussionsräume und Besprechungszimmer geeignet

Orange; sehr auffällig; Sonne, Freude, Macht, Reichtum, Pracht; aktivierend, freudig-anregend, heiter; verkleinert den Raum, für Räume mit wenig Sonneneinstrahlung geeignet

Rot; sehr auffällig; Liebe, Leidenschaft, Zorn, Feuer, Blut; erregend, kräftigend; verkleinert den Raum, intensiviert den Raum, z. B. für Partyräume geeignet

Violett; wenig auffällig; Demut, Unwirklichkeit, Mystik, Feierlichkeit; befremdend; verkleinert den Raum

Blau; wenig auffällig; Himmel, Ferne, Sehnsucht, Glaube, Treue, Unendlichkeit; passiv, einschläfernd; vergrößert den Raum (helles Blau), für Bereiche der Ruhe und Entspannung, wo der Eindruck von Sauberkeit und Frische unterstrichen werden soll

Grün; wenig auffällig; Natur, Fruchtbarkeit, Hoffnung, Jugend, Geborgenheit, Ruhe; beruhigend; vergrößert den Raum, für Bereiche der Konzentration und Ruhe, z. B. in Arbeits- und Schlafräumen

Weiß; auffällig innerhalb dunkler Flächen; Reinheit, Unschuld, Zeitlosigkeit; aufmunternd; vergrößert, lässt den Raum leicht erscheinen

Schwarz; auffällig innerhalb heller Flächen; Nacht, Tod, Trauer; bedrückend; verkleinert, lässt den Raum schwer erscheinen

4.2 Tabellen, Text und Grafik

Aufgabe 16:

Erstellen Sie eine Visitenkarte Ihrer Wahl.

Erstellen Sie Ihre eigene Visitenkarte.

Verwenden Sie die Tabellenfunktion.

4.2 Tabellen, Text und Grafik

Dr. Doris Doptrien
Fachärztin
für Augenheilkunde

Turnierstraße 5
20786 Westerhude
Tel.: 0251 223344
Fax: 0251 223345

Sprechzeiten

Mo bis Fr:	9 – 12 Uhr
Di und Do:	15 – 17 Uhr
Mi:	16 – 19 Uhr

und nach Vereinbarung

Isoldes
Buchecke

Vom Krimi
bis zum Bestseller

Ihr persönliches Buchgeschäft

Johann-von-Gutenberg-Str. 5
70599 Stuttgart
Tel. 0711 223344-0
Fax 0711 223344-15

	Kaufmann, Küster & Partner	
Rechtsanwälte	**Sozietät**	
Dr. Karl Kaufmann **Claus Küster** **Dr. Tobias Mann** **Dr. Katharina Pietsch**	**Rechte Straße 5** **20557 Hamburg**	**Telefon: 040 34567-0** **Telefax: 040 34567-16** **E-Mail: KKP@h-net.de**

- Das wichtigste Gestaltungsmittel für die **Visitenkarte** ist der Text. Eine Visitenkarte enthält in der Regel die wichtigsten Informationen zur Kontaktaufnahme mit einer Privatperson oder einer Person in einem Unternehmen oder mit einer Behörde.
- Die grundlegende Frage, die Sie sich beim Entwurf einer Visitenkarte stellen müssen ist, welchen Eindruck Sie hinterlassen möchten. Daran sollten Sie bei der Wahl der Schriftart und der gestalterischen Elemente denken.
- Der Empfänger der Visitenkarte soll möglichst schnell alle wichtigen Daten erfassen können. Gehen Sie deshalb mit gestalterischen Elementen, z. B. grafischen Elementen und Cliparts, sparsam um.
- Sie können das Quer- oder Hochformat wählen. Günstig sind die **Maße 85 x 54 mm**, da dies die Abmessungen aller gängigen Karten, z. B. Telefon- oder Scheckkarten, sind.
- Die Tabellenfunktion erleichtert Ihnen die Gestaltung Ihrer Visitenkarte.
- Wenn Sie ein Foto, z. B. ein Porträtfoto, integrieren wollen, sollten Sie bei der Platzierung des Bildes beachten, dass der Blick zur Formatmitte gerichtet sein sollte. Der gute Eindruck von Fotos hängt stark von deren Bildqualität ab. Benutzen Sie ein Foto mit hoher Auflösung, das Sie bei Bedarf mit einem Bildbearbeitungsprogramm bearbeitet haben.

4.2 Tabellen, Text und Grafik

Aufgabe 17:

Erstellen Sie mithilfe des unten stehenden Tabellenkopfes und des Textes eine übersichtliche Tabelle.

Ergänzen Sie die Tabelle mit einer Spalte „Anschaffungspreis". Bitte ermitteln Sie mithilfe einer Internet-Recherche die Circa-Kosten für die einzelnen Druckertypen.

Speichern Sie unter TABELLE-17.

Druckertyp	Vorteile	Nachteile

Wer die Wahl hat, hat die Qual – welches ist der richtige Drucker für Sie?

Grundsätzlich gibt es drei verschiedene Druckertypen: *Tintenstrahl-, Laser- oder Farblaserdrucker.* Jede Technologie hat ihre spezifischen Vor- und Nachteile und recht unterschiedliche Preise.

Tintenstrahldrucker
Tintenstrahldrucker sind unangefochten die Nummer eins auf dem Markt. Das hat seinen guten Grund: bündeln Tintenstrahldrucker doch eine ganze Menge Vorteile. Tintenstrahldrucker bieten den derzeit besten Kompromiss zwischen Qualität, Kosten und Flexibilität. Sie drucken in Farbe, sind in der Anschaffung sehr günstig, bedrucken eine Vielzahl unterschiedlicher Medien und sind daher besonders flexibel einsetzbar. Sie drucken in guter bis sehr guter Qualität und brillieren beim Ausdruck von Fotos.
Die Drucker erzielen zwar ein sehr gutes Schriftbild, sind dabei aber sehr langsam und benötigen, vor allem für Fotos, ein teures Spezialpapier. Der günstige Einstiegspreis wird auf mittlere Sicht durch die zum Teil exorbitanten Unterhaltskosten relativiert. So ist ein kompletter Patronensatz manchmal teurer als einer der preiswerten Tintenstrahler im Sonderangebot. Außerdem sind die Drucker nicht auf ein hohes Druckvolumen ausgelegt und haben meist kleine Papierfächer. Wer umfangreiche Dokumente mit Tintenstrahlern druckt, muss häufig Papier nachlegen. Ein weiterer Nachteil der Tintenstrahldrucker ist, dass bei längerem Stillstand die Tinte eintrocknet oder die Druckköpfe verschmutzt sind.

Laserdrucker*
Laserdrucker sind in Druckgeschwindigkeit und Druckqualität ungeschlagen. Kein anderes Druckverfahren druckt Text und Grafiken so schnell und gestochen scharf wie ein Laserdrucker. Die Geräte benötigen kein teures Spezialpapier, sondern begnügen sich mit Kopierpapier. Laserdrucker sind für ein mittleres bis hohes Druckvolumen konzipiert, die Technik ist ausgereift, die Unterhaltskosten liegen deutlich unter denen eines Tintenstrahldruckers.
Auf der anderen Seite haben Laserdrucker auch einige Nachteile. Sie drucken Text, Liniengrafiken und Diagramme gestochen scharf, aber Fotos werden allenfalls in Zeitungsqualität in Schwarzweiß ausgegeben. Den geringen Unterhaltskosten stehen etwas höhere Anschaffungskosten gegenüber.

Farblaserdrucker*
Es handelt sich hier um eine relativ neue Technik, die erst seit ein paar Jahren erschwinglich geworden ist. Farblaserdrucker kombinieren die Vorteile von Tintenstrahl- und Laserdruckern. Wie Erstere drucken sie in Farbe und so wie Letztere tun sie das sehr schnell und auch auf Normalpapier.
Auch die Folgekosten sind beim Farblaserdrucker niedriger als beim Tintenstrahldrucker. Dafür verbraucht er aber mehr Strom.

* Zu Emissionen aus Büromaschinen zur Anfertigung von Papierkopien und Papierausdrucken hat das Bundesamt für Risikobewertung eine Studie durchgeführt, die im Internet unter www.bfr.bund.de/cm/252/bfr_schliesst_arbeiten_zur_toner_problematik_ab.pdf veröffentlicht wurde.

4.3 Diagramme

Unter Diagrammen versteht man die grafische Darstellung von Werten (Daten). Vor der Diagrammerstellung müssen Überlegungen zur gewünschten Aussage des Diagramms und dem dafür geeigneten Diagrammtyp angestellt werden. Zum Verständnis eines Diagramms sind eine aussagekräftige Überschrift und die Achsenbeschriftungen elementar.

- **Säulendiagramme** oder **Balkendiagramme** bieten die Möglichkeit, Werte miteinander zu vergleichen. **Kreisdiagramme** – auch Tortendiagramme genannt – dienen zur Darstellung der prozentualen Aufteilung eines Ganzen in mehrere Teile.

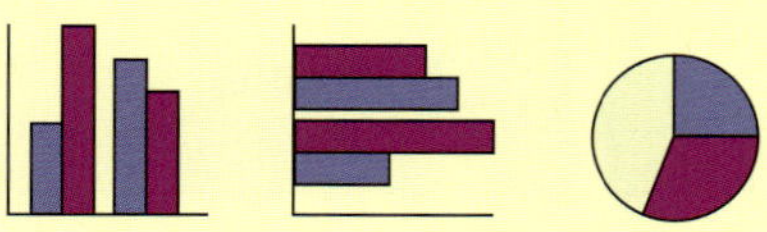

- **Liniendiagramme** eignen sich zum Beispiel, um die zeitlichen Entwicklungen von Zahlen (Kursentwicklung, Umsatzzahlen, Verkaufszahlen, Geburtenrate) oder Messreihen darzustellen.

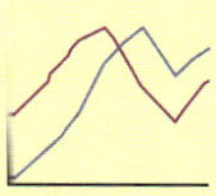

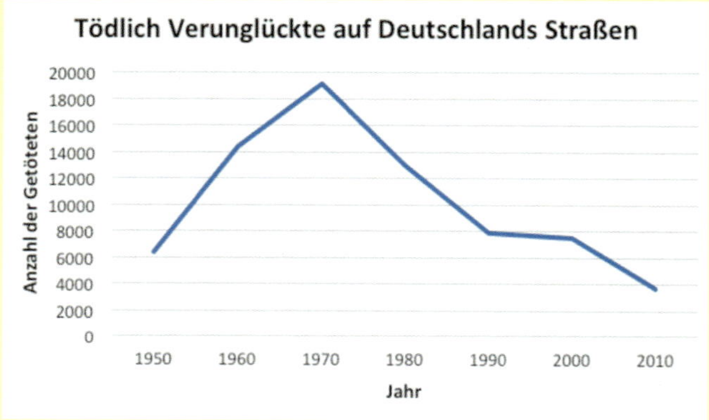

Straßenverkehrsunfälle	
Jahr	**Getötete**
2010	3.648
2000	7.503
1990	7.906
1980	13.041
1970	19.193
1960	14.406
1950	6.428

- Die Daten für ein Diagramm müssen in einer Tabelle erfasst werden.
- Weitere Diagrammtypen stehen zur Auswahl. Ein Diagramm wird als Objekt in die Datei eingebettet. Es kann wie eine Grafik in der Größe geändert, kopiert und gelöscht werden.

Aufgaben: Stellen Sie die nachfolgenden Werte in Diagrammen übersichtlich dar. Speichern Sie unter DIAGRAMME-1 und DIAGRAMME-2.

Geburtenrate in Deutschland	
Jahr	Geborene
1950	1.116.701
1960	1.261.614
1970	1.047.737
1980	865.789
1990	905.675
2000	766.999
2005	685.795
2010	677.947

10 häufigste Todesursachen (2011)	
Todesursache	Gestorbene
Chronische ischämische Herzkrankheit	70.557
Akuter Myokardinfarkt	52.133
Herzinsuffizienz	45.428
Bösartige Neubildung der Bronchien und der Lunge	43.908
Sonstige chronische obstruktive Lungenkrankheit	26.018
Schlaganfall, nicht als Blutung oder Infarkt bezeichnet	21.594
Hypertensive Herzkrankheit	21.047
Pneumonie, Erreger nicht näher bezeichnet	18.014
Bösartige Neubildung des Dickdarmes	17.974
Bösartige Neubildung der Brustdrüse (Mamma)	17.161

Quelle: Statistisches Bundesamt

4.3 Diagramme

Aufgabe 18A:

Das Bundesministerium für Umwelt, Naturschutz und Reaktorsicherheit (BMU) – Arbeitsgruppe Erneuerbare Energien – Statistik – hat zur Entwicklung der erneuerbaren Energien folgende Angaben gemacht:

Im Jahr 2010 wurden in Deutschland insgesamt 8.984 PJ (1 PJ = 10^{15} Joule) an Energie bereitgestellt.

Auf fossile Energieträger (Steinkohle, Braunkohle, Mineralöl, Erdgas) und Kernenergie entfielen 89 %, auf erneuerbare Energien 11,0 %.

Erstellen Sie ein Kreisdiagramm! Überschrift: Anteil erneuerbarer Energien am Endenergieverbrauch in Deutschland im Jahr 2010. Speichern Sie unter DIAGRAMME-18A.

Aufgabe 18B:

Aus der Veröffentlichung des BMU geht hervor, dass im Jahr 2010 die Endenergiebereitstellung aus erneuerbaren Energien in Deutschland insgesamt 275,4 TWh (275,4 Mrd. kWh) betrug.

Prozentual entfallen auf

Biogene Brennstoffe, Wärme	46,1 %
Biogene Kraftstoffe	13,0 %
Wasserkraft	7,2 %
Windenergie	13,3 %
Biogene Brennstoffe, Strom	12,1 %
Photovoltaik	4,4 %
Solarthermie	1,9 %
Geothermie	2,0 %

Erstellen Sie ein aussagekräftiges Diagramm! Überschrift: Struktur der Endenergiebereitstellung aus erneuerbaren Energien in Deutschland im Jahr 2010. Speichern Sie unter DIAGRAMME-18B.

Aufgabe 18C:

Erste Abschätzungen für das BMU für das Jahr 2010 zeigen, dass die Investitionen in Anlagen zur Nutzung der erneuerbaren Energien bei rund 26,6 Mrd. € liegen.

Schätzungsweise entfallen auf

Wasserkraft	70 Mio. €
Geothermie	850 Mio. €
Solarthermie	950 Mio. €
Biomasse Wärme	1.150 Mio. €
Biomasse Strom	1.550 Mio. €
Windenergie	2.500 Mio. €
Photovoltaik	19.500 Mio. €

Erstellen Sie ein Balkendiagramm! Überschrift: Investitionen in EE-Anlagen im Jahr 2010 (geschätzt: 26,6 Mrd. €). Speichern Sie unter DIAGRAMME-18C.

Quellen: www.bmu.de und www.erneuerbare-energien.de

4.3 Diagramme

Aufgabe 19:

Computerviren sind kleine Sabotage-Programme, die sich oft unbemerkt auf dem Computer einnisten. Dort hängen sie sich an Programme an und vervielfältigen sich auf diese Weise. Diese elektronischen Schädlinge können Daten auf dem PC verändern, zerstören oder löschen.

Neben Computerviren gehören Netzwürmer und Trojaner-Programme zu den häufigsten Bedrohungen für den PC. Das „Zumüllen" durch spezielle Programme oder Spam zählt auch zu dieser Kategorie. Immer wieder bringen Meldungen über neue Computer-Viren PC-Nutzer in helle Aufregung. Der wirtschaftliche Schaden ist immens. Deshalb kommt der Bekämpfung von Viren höchste Bedeutung zu.

Erstellen Sie ein aussagekräftiges Diagramm über die Anzahl der mit Schad- und Werbeprogrammen (Mal- und Adware) infizierten Computer im Sept. 2009 und März 2010.

Anzahl der infizierten Computer durch Schad- und Werbeprogramme		
Name des Programms	**Anzahl Sept. 2009**	**Anzahl März 2010**
Net-Worm.Win32.Kido.ir	–	274.729
Net-Worm.Win32.Kido.ih	48.281	163.467
Virus.Win32.Sality.aa	23.156	179.218
not-a-virus:AdWare.Win32.Boran.z	16.872	39.404
Trojan-Downloader.Win32.VB.eql	8.030	56.998
Trojan.Win32.Autoit.ci	7.846	–
Virus.Win32.Virut.ce	6.248	47.842
Worm.Win32.AutoRun.dui	5.516	–
Net-Worm.Win32.Kido.jq	5.446	121.130
Virus.Win32.Sality.z	5.157	–
New Virus.Win32.Induc.a	4.476	40.257
Worm.Win32.Mabezat.b	3.982	38.905

Quelle: Kaspersky Lab, Stand Sept. 2009/März 2010 (Auszug)

Speichern Sie unter DIAGRAMME-19.

Aufgabe 20

Suchen Sie im Internet

- **Allgemeine Informationen über Viren und deren Bekämpfung,** z. B. beim Bundesamt für Sicherheit in der Informationstechnik, www.bsi.de
- **Informationen über Virenschutzprogramme,** z. B. unter
  www.symantec.com (Antivirus)
  www.mcafee.com (McAfee)
  www.gdata.de (Antivirenkit)
  www.avira.com (AntiVir)
- **Informationen über Firewalls**

Erstellen Sie einen Katalog über die Maßnahmen, die Sie treffen sollten, um Ihren PC vor Viren zu schützen!

Speichern Sie unter DIAGRAMME-20.

5.1 Formatvorlagen

- Der Vorteil von Formatvorlagen besteht u. a. darin, dass eine einheitliche Textgestaltung erleichtert wird und dass Umformatierungen sehr schnell durchgeführt werden können.

- Außerdem können durch den Einsatz **besonderer Formatvorlagen**[1], z. B. TITEL, ÜBERSCHRIFT 1, ÜBERSCHRIFT 2, ÜBERSCHRIFT 3, **Automatismen** des Programms genutzt werden, die es z. B. ermöglichen, eine **automatische Nummerierung der Überschriften** zu erreichen oder ein **Inhaltsverzeichnis** automatisch erstellen zu lassen.

- Sie können einem **Absatz** Schriftmerkmale (Schriftart, Schriftgröße, Schriftattribut), Absatzausrichtung usw. nacheinander zuweisen. Wenn Sie diese Schriftmerkmale in einer **Vorlage** sammeln, können Sie einem Absatz diese Merkmale in einem Arbeitsgang zuweisen. D. h., Sie **formatieren** nicht mehr **direkt**, sondern **indirekt**.

- Eine **Formatvorlage** kann verschiedenartige Anweisungen zur Formatierung enthalten, z. B. für

  Zeichen,

  Absätze,

  Rahmen, Schattierungen,

  Nummerierungen/Aufzählungen,

  Tabellen,

  die Sprache.

- Zugleich legt sie fest, welche Formatvorlage dem nachfolgenden Absatz zugewiesen wird, z. B. STANDARD nach einer ÜBERSCHRIFT.

- Absatzformatvorlagen haben einen Namen; meist kennzeichnet dieser ihre Funktion, z. B. STANDARD.

- Wenn Sie einen Absatz durch eine Formatvorlage gestalten wollen, bestimmen Sie zuerst den Geltungsbereich. Eine Formatvorlage gilt immer für den Absatz, in dem sich die Einfügemarke gerade befindet, oder aber für einen Textbereich, den Sie markiert haben. Wählen Sie dann die entsprechende Formatvorlage aus.

- Bei der Gestaltung von Texten wird man für bestimmte Absätze immer wieder dieselben Formatierungen vornehmen. So können z. B. die **Überschriften** in einer anderen Schriftart, einer anderen Schriftgröße und einer anderen Schriftauszeichnung formatiert werden, der laufende Text dagegen in einer abweichenden Schriftart und einer kleineren Schriftgröße.

  Für die **Formatierung von Überschriften** können Sie die vom Programm vorgegebenen **Formatvorlagen** ÜBERSCHRIFT 1, ÜBERSCHRIFT 2, ÜBERSCHRIFT 3 verwenden. Dabei handelt es sich nicht nur um die Gestaltung, sondern auch um eine Rangordnung. So kennzeichnet die Formatvorlage ÜBERSCHRIFT 1 die höchste Rangordnung in der Hierarchie, ÜBERSCHRIFT 2 ist dieser untergeordnet usw.

- Selbstverständlich können die vom Programm zur Verfügung gestellten Vorlagen bei Bedarf geändert werden.

- Formatvorlagen lassen sich nicht nur ändern, sondern auch neu anlegen. In diesem Fall bekommt die Formatvorlage einen Namen.

- Natürlich kann jeder Absatz für sich gestaltet, d. h. **direkt formatiert** werden. Wenn Sie **direkt formatieren**, hat dies immer **Vorrang vor den Anweisungen einer Formatvorlage**.

[1] Siehe auch Seite 147 **Gestaltung längerer Texte.**

5.1 Formatvorlagen

Aufgabe 1:

Öffnen Sie die Datei FORMATVORLAGEN-1 („Sichere und gesundheitsgerechte Gestaltung von Bildschirmarbeitsplätzen") von der Begleit-CD.

Ändern Sie die vom Programm vorgegebenen Formatvorlagen für
den TITEL
die ÜBERSCHRIFT 1
die ÜBERSCHRIFT 2
die STANDARDSCHRIFT

wie nachstehend angegeben:

Formatvorlage	Formatierung
TITEL	Schriftart: Arial Schriftgröße: 20 Pt Schriftauszeichnung: fett Ausrichtung links Abstand nach: 20 Pt Formatvorlage für den nächsten Absatz: ÜBERSCHRIFT 1
ÜBERSCHRIFT 1	Schriftart: Arial Schriftgröße: 16 Pt Schriftauszeichnung: fett Ausrichtung links Abstand vor: 6 Pt Abstand nach: 12 Pt Formatvorlage für den nächsten Absatz: STANDARD
ÜBERSCHRIFT 2	Schriftart: Arial Schriftgröße: 14 Pt Schriftauszeichnung: fett Ausrichtung links Abstand vor: 6 Pt Abstand nach: 12 Pt Formatvorlage für den nächsten Absatz: STANDARD
STANDARD	Schriftart: Times New Roman Schriftgröße: 12 Pt Schriftauszeichnung: nicht fett Ausrichtung links Abstand nach: 12 Pt Formatvorlage für den nächsten Absatz: STANDARD

Weisen Sie die Formatvorlagen wie folgt zu:

Formatvorlage	Absätze
TITEL	Einrichtung des Arbeitsplatzes
ÜBERSCHRIFT 1	Anordnung der Arbeitsmittel Ein- und Aufstellung des Mobiliars
ÜBERSCHRIFT 2	Sehabstand und Sehwinkel Anordnung entsprechend der Arbeitsaufgabe Anordnung zum Fenster und zur Beleuchtung Elektromagnetische Verträglichkeit Raumklima Beinraum Arbeitsstuhl und Arbeitsfläche Fußstütze Stehpult

Nummerieren Sie die Überschriften automatisch.

Berichtigen Sie ggf. den Seitenumbruch.

Speichern Sie unter FORMATVORLAGEN-1A.

5.1 Formatvorlagen

Aufgabe 2:

Öffnen Sie die Datei FORMATVORLAGEN-2 von der Begleit-CD.

Erstellen Sie eine Zeichen-Formatvorlage nach nachstehenden Angaben:

Name:	**SCHRIFTFETT**
Formatvorlagen-Typ:	**Zeichen**
Schriftart:	**Times New Roman**
Schriftschnitt (Auszeichnung):	**Fett**
Schriftgröße (Schriftgrad):	**12 Pt**

Formatieren Sie mit dieser Zeichen-Formatvorlage alle in der Datei vorkommenden fett gedruckten Wörter.

Ändern Sie die Formatvorlage SCHRIFTFETT wie folgt:

Schriftschnitt (Auszeichnung):	**Fett und Kursiv**

Benennen Sie die Zeichen-Formatvorlage in SCHRIFTFETTKURSIV um.

Speichern Sie unter FORMATVORLAGEN-2A.

- Wenn Sie in einem längeren Dokument Zeichen immer wieder gleich formatieren (z. B. in gleicher Schriftart, Schriftgröße und in gleichem Schriftschnitt), können Sie eine **Zeichen-Formatvorlage** anlegen und über einen Befehl abrufen.

- Der Nutzen von **Zeichen-Formatvorlagen** wird klar, wenn man von einem mehrseitigen Dokument ausgeht, in dem alle wichtigen Begriffe zur optischen Hervorhebung in fetter Schrift **direkt formatiert** wurden. Nach dem Ausdruck des Textes stellen Sie fest, dass die fette Schrift zu aufdringlich wirkt. Es bleibt nichts anderes übrig, als alle fett formatierten Textstellen zu suchen und die Formatierung Wort für Wort zu ändern.

- Anders bei Verwendung einer Zeichen-Formatvorlage: Anstatt die hervorzuhebenden Textstellen **direkt zu formatieren**, können Sie jedem dieser Wörter eine **Zeichen-Formatvorlage zuweisen**, in der eine fette Schrift definiert ist. Natürlich müssen Sie auch hier jedes fett zu formatierende Wort suchen und ihm die Formatvorlage zuweisen. Gefällt Ihnen die fette Schrift zu einem späteren Zeitpunkt jedoch nicht, so genügt es in der Zeichen-Formatvorlage eine Änderung vorzunehmen. **Dadurch ändert sich die Schriftauszeichnung aller betroffenen Textstellen.**

- **Zeichen-Formatvorlagen** beinhalten nur die Einstellungen, die sich auf die Schrift beziehen, wie z. B. Schriftart, Schriftauszeichnungen (fett, kursiv usw.), Schriftgröße, Schriftfarbe.

- Zeichen-Formatvorlagen scheinen vielleicht überflüssig zu sein, da die Schrifteinstellungen auch innerhalb einer **Absatz-Formatvorlage** definiert werden können. Tatsächlich kann in einer Absatz-Formatvorlage jedoch nur die Schrift für einen kompletten Absatz festgelegt werden. Soll innerhalb eines Absatzes jedoch für bestimmte Wörter eine andere Schrift verwendet werden, können Zeichen-Formatvorlagen eingesetzt werden. Die Schrifteinstellungen der Zeichen-Formatvorlage überschreiben die der Absatz-Formatvorlage.

5.2 Dokumentvorlagen

- Jedes Programm arbeitet mit einem Standarddruckformat, in dem bestimmte Grundeinstellungen geregelt sind, z. B.
  - die Größe des Satzspiegels (Maße für die Seitenränder)
  - die Schriftart, Schriftschnitt und Schriftgröße
  - der Zeilenabstand
  - der Absatzabstand
  - die Textausrichtung (Absatzausrichtung)
  - die Formatausrichtung (A4 hoch bzw. A4 quer)
- Soll eine Dokumentart (z. B. Privatbriefe, Geschäftsbriefe, Protokolle, Aktenvermerke, Vordrucke) grundsätzlich in von den Standardeinstellungen abweichenden Justierungen erstellt werden, lohnt es sich, die für die jeweilige Dokumentart geltenden Einstellungen als **Standardeinstellungen** in einer **speziellen Vorlage** abzuspeichern, die immer dann aufgerufen wird, wenn die entsprechende Dokumentart benötigt wird.
- In dieser Vorlage können zusätzlich
  - die außer der Standardschrift benötigten Schriftarten und -größen (Zeichenformatierungen)
  - weitere Absatzformatierungen (z. B. Absatzausrichtungen, Absatzabstände, Einzüge, Tab-Positionen, Rahmen, Schattierungen)

  als **Formatvorlagen** (s. S. 79) gespeichert werden.
- Außerdem können **Bausteine** (s. S. 116) und **Makros** in der Vorlage abgelegt werden.
- Eine Vorlage kann wie ein **Vordruck (Maske)** benutzt werden, wenn außerdem
  - die **konstanten Textteile** und
  - die **Platzhalter** (Ansprungspunkte) für die variablen Textteile

  mit abgespeichert werden.
- Bei Bedarf, z. B. beim Anfertigen eines Protokolls, ist die Vorlage für Protokolle aufzurufen; es stehen dann automatisch sämtliche Formatierungen (Schriftart und Schriftgröße, Maße für die Seitenränder usw.) zur Verfügung.
- Außerdem kann jede in dieser Vorlage definierte Formatvorlage mit wenigen Tastendrücken oder Befehlen aktiviert werden.
- Durch den Einsatz von Vorlagen und Formatvorlagen wird eine **einheitliche Gestaltung** – vor allem bei längeren Schriftstücken – und ein späteres Umformatieren wesentlich erleichtert.

Aufgabe 3:

Erstellen Sie eine Dokumentvorlage für das Anfertigen von Kurzprotokollen beim Forstamt Irgendingen (Beispiel auf der nächsten Seite).

Angaben für die Dokumentvorlage:

Breite des rechten Randes:	**3 cm**

Angaben für die Standardschrift:

Name:	**Standard**
Formatvorlage für den nächsten Absatz:	**Standard**
Schriftart:	**Arial, 12 Pt**
Absatzabstand nach:	**12 Pt**
Hängender Einzug:	**4 cm**
Tabstopp:	**4 cm, links**

Angaben für die Formatvorlage:

Name:	**TOP**
Formatvorlage für den nächsten Absatz:	**Standard**
Schriftart:	**Arial, fett, 12 Pt**
Absatzabstand nach:	**12 Pt**

Setzen Sie anstelle der Sternchen je einen Stoppcode (Ansprungspunkt) für die variablen Textteile.

Speichern Sie die Dokumentvorlage unter DOKVORLAGE-3 ab.

Siehe auch Lehrer\Handreichungen**Abspeichern von Dokumentvorlagen** auf der Begleit-CD.
Siehe auch Lehrer\Handreichungen**Vorlagen erstellen und anwenden** auf der Begleit-CD.
Siehe auch Lehrer\Präsentationen**Vorlagen** auf der Begleit-CD.

5.2 Dokumentvorlagen

Forstamt Irgendingen *

Kurzprotokoll

Anlass: *

Datum: *

Ort: *

Beginn: *

Ende: *

Anwesende: *

Nicht anwesend: *

TOP 1: *

Aufgabe 4:

Erstellen und gestalten Sie mithilfe der Dokumentvorlage DOKVORLAGE-3 das nachstehende Kurzprotokoll. Das Protokoll wird von der Protokollführerin und vom Vorsitzenden der Besprechung – Oberforstrat Dr. Link – am 5. Februar d. J. unterschrieben.

Datum der Niederschrift:	4. Februar 201.
Anlass:	Dienstbesprechung TOP 1: Grill- und Spielplätze TOP 2: Waldlehrpfad "Im Hexenloch" TOP 3: Waldsäuberung TOP 4: Baumpflanzaktion
Datum:	3. Februar 201.
Ort:	Besprechungszimmer
Beginn:	15:00 Uhr
Ende:	ca. 16 Uhr
Anwesende:	Oberforstrat Dr. Link Oberförster Heinrich Förster Schmidt Förster Schwarz
Nicht anwesend:	Förster Tamm (entschuldigt, krank)

5.2 Dokumentvorlagen

TOP 1: Grill- und Spielplätze

Der Grill- und Spielplatz "Eulenhorst" ist von Unbekannten mutwillig zerstört worden. Da keine regelmäßige Überwachung des Platzes möglich ist, soll er aufgelöst werden. Oberförster Heinrich wird beauftragt, die Räumung des Platzes zu veranlassen.

Als Ersatz wird "Im schönsten Wiesengrund" ein Grill- und Spielplatz angelegt. Dieser Standort erscheint geeignet, weil

- durch die unmittelbare Nähe des Forsthauses eine Beaufsichtigung des Platzes gewährleistet ist,

- er unweit der Bundesstraße und am Waldrand liegt und daher die Ruhe des Waldes nur geringfügig gestört werden kann.

Mittel für die Neuanlage stehen im Haushaltsplan zur Verfügung.

Die Pläne für die Neuanlage sind von Förster Schwarz bis zur nächsten Dienstbesprechung zu erstellen.

TOP 2: Waldlehrpfad "Im Hexenloch"

Viele Tafeln des Waldlehrpfads "Im Hexenloch" sind erneuerungs- bzw. restaurierungsbedürftig geworden.

Förster Schmidt erhält den Auftrag, bei der Schreinerei Wetzel in Irgendingen neue Tafeln nach alten Skizzen und Maßen herstellen zu lassen.

Oberforstrat Dr. Link wird Förster Tamm wegen der Ausführung der künstlerischen Arbeiten ansprechen.

Förster Schmidt wird Förster Tamm bei der Ausführung der handwerklichen Arbeiten unterstützen.

TOP 3: Waldsäuberung

Dr. Link teilt mit, dass sich in diesem Jahr Schülerinnen und Schüler der Kaufmännischen Schule Irgendingen an der Waldsäuberung, die am 4. April d. J. durchgeführt wird, beteiligen werden.

Die Anwesenden sollen bis zur nächsten Dienstbesprechung ihre Vorschläge zur Organisation der Waldsäuberung einbringen, insbesondere darüber, welche Reviere geputzt werden sollen.

TOP 4: Baumpflanzaktion

Der Förderverein der Kaufmännischen Schule Irgendingen hat sich bereit erklärt, die Kosten für eine Baumpflanzaktion zu übernehmen.

Am 25. April d. J. sollen im Stadtwald von Lehrern und Schülern 1000 Eichen, Eschen und Buchen gesetzt werden.

Oberförster Heinrich wird sich mit der Schulleitung der Kaufmännischen Schule in Verbindung setzen und die Aktion vorbereiten.

Speichern Sie das Protokoll unter DOKU-4 ab.

5.2 Dokumentvorlagen

Aufgabe 5:

Sie sind Sekretärin bei Bit-Partner in Augsburg.

Gestalten Sie das unten abgebildete Online-Formular als Dokumentvorlage.

Für die Unterbringung der Tagungsteilnehmer stehen Einzel- und Doppelzimmer zur Verfügung.

Außer Ihnen nehmen noch Frau Kurz und Herr Lay telefonische Anmeldungen entgegen.

Speichern Sie die Dokumentvorlage unter DOKVORLAGE-5 ab.

Bit-Partner

Hard- und Software GmbH

Anmeldung zur Fachtagung „Internet" vom 25. bis 27. März 201.

Name, Vorname	Arbeitgeber
PLZ Wohnort, Straße und Hausnummer	
Telefon-Nummer (geschäftlich)	Telefon-Nummer (privat)
Wünscht Unterbringung im	
Datum	Angenommen von Kurzzeichen

Aufgabe 6:

Erstellen Sie mithilfe der Dokumentvorlage DOKVORLAGE-5 eine Anmeldung unter dem Datum vom 1. März d. J. für Frau Melanie Gruber, wohnhaft in 70599 Stuttgart, Brunnengasse 5, Tel. (geschäftlich) 07021 211-2233, Tel. (privat) 0711 4567788.
Frau Gruber ist im Hotel Albblick in Kirchheim (Teck) beschäftigt.
Sie wünscht eine Unterbringung im Einzelzimmer.

Speichern Sie unter DOKU-6.

- Ein **Vordruck** wird in der Regel in **Schreibfelder** gegliedert. Die **Leitwörter (konstante Textteile)** stehen in der **oberen linken Ecke** dieser Schreibfelder. Die Eintragungen (variable Textteile) stehen unter den Leitwörtern.
- Ein Vordruck kann mit der Hand, der Schreibmaschine oder dem PC ausgefüllt werden. Ein Vordruck, der am Bildschirm aufgerufen und ausgefüllt wird, ist ein **Online-Formular**.
- Ein Online-Formular wird in der Regel als **Dokumentvorlage** erstellt.
- Der Platz für die Eintragungen **(variable Textteile)** wird durch **Stoppcodes** oder spezielle **Formularfelder** gekennzeichnet.
- Für das Erstellen von Vordrucken stellen leistungsfähige Textprogramme einen **Formular-Editor** zur Verfügung, der es ermöglicht, spezielle Formularfelder (Text-Formularfeld, Dropdown-Formularfeld, Kontrollkästchen-Formularfeld) anzulegen. Außerdem kann der Vordruck mit **Bearbeitungseinschränkungen** versehen werden, sodass z. B. nur die variablen Textteile eingetragen werden können. Eine Änderung des konstanten Texts ist dann nur möglich, wenn der Schreibschutz aufgehoben wird.

5.2 Dokumentvorlagen

Aufgabe 7:

Das unten abgebildete Telefax-Formular der Firma Zweiradshop Müller wurde bisher handschriftlich ausgefüllt.

Erstellen Sie ein Online-Formular (Dokumentvorlage) im Format A4. Speichern Sie unter DOKVORLAGE-7.

Zweiradshop Müller
Beim Tor 5
01099 Dresden
Tel. 0351 2233445
Fax: 0351 2233446
E-Mail: info@zweiradshop.com
Internet: www.zweiradshop.com

Telefax

An:	**Von:**
Telefax-Nummer:	**Datum:**
Betreff:	**Gesamtseiten** (einschließlich Deckblatt):
	Ihr Zeichen:
	Unser Zeichen:

☐ Dringend ☐ Zur Kenntnisnahme ☐ Zur Erledigung ☐ Zur Stellungnahme ☐ Anruf erbeten

Aufgabe 8:

Testen Sie Ihre FAX-Dokumentvorlage nach folgenden Angaben:

Die Firma Zweiradshop Müller (Karin Rapide) teilt heute Frau Patrizia Schnell (Heinz-Ehrhardt-Str. 44, 01099 Dresden, Fax-Nr. 0351 3344556) mit, dass die Reparatur des Motorrads BMW R1000 ausgeführt ist.

Speichern Sie unter DOKU-8.

- Ein **Telefax-Formular** kann handschriftlich, mit der Schreibmaschine oder mit dem PC ausgefüllt werden.
- Das **Layout** eines Fax-Formulars kann frei gestaltet werden.
- Im Formular sind die **Absenderangaben** (Anschrift, Telefon-, Telefaxnummer, E-Mail- und Internetangaben) sowie die Leitwörter für die **Empfängeranschrift** und **Fax-Nummer** anzugeben.
- Außerdem sollten **Leitwörter** für das **Datum**, den **Betreff**, evtl. für die **Bezugszeichen** und die **Zahl der Seiten**, die zu übermitteln sind, vorhanden sein.
- Achten Sie auf ein **klares Schriftbild**. Vermeiden Sie sehr große dunkel gefärbte Stellen und verschiedene Farben.

5.2 Dokumentvorlagen

Aufgabe 9:

Sie sind Assistent/in des Geschäftsführers des Globus-Verlags (Telefon-Nebenstelle 16). Der Verlag verwendet unten stehenden Vordruck für Hausmitteilungen zum handschriftlichen Ausfüllen.

Gestalten Sie einen Online-Vordruck (Dokumentvorlage) im Format A4 für diese Hausmitteilung.

Speichern Sie unter DOKVORLAGE-9.

Testen Sie Ihre Dokumentvorlage nach folgenden Angaben:
Die Setzerei Gutenberg, Herr Specht, teilt am 10. Januar d. J. dem Verlag den Termin für die diesjährigen Betriebsferien mit (10. bis 24. Juli). Verständigen Sie die Herstellungsabteilung, Herrn Michel.

Speichern Sie unter DOKU-9.

Globus-Verlag

Wuppertal

Name:	Datum:
Abteilung:	Nebenstelle:
An:	Abteilung:
Anlagen:	Verteiler:
Betreff:	

Hausmitteilung

....

(Unterschrift)

- Die **Hausmitteilung** (Hausbrief) ist eine Möglichkeit der innerbetrieblichen Korrespondenz. Eine Hausmitteilung kann an Mitarbeiter/innen einer Abteilung oder des ganzen Betriebes gerichtet sein.
- Das **Layout** einer Hausmitteilung kann frei gestaltet werden. Evtl. ist das Corporate Design zu berücksichtigen. Die Hausmitteilung wird handschriftlich oder mit dem PC ausgefüllt.
- Sie sollte als **konstanten Text** den **Namen** und evtl. den Sitz des Unternehmens, **Leitwörter** für die **variablen Textteile** (Name, Abteilung und Durchwahl des Absenders, Name und Abteilung des Empfängers, für den Betreff, das Datum, für den Textbeginn und für den Anlagen- und Verteilvermerk sowie die Unterschrift) enthalten.

5.2 Dokumentvorlagen

Aufgabe 10:

Die unten stehende Anzeige wird am 7. Juni d. J. in der Samstagsausgabe der Heidelberger Rundschau veröffentlicht.

> *Wir brauchen Verstärkung!*
>
> **HAGER, STELLBRECHT & PARTNER** ist eine der großen deutschen Patentanwaltskanzleien, international tätig für deutsche, amerikanische und japanische Firmen.
>
> Insgesamt 7 Patentanwälte und 35 Mitarbeiterinnen und Mitarbeiter kümmern sich um den Schutz technischer Produkte, den Technologietransfer sowie den Schutz und die Verwertung von zum Teil international bekannten Marken. Der Sitz unserer Sozietät ist verkehrsgünstig in Heidelberg gelegen.
>
> Für die direkte Zusammenarbeit mit einem unserer Anwälte suchen wir für sofort oder später
>
> **eine Assistentin/einen Assistenten**
>
> mit guten englischen Sprachkenntnissen und perfekten schreibtechnischen Fertigkeiten. Außerdem sollte die zukünftige Assistentin/der zukünftige Assistent die Programme Word, Excel und PowerPoint beherrschen.
>
> Sie haben die Wahl zwischen einer Voll- und einer Teilzeitbeschäftigung.
>
> Wir bieten eine sichere Dauerstellung; leistungsgerechte, überdurchschnittliche Bezahlung ist bei uns üblich.
>
> Interessiert? Wir freuen uns auf Ihren Anruf. Fragen Sie nach Frau Schwarz, Telefon 06221 21190-0.

Frau Schwarz ist Personalsachbearbeiterin der Patentanwaltskanzlei HAGER, STELLBRECHT & PARTNER in Heidelberg. Sie rechnet mit vielen Anrufen von Bewerbern.

Aufgrund der Auswertung der Telefongespräche soll eine Vorauswahl geeigneter Bewerber/innen erfolgen, die dann zur Vorstellung eingeladen werden.

Frau Schwarz bittet Sie, einen Vordruck für eine Telefonnotiz (Online-Vordruck) zu erstellen, damit sie am Telefon alle wichtigen Informationen erfragen und mithilfe des Personalcomputers rationell aufnehmen kann.

Fertigen Sie eine Dokumentvorlage (Formular A4 hoch) für die Aufnahme dieser Telefonnotizen am PC an (Online-Formular). Anhaltspunkte darüber, welche Angaben von den Bewerbern erfragt werden sollen, entnehmen Sie obiger Anzeige.

Die Bewerber sollen darüber hinaus auch nach ihren Gehaltsvorstellungen, nach dem Namen des letzten Arbeitgebers, der Beschäftigungsdauer beim letzten Arbeitgeber und dem frühest möglichen Arbeitsbeginn gefragt werden.

Speichern Sie die Dokumentvorlage unter DOKVORLAGE-10.

Aufgabe 11:

Testen Sie Ihre Dokumentvorlage DOKVORLAGE-10 mithilfe folgender Angaben:

Am 9. Juni ruft Frau Claudia Pfaff an. Sie ist am 1. Juli 1971 geboren. Frau Pfaff wohnt in 69126 Heidelberg, Im Stillen Winkel 5. Sie ist unter der Telefonnummer 06221 45566 zu erreichen.

Frau Pfaff gibt an, über gute englische Sprachkenntnisse, perfekte schreibtechnische Kenntnisse und sichere Word-, Excel- und PowerPoint-Kenntnisse zu verfügen. Sie strebt eine Teilzeitbeschäftigung an. Sie war 5 Jahre lang (von 1998–2003) als Chefsekretärin bei der Anwaltskanzlei SCHLICHT & RICHTER in 69127 Heidelberg tätig.

Sie könnte die Stelle am 1. September 201. antreten.

Speichern Sie unter DOKU-11.

5.3 Privatbrief

Die Zahl der privaten Briefe, die wir in unserem Briefkasten finden, wird von Jahr zu Jahr weniger. Das hängt sicher damit zusammen, dass wir andere Kommunikationsmittel benutzen, das Telefon, das Handy, die E-Mail, die SMS usw.

Nach Angaben der Deutschen Post sind nur noch 7 % der 70 Millionen Briefe, die an einem Tag befördert werden, Nachrichten von privat an privat. Es ist jedoch nicht zu erwarten, dass wir in einigen Jahren keine persönlichen Schreiben mehr versenden, da es immer wieder Anlässe geben wird, bei denen wir besser nicht zum Telefonhörer greifen oder eine SMS oder eine E-Mail schreiben.

Ein klassisches Beispiel für ein privates Schreiben ist die Kündigung eines Vertrags, z. B. eines Mietvertrags; denn die Kündigung von Verträgen bedarf immer der Schriftform. Wenn der Brief als Einschreiben mit Rückschein verschickt wird, liegt im Streitfall ein schriftlicher Beweis für die Kündigung vor.

Weitere Beispiele für private Schreiben sind

das Anschreiben als Bestandteil einer Bewerbung
und Schreiben zu besonderen Anlässen, z. B. Einladungen zu Veranstaltungen,
und Zu- bzw. Absagen auf Einladungen.

Eine schriftliche Zu- bzw. Absage zeigt dem Veranstalter, wie wichtig Ihnen die persönliche Beziehung oder der Anlass ist.

In den meisten Fällen ist ein computergeschriebener Brief angebracht, bei Schreiben mit ganz privatem Charakter ist das handschriftliche Schreiben sicher die angemessenere Form.

❑ Für den **Privatbrief** sollte **DIN 5008** sinngemäß angewandt werden. DIN 5008 regelt das Layout der **Vorlagen für Geschäftsbriefe**, so z. B. die Positionierung und Gestaltung des Briefkopfs, des Anschriftfelds, der Bezugszeichenzeile, des Informationsblocks, der Loch- und Falzmarken, und legt die **Schreib- und Gestaltungsregeln für die Textverarbeitung** fest.

❑ Im **Anhang zur DIN 5008** (E.7 und E.8) sind Beispiele für **Privatbriefe** enthalten.

❑ Es lohnt sich sicher, für den Privatbrief eine **Vorlage** zu erstellen, in welcher die **Stoppcodes** (Ansprungspunkte, Platzhalter) für
- die **Absenderangaben**,
- die **Aufschrift** (Zusätze und Vermerke + Anschrift),
- das **Datum**,
- den **Betreff**,
- die **Anrede**
- und den **Text**

gesetzt werden.

❑ Außerdem können in dieser Vorlage bei Bedarf
- eine **andere Schriftart** und **Schriftgröße** (z. B. Arial, 11 Pt)
- und **andere Maße für den Satzspiegel**

definiert werden.

❑ Die Vorlage wird bei Bedarf als Dokument aufgerufen, die Stoppcodes werden durch den entsprechenden Text ersetzt.

❑ Sie finden ein Bespiel für eine Vorlage für den Privatbrief unter dem Dateinamen **VORPRIV** auf Ihrer Begleit-CD.

Weitere Beispiele im Band 1 **Tastaturschulung**.
Siehe auch PowerPoint-Präsentationen **Straßennamen, Vorlagen, Aufschrift** und **Auslandsanschrift** auf der Begleit-CD.

5.3 Privatbrief

Aufgabe 12:

Erstellen Sie mithilfe der Tabellenfunktion eine Vorlage für einen Privatbrief nach folgenden Angaben und der unten stehenden Skizze.

Verwenden Sie die Schriftart Arial, 11 Pt.

Speichern Sie die Vorlage unter DOKVORLAGEPRIVAT-1.

Berücksichtigen Sie folgende Angaben

Zeilenanfang (Abstand von der oberen Blattkante)	16,9 mm
Zeilenanfang (Abstand von der linken Blattkante)	25,0 mm
Höhe des Feldes für die Absenderangaben	33,9 mm
Breite und Höhe des Anschriftfeldes	80 x 40 mm

Richten Sie den Satzspiegel wie folgt ein

oberer Rand	16,9 mm
linker Rand	25,0 mm
rechter Rand	20,0 mm
unterer Rand	20,0 mm

Setzen Sie Stoppcodes/Platzhalter für

die Absenderangaben (1. Tabellenzeile, rechtsbündig)	
den Beginn der Anschrift (2. Tabellenzeile, 4. Zeile)	
das Datum, Datumsfeld auf Tab-Position (rechtsbündiger Tabstopp)	165,0 mm
den Betreff	
die Anrede	
den Text	

Fügen Sie eine Faltmarke ein

vom oberen Rand entfernt	105,0 mm

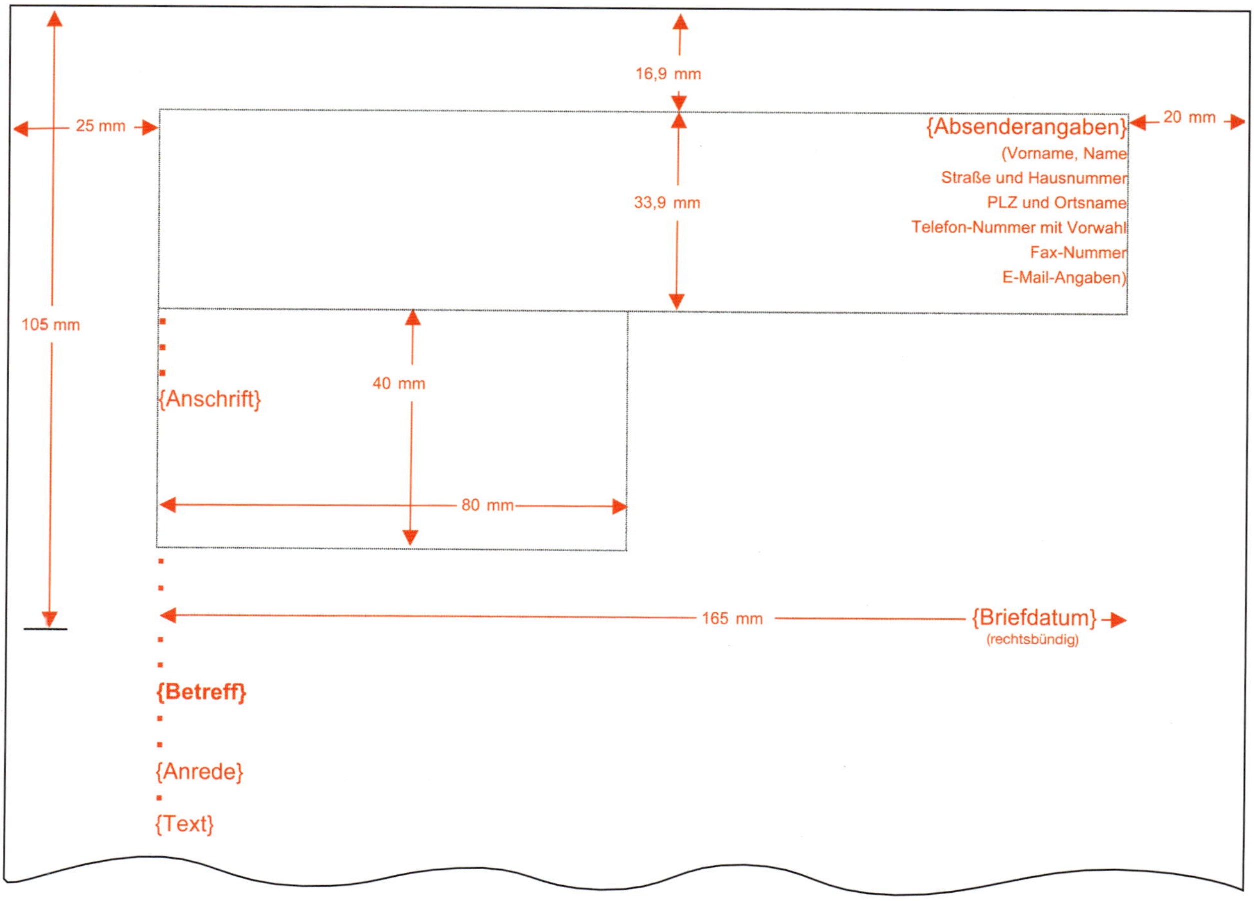

5.3 Privatbrief

Aufgabe 13:

Öffnen Sie die Vorlage für den Privatbrief – Datei VORPRIV von der Begleit-CD – oder Ihre Vorlage DOKVORLAGEPRIVAT-1 (siehe Aufgabe 12).

Erstellen Sie nachstehenden Brief.

Speichern Sie unter PRIVATBRIEF-13.

Felix Mohr
Carl-Zeiss-Allee 5
07745 Jena
Tel.: 03641 223344
E-Mail: mohr@klassik-web.de

Einschreiben Rückschein
Herrn
Johann Meister
Friedrich-Schiller-Straße 10
07745 Jena

1. August 201.

Wohnungskündigung

Sehr geehrter Herr Meister,

aus beruflichen Gründen ziehe ich nach Dortmund um.

Deshalb kündige ich meinen Mietvertrag fristgemäß zum 31. Dezember 201.

Ein Arbeitskollege interessiert sich für die Wohnung. Darf ich ihm Ihre Telefonnummer geben?

Mit freundlichen Grüßen

Felix Mohr

5.3 Privatbrief

- Es ist möglich, die **Absenderangaben linksbündig, zentriert** oder **rechtsbündig** anzuordnen.
- Die Bezugszeichen, die Kommunikationsangaben und das Datum können in einem **Informationsblock** rechts vom Anschriftfeld zusammengefasst werden.
- Sie finden ein Beispiel für eine Vorlage unter dem Dateinamen **VORPRIV2** auf Ihrer Begleit-CD.

Aufgabe 14:

Erstellen Sie mithilfe der Tabellenfunktion eine Vorlage für einen Privatbrief aufgrund der unten stehenden Skizze.

Verwenden Sie die Schriftart Arial, 11 Pt.

Speichern Sie die Vorlage unter DOKVORLAGEPRIVAT-2.

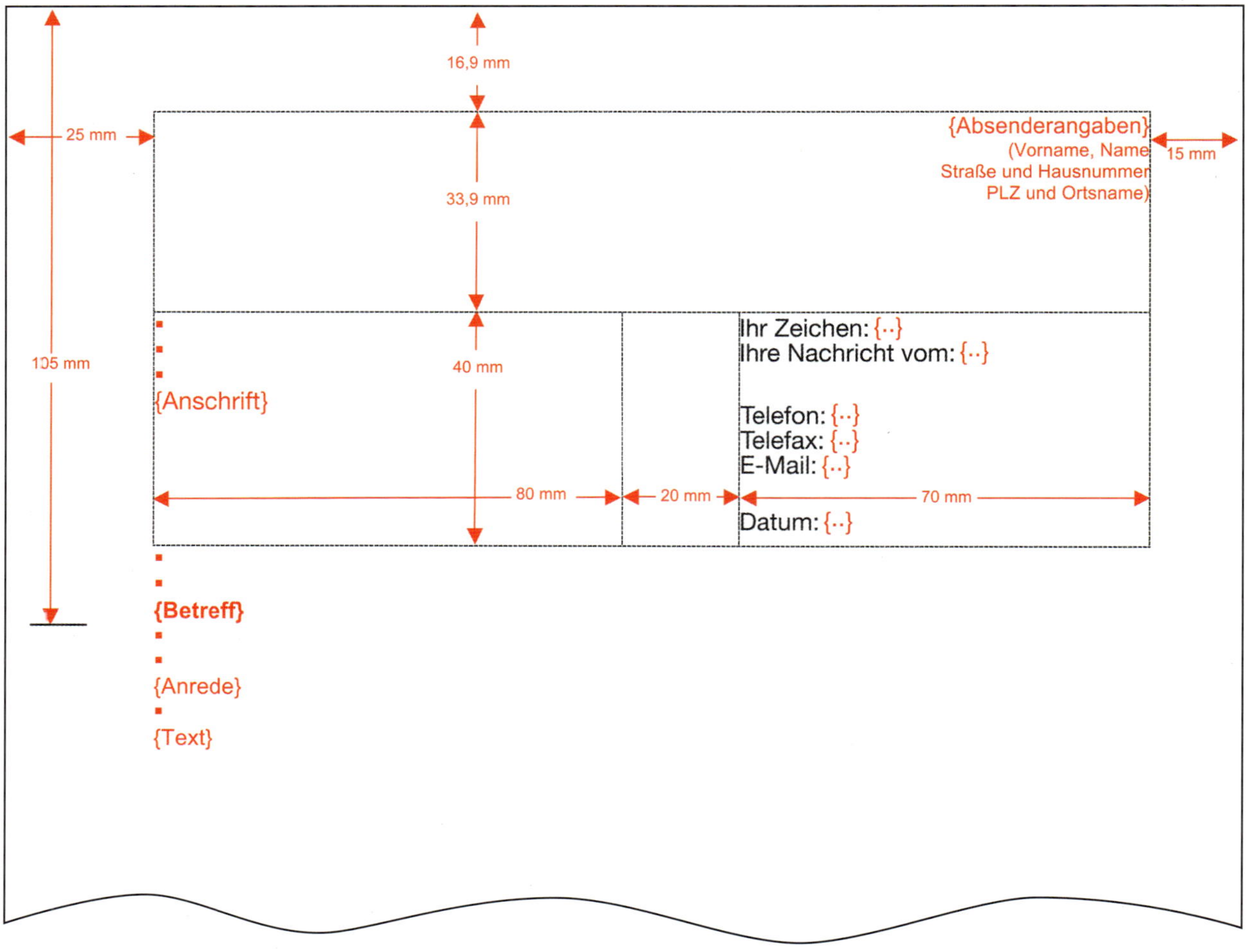

5.3 Privatbrief

Aufgabe 15:

Erstellen Sie mithilfe Ihrer Vorlage DOKVORLAGEPRIVAT-2 oder der Vorlage VORPRIV2 (Begleit-CD) das Bewerbungsschreiben für Michael Maier. Speichern Sie unter PRIVATBRIEF-15.

Michael Maier
August-Lämmle-Weg 77
68167 Mannheim

Ihr Zeichen:
Ihre Nachricht vom:

Badische Bank
Personalabteilung
Frau Dr. Herta Buchmann
Markgraf-Ludwig-Straße 100
68259 Mannheim

Telefon: 07231 334455
E-Mail: Maier@vq-web.de

Datum: 1. Juni 201.

Bewerbung um eine Ausbildungsstelle
für den Beruf des Bankkaufmanns

Sehr geehrte Frau Dr. Buchmann,

in den Osterferien absolvierte ich in der Zweigstelle Königstraße ein einwöchiges Praktikum und konnte einen Einblick in das Berufsbild des Bankkaufmanns gewinnen. Da ich gerne mit Zahlen umgehe, glaube ich, dass ich mich für diesen Beruf gut eignen würde.

Ihrer Anzeige in den Mannheimer Nachrichten vom 31. Mai habe ich entnommen, dass Sie Auszubildende für den Beruf des Bankkaufmanns suchen. Ich würde mich sehr freuen, nach dem Abschluss der Wirtschaftsschule eine Ausbildung bei Ihnen beginnen zu können.

Seit September letzten Jahres besuche ich die Wirtschaftsschule in Mannheim und habe mir in dieser Zeit gute Kenntnisse in den allgemein bildenden und kaufmännischen Fächern aneignen können. Mathematik und Sport sind meine Lieblingsfächer.

Im Rahmen des Datenverarbeitungs- und Textverarbeitungsunterrichts lerne ich u. a. das MS-Office-Paket (Excel, Access, Word, PowerPoint) kennen. Die Arbeit am Computer macht mir viel Spaß. Seit April gebe ich im Rahmen eines PC-Kurses, der an meiner Schule stattfindet, mein Wissen an Senioren weiter.

In der Freizeit gehe ich regelmäßig zum Fußballtraining in den Sportverein; außerdem werde ich als Schiedsrichter bei der Fußballjugend eingesetzt.

Ich werde die Wirtschaftsschule voraussichtlich im Juli n. J. mit der mittleren Reife verlassen.

Über eine Einladung zu einem Vorstellungsgespräch würde ich mich sehr freuen.

Mit freundlichen Grüßen

Michael Maier

Anlagen
Lebenslauf
Lichtbild
2 Zeugniskopien
Praktikumsnachweis

- Die Bestandteile eines Bewerbungsschreibens sind in der Regel
  - Name und vollständige eigene Anschrift, Telefonnummer, evtl. Faxnummer und E-Mail-Angaben
  - Datum der Bewerbung
  - Vollständige Empfängeranschrift (wenn möglich, mit Namen der zuständigen Person)
  - Konkrete Bezeichnung des angestrebten Arbeitsplatzes im Betreff
  - Angaben über Schulbesuch, Schulabschluss, Studium und Abschluss
  - Angaben über berufliche Tätigkeiten und Praktika
  - Stichhaltige Gründe für die Bewerbung
  - Hinweis auf besondere Fähigkeiten und Fertigkeiten
  - Evtl. Hinweise auf soziales Engagement
  - Angebot einer persönlichen Vorstellung
  - Grußformel und Unterschrift
  - Anlagenvermerk (Auflistung der beigefügten Unterlagen)

Siehe auch PowerPoint-Präsentation **Bewerbung** auf der Begleit-CD.

5.4 Privatbrief – Textformulierung

Aufgabe 16:

ehapa

Wir sind die Tochtergesellschaft einer großen, international operierenden Medien-Gruppe. Viele unserer Produkte haben einen nahezu hundertprozentigen Bekanntheitsgrad. Sie machen Spaß: jungen und junggebliebenen Lesern und natürlich auch uns. Mit mehr als 200 festen und vielen freien Mitarbeitern sind wir die Nummer 1 im Comicmarkt.

Wir suchen

EINE/N ASSISTENTIN/ASSISTENTEN

zur Mitarbeit im Abteilungssekretariat „Comics und Magazine"
zum 1. September 201. (gerne sofort).

Wenn Sie die folgenden Fragen mit Ja beantworten, dann könnten Sie es sein:

- Sie gehen gerne mit lustigen und unterschiedlichen Typen wie Asterix, Obelix, Lucky Luke, Redakteuren und Marketing-Leuten um?
- Sie schreiben so schnell wie Lucky Luke seinen Colt zieht? Auch auf PC (Word und Excel)? Even in the native language of a wildwest hero: in English?
- Sie erledigen Ihre Arbeit selbstständig und konsequent und würden gerne in einem Team arbeiten, in dem es manchmal so abwechslungsreich, turbulent und spontan zugeht wie in dem kleinen, uns allen wohlbekannten gallischen Dorf?

Also –
wenn Sie dreimal mit Ja antworten konnten, im Großraum Berlin zu Hause sind, gerne in einem Unternehmen mit konzernüblichen Sozialleistungen und internationalen Verbindungen arbeiten wollen, sollten Sie nicht zögern, Ihre kompletten Bewerbungsunterlagen (Lebenslauf, Foto, Zeugnisse, Gehaltsvorstellung) an unsere Personalabteilung zu senden.

© Les Editions Albert-René, GOSCINNY/UDERZO

Egmont Ehapa Verlag GmbH
Wallstraße 59
10179 Berlin
Telefon 030 24008-0

Diese Anzeige erschien am 15. Juli im Hamburger Abendblatt. Sie sind an der Stelle interessiert.

Formulieren Sie ein Bewerbungsschreiben nach Ihren Vorstellungen. Gehen Sie insbesondere auf den Stil der Stellenausschreibung ein.

Verwenden Sie die Vorlage DOKVORLAGEPRIVAT-1.

Speichern Sie unter PRIVATBRIEF-16.

5.5 Geschäftsbrief

❑ **Briefvordrucke und -vorlagen nach DIN 5008**

DIN 5008 legt Aufbau und Gestaltung von Vorlagen für Geschäftsbriefe fest. Für Vorlagen ist das Format A4 (210 mm x 297 mm) zu verwenden.

Bei den Vorlagen für Geschäftsbriefe wird grundsätzlich zwischen zwei Formen unterschieden:

- **Vorlagen mit hochgestelltem Anschriftfeld (Form A)**
  Bei diesen Vorlagen steht über dem Anschriftfeld und der Rücksendeangabe ein über die gesamte Blattbreite reichendes Feld für Firmenname und Logo (Briefkopf) zur Verfügung, dessen Höhe 27 mm beträgt.
- **Vorlagen mit tiefgestelltem Anschriftfeld (Form B)**
  Hier beträgt die Höhe des Feldes über dem Anschriftfeld und der Rücksendeangabe 45 mm.

❑ **Anordnung der Felder**

Für die Felder des Briefkopfes, der postalische Rücksendeangabe und für das Anschriftfeld sind in DIN 5008 genaue Maße angegeben, die einzuhalten sind (siehe Abbildungen S. 96 und 98).

❑ **Postalische Rücksendeangabe**

Über dem Anschriftfeld befindet sich das Feld für postalische Rücksendeangaben. Die Eintragungen in diesem Feld sollen in einer Schriftgröße von 8 Pt erfolgen; bei Platzmangel können diese Angaben sinnvoll abgekürzt oder eine Schriftgröße von mindestens 6 Pt eingesetzt werden.

❑ **Anschrift**

An das Feld für postalische Rücksendeangaben schließt sich das Anschriftfeld an. Es ist 40 mm hoch und 80 mm breit und wird in Zusatz- und Vermerkzone und Anschriftzone unterteilt.

❑ **Kommunikationsangaben**

Für die Angabe der Bezugszeichen, der Kommunikationsmöglichkeiten und des Datums gibt es verschiedene Möglichkeiten: Informationsblock in verschiedenen Gestaltungen oder Bezugszeichenzeile mit und ohne Kommunikationszeile.

Standardinformationsblock

Rechts neben dem Anschriftfeld werden die Leitwörter in einer festgelegten Reihenfolge gesetzt.

Zwischen den Bezugszeichen und dem Leitwort „Name“ sowie den Kommunikationsmöglichkeiten und dem Leitwort „Datum“ wird je eine Leerzeile eingefügt.

Die Eintragungen sollen hinter dem Leitwort in der im Brief verwendeten Schriftart und -größe erfolgen. Beispiele von Vorlagen mit Informationsblock siehe S. 96 und 97.

Bezugszeichenzeile

Weitere Angaben zur Bezugszeichenzeile siehe S. 97 und 98.

❑ **Geschäftsangaben und Angaben bei Kapitalgesellschaften**

Angaben über Geschäftsräume, Öffnungszeiten, Kontoverbindungen usw. stehen im Allgemeinen in der Fußzeile der Vorlage.

Gesellschaftsrechtliche Angaben, z. B. die Rechtsform und der Sitz der Gesellschaft, sind ebenfalls in der Fußzeile der Vorlage aufzuführen.

❑ **Heftrand**

Der Heftrand von 20 mm Breite nimmt zwei Faltmarken und die Lochmarke auf.

Die Faltmarke ist beim hochgestellten Anschriftfeld 87 mm, die Lochmarke 148,5 mm von der oberen Blattkante entfernt.

Beim tiefgestellten Anschriftfeld (Form B) wird die Faltmarke 105 mm von der oberen Blattkante entfernt angebracht, damit der Brief entsprechend gefaltet im Fensterbriefumschlag versandt werden kann.

Siehe auch Lehrer\Präsentationen**Bestandteile des Geschäftsbriefs, Geschäftsbrief, Aufschrift** und **Auslandsanschrift** auf der Begleit-CD.

5.5 Geschäftsbrief

Vorlage für den Geschäftsbrief DIN 5008 (Form A mit Standardinformationsblock)

Aufgabe 17A:

Erstellen Sie mithilfe der Tabellenfunktion eine Vorlage für einen Geschäftsbrief (Form A mit Standardinformationsblock) nach der unten stehenden Skizze.

Verwenden Sie für den Brief die Schriftart Arial, 11 Pt, und für die Rücksendeangabe 8 Pt.

Speichern Sie die Vorlage unter GESCHÄFTSBRIEF-1.

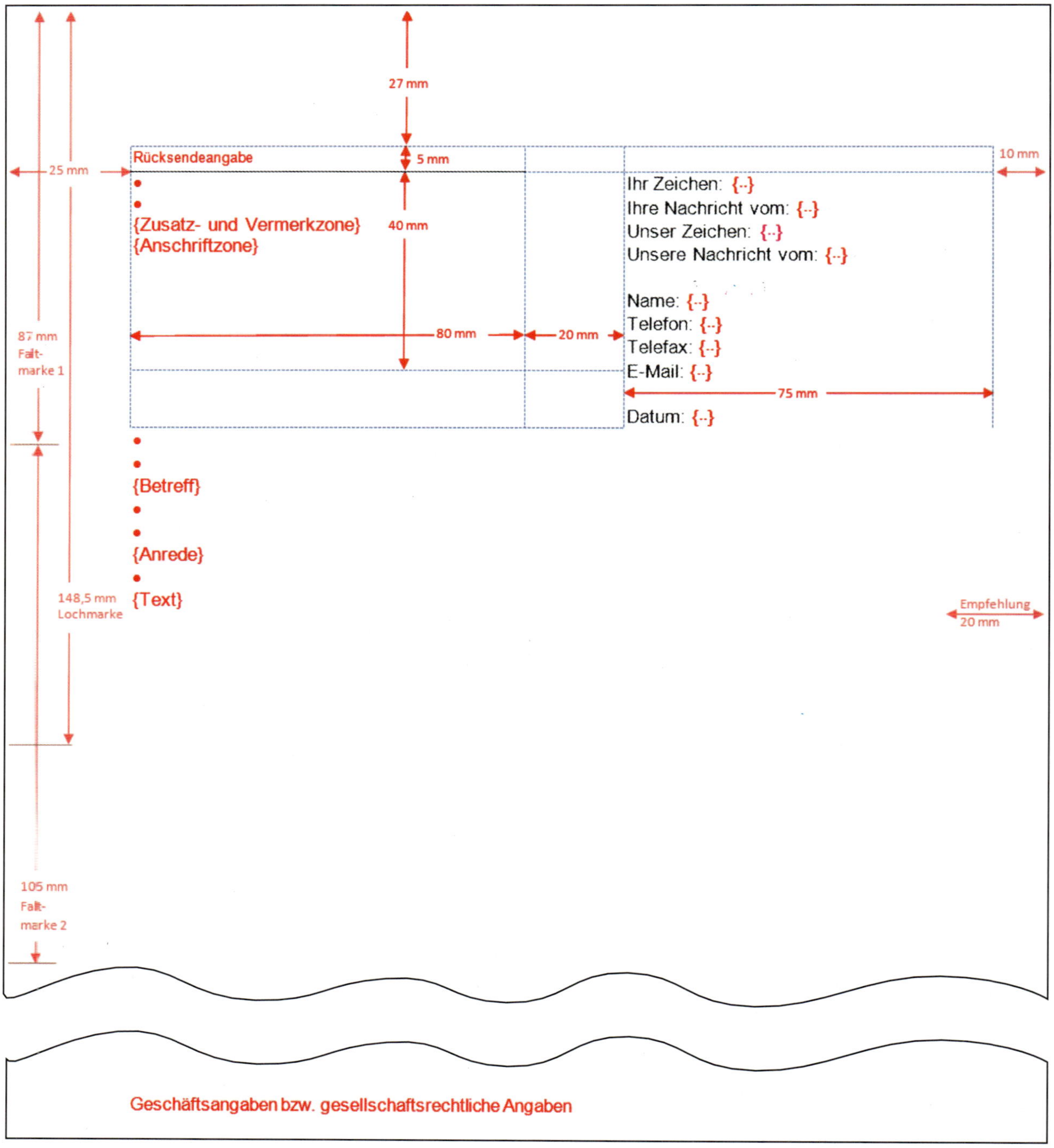

Abbildung 1

Siehe auch Lehrer\Präsentationen**Bestandteile des Geschäftsbriefs, Geschäftsbrief, Aufschrift** und **Auslandsanschrift** auf der Begleit-CD.

5.5 Geschäftsbrief

❑ **Vorlage mit gestaltetem Informationsblock**

Neben der Vorlage mit Standardinformationsblock kann auch eine Vorlage mit gestaltetem Informationsblock (Beispiel siehe Abbildung 2) eingesetzt werden. Statt der Bezugszeichen können variable Leitwörter verwendet werden.

Die Eintragungen erfolgen in der im Brief verwendeten Schriftart und -größe. Bei Bedarf dürfen längere Angaben, z. B. E-Mail-Adresse, auch in kleinerer Schriftgröße (mindestens 8 Pt) geschrieben werden.

unitas GmbH

{}

{}
{}

Ihr Gesprächspartner:	Steffen Maier
Abteilung:	Herstellung
Telefon:	0731 216-15
Telefax:	0731 216-16
E-Mail:	steffen.maier@unitas.de
Datum:	201.-04-01

{}

{}
{}

unitas GmbH – Druck und Gestaltung	**Geschäftsführerin**	**Bankverbindung**
Rebenweg 31	Simone Baumeister	Sparkasse Ulm
89075 Ulm	HRA 0000	BLZ 200 300 40, Kontonummer 45678900
www.unitas.de	Amtsgericht Ulm	IBAN DE98 2003 0040 0045 6789 00
		BIC SOLADES1ULM

Abbildung 2

❑ **Vorlage mit Bezugszeichenzeile und Kommunikationszeile (Beispiel siehe Abbildung 3)**

Die Bezugszeichenzeile mit den Leitwörtern „Ihr Zeichen, Ihre Nachricht vom“, „Unser Zeichen, unsere Nachricht vom“, „Telefon, Name“, „Datum“ ist so zu setzen, dass ihre Zeilenoberkante mindestens 8,46 mm (= 24 Punkt = 2 Zeilen) unterhalb des Anschriftfelds steht. Für die Leitwörter ist eine Schriftgröße von 8 bzw. 6 Pt zu wählen. Die zugehörigen Angaben sind in der Schriftgröße des Briefes darunter zu schreiben.

Die Kommunikationszeile wird rechts neben das Anschriftfeld gesetzt, sie beginnt 125 mm von der linken Blattkante entfernt. Typische Angaben sind „Telefax“ und „E-Mail“, sie stehen in Flucht mit dem dritten Leitwort der Bezugszeichenzeile.

Die Leitwörter der Kommunikationszeile sind so zu setzen, dass die zugehörigen Angaben schreibzeilengerecht in Höhe der letzten Zeile des Feldes für die Anschrift des Empfängers geschrieben werden können. Bei Verwendung der Tabellenfunktion bietet es sich an, die vertikale Ausrichtung in der Tabellenzelle „unten“ zu wählen.

Siehe auch Lehrer\Präsentationen**Bestandteile des Geschäftsbriefs, Geschäftsbrief, Aufschrift** und **Auslandsanschrift** auf der Begleit-CD.

5.5 Geschäftsbrief

Vorlage für den Geschäftsbrief DIN 5008
(Form A mit Bezugszeichenzeile und Kommunikationszeile)

Aufgabe 17B:

Erstellen Sie mithilfe der Tabellenfunktion eine Vorlage für einen Geschäftsbrief (Form A mit Bezugszeichen- und Kommunikationszeile) nach der Skizze.

Verwenden Sie die Schriftart Arial, 11 Pt, und für die Leitwörter Arial, 8 Pt.

Speichern Sie die Vorlage unter GESCHÄFTSBRIEF-2.

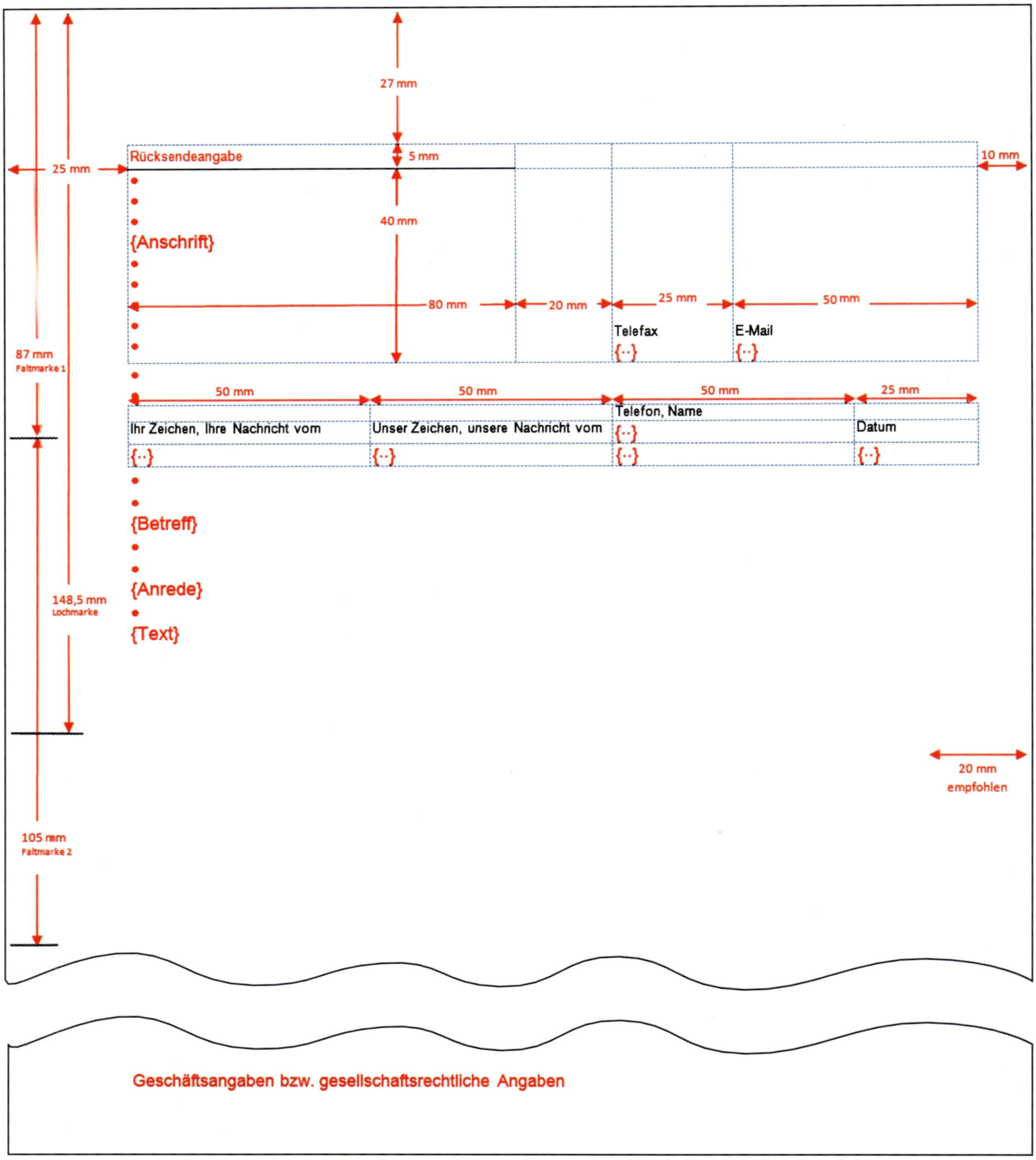

Abbildung 3

5.5 Geschäftsbrief

Public Relations, Corporate Identity, Corporate Design, Logo

- **Public Relations (PR)**

  Unter Public Relations (Öffentlichkeitsarbeit) ist die Darstellung einer Organisation (Unternehmen, Behörde) in der Öffentlichkeit, z. B. in der Werbung, zu verstehen. Hierzu gehört u. a. das Firmendesign (Corporate Design).

- **Corporate Identity (CI)**

  Die Philosophie, der Charakter und das Wertesystem bestimmen die Identität einer Organisation, z. B. bei Unternehmen, Vereinen, Schulen. Mit der Identität soll ermöglicht werden, dass sich Mitarbeiterinnen und Mitarbeiter mit ihrem Unternehmen, Vereinsmitglieder mit ihrem Verein und Schüler mit ihrer Schule identifizieren und dadurch gemeinsam gesteckte Ziele erreicht werden.

  Ein weiteres Ziel des Corporate Identity bei Firmen ist es, bei Kunden Kaufimpulse auf emotioneller Basis auszulösen.

- **Corporate Design (CD)**

  Im Unternehmens-Erscheinungsbild (Corporate Design) werden Elemente für das gesamte Erscheinungsbild nach außen und nach innen festgelegt. Hier werden

  die Firmenfarben,
  die Hausschrift (Schriftfarbe, Schriftart und Schriftstil)
  und weitere Gestaltungselemente

  bestimmt.

  Anwendungen für das Corporate Design sind das Logo, das Layout des Briefpapiers, des Geschäftsberichts, der Firmenbroschüre, der Homepage usw.

  Durch einprägsame, auf die Organisation abgestimmte Gestaltung soll ein positives Bild (Image) in der Öffentlichkeit erreicht werden.

- **Logo**

  Der Begriff „Logo" ist eine Abkürzung von „Logotype". Als Logotype bezeichneten früher die Buchdrucker Buchstabenkombinationen, die sich ständig wiederholen. So lohnte es sich, sie zusammen als einzelne Type zu gießen. Beispiele sind die Nachsilbe „ung" oder die Vorsilbe „ent".

  Logos können sein:
  - stilisierte Firmennamen oder Initialen des Namens,
  - Embleme, die aufgrund des Namens entstanden sind
  - oder Grafiken, die nichts mit dem Namen zu tun haben.

  Das Logo soll originell, unverwechselbar und einfach gestaltet sein und durchgängig auf allen Veröffentlichungen, Werbematerialien, Gebäuden, Fahrzeugen usw. dargestellt werden.

  Farbe und Design des Signets werden den angestrebten Organisationszielen angepasst und sollen Werte, wie z. B. Seriosität, widerspiegeln.

5.5 Geschäftsbrief

Von der Vorlage zum Geschäftsbrief

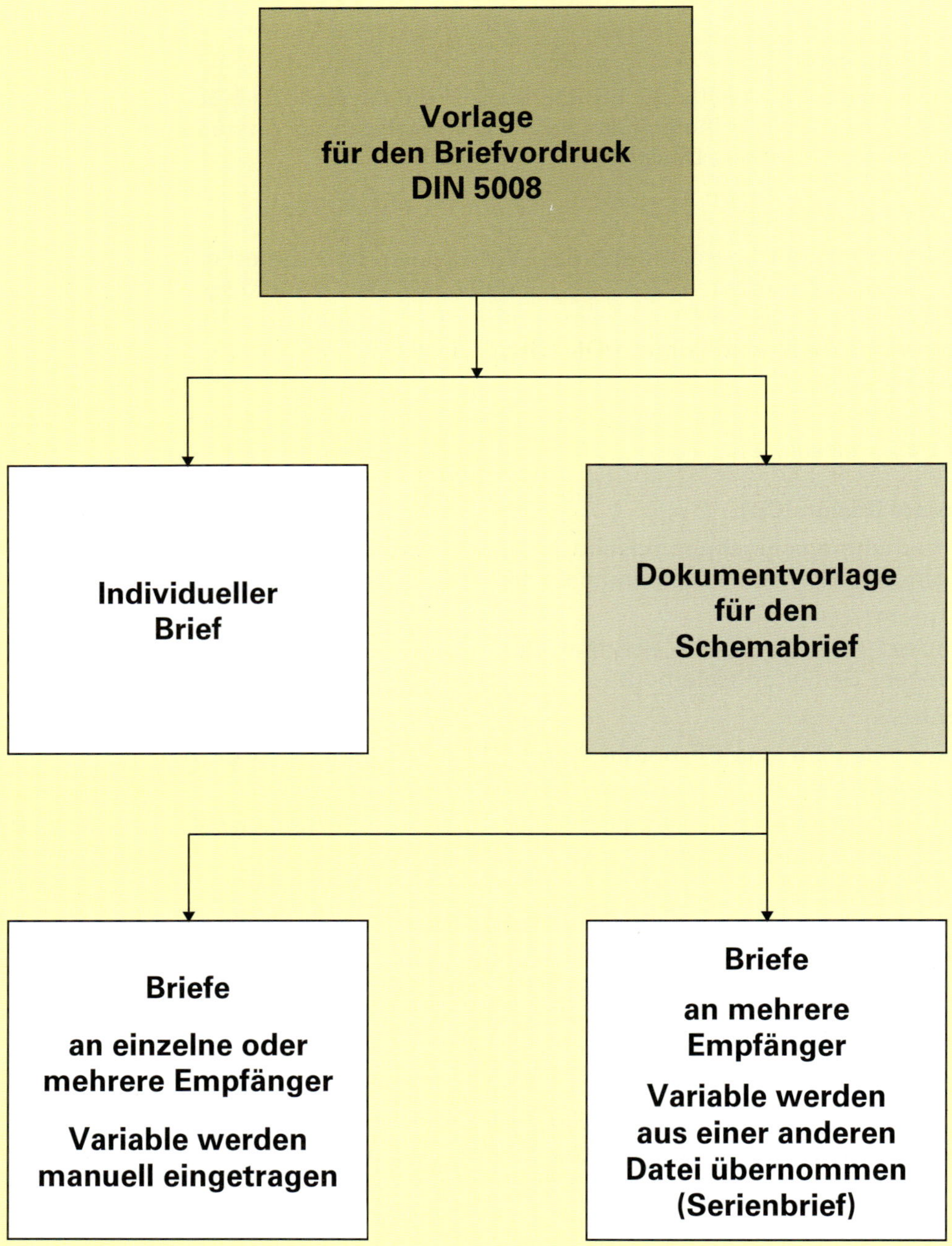

- Mithilfe der Vorlage für den Briefvordruck DIN 5008 können individuelle Briefe an einzelne Empfänger erstellt werden.
- Wenn mehrere Empfänger angeschrieben werden oder sich ein Geschäftsvorgang häufig wiederholt, wird mithilfe der Vorlage für den Geschäftsbrief eine **Dokumentvorlage für einen Schemabrief** erstellt.
- Mithilfe der Dokumentvorlage für den Schemabrief können einzelne oder mehrere Empfänger angeschrieben werden. Wird derselbe Personenkreis häufig angeschrieben, lohnt sich der Einsatz der **Serienbrieffunktion** (siehe Seiten 121 ff.).

Siehe auch PowerPoint-Präsentation **Schemabrief** auf der Begleit-CD.

5.5 Geschäftsbrief

Aufgabe 18:

Erstellen Sie einen Briefvordruck für den Schulverein „Gilde" nach folgenden Angaben und unten stehendem Beispiel:

Die Gilde ist ein Förderverein für die Höhere Berufsfachschule Fulda. In diesem Verein haben sich ehemalige Schülerinnen und Schüler zusammengefunden, mit dem Ziel, die Schule bei der Erfüllung von kleineren oder größeren Sonderwünschen finanziell zu unterstützen.

Darüber hinaus bietet die Gilde immer wieder Veranstaltungen zu verschiedenen Themengebieten für ihre Mitglieder und die Schülerinnen und Schüler an.

- Verwenden Sie als Grundlage die Vorlage **GESCHÄFTSBRIEF-1** (Begleit-CD).
- Gestalten Sie einen passenden Briefkopf, Beispiel siehe unten.
- Fügen Sie als Logo ein passendes Clipart ein.
  Das für die unten abgebildete Vorlage verwendete Beispiel finden Sie auf der Begleit-CD.
- Speichern Sie die Vorlage unter **DOKVORLAGEGILDE**.

Schulverein
für ehemalige Schülerinnen und Schüler
der Höheren Berufsfachschule Fulda

Gilde

Gilde □ Fuggerstraße 7 □ 90762 Fulda

*

Ihr Zeichen: *
Ihre Nachricht vom: *
Unser Zeichen: *
Unsere Nachricht vom: *

Name: *
Telefon: 0661 2355
Telefax: 0661 2346
E-Mail: gilde-f@z-web.de

Datum: *

*

*

Bankverbindung: Volksbank Fulda
Konto-Nr. 123 456 000
BLZ 530 601 80
IBAN DE88 5306 0180 0123 4560 00
BIC GENODE51FUL

Öffnungszeiten der Geschäftsstelle:
Montag – Freitag 08:00 – 12:00 Uhr
13:00 – 16:00 Uhr

5.5 Geschäftsbrief

Aufgabe 19:

Erproben Sie Ihre Vorlage DOKVORLAGEGILDE mithilfe des nachstehenden Briefes.

Speichern Sie unter BRIEF-19.

Schulverein
für ehemalige Schülerinnen und Schüler
der Höheren Berufsfachschule Fulda

Gilde □ Fuggerstraße 7 □ 90762 Fulda

Frau
Maria Granello
Linus-Torvald-Straße 15
90762 Fulda

Ihr Zeichen:
Ihre Nachricht vom:
Unser Zeichen: e-f
Unsere Nachricht vom:

Name: Egelhoff
Telefon: 0661 2355
Telefax: 0661 2346
E-Mail: gilde-f@z-web.de

Datum: *(heutiges)*

Vortragsreihe
Kommunikations- und Informationstechniken

Sehr geehrte Frau Granello,

vor nicht allzu langer Zeit waren Sie Schülerin der Höheren Berufsfachschule in Fulda. Sicher ist Ihnen deshalb die „Gilde" als Schulverein für ehemalige Schülerinnen und Schüler der Höheren Berufsfachschule Fulda ein Begriff.

Wie wir gehört haben, sind Sie freiberuflich als Dozentin für Informations- und Kommunikationstechniken tätig.

Die „Gilde" möchte ihren Mitgliedern eine Vortragsreihe über die neuen Informations- und Kommunikationstechniken anbieten. Als Auftaktveranstaltung ist ein halbtägiges Seminar über

Facebook – Möglichkeiten und Risiken

geplant.

Das Seminar soll einerseits über die Möglichkeiten, die ein soziales Netzwerk wie Facebook bietet, informieren, aber auch die Risiken aufzeigen, die durch die Nutzung entstehen können. Besonders soll darauf eingegangen werden, wie diese Risiken reduziert werden können.

Wäre es Ihnen möglich, dieses Thema zu behandeln? Ein modern ausgestatteter PC-Unterrichtsraum in einer Schule in Fulda stünde zur Verfügung.

Bitte nehmen Sie in den nächsten Tagen telefonisch Kontakt mit uns auf.

Mit freundlichen Grüßen

Gilde – Schulverein für ehemalige Schülerinnen
und Schüler der Höheren Berufsfachschule Fulda

Egelhoff

Bankverbindung: Volksbank Fulda
Konto-Nr. 123 456 000
BLZ 530 601 80
IBAN DE88 5306 0180 0123 4560 00
BIC GENODE51FUL

Öffnungszeiten der Geschäftsstelle:
Montag – Freitag 08:00 – 12:00 Uhr
13:00 – 16:00 Uhr

5.5 Geschäftsbrief

Aufgabe 20:

Erstellen Sie mithilfe der Vorlage DOKVORLAGEBIT-TIPP (Begleit-CD) den unten stehenden Geschäftsbrief.

Speichern Sie unter BRIEF-20.

BIT-TIPP

Bit-Tipp □ Konrad-Zuse-Str. 1 □ 28327 Bremen

Herrn
Heiko Müller
Franz-von-Meyer-Str. 7
86161 Augsburg

Ihr Zeichen:	
Ihre Nachricht vom:	
Unser Zeichen:	s-r
Unsere Nachricht vom:	
Name:	Frau Reinhardt
Telefon:	0421 234-10
Telefax:	0421 234-15
E-Mail:	dr.seibold@dv-web.com
Internet:	www.bit-tipp.de
Datum:	*(heutiges Datum)*

Souverän unterwegs mit dem Smartphone

Sehr geehrter Herr Müller,

meist ist es nicht der Wunsch, immer und überall erreichbar zu sein, sondern die Notwendigkeit, auch unterwegs über mobile Netze schnellen, einfachen Zugriff auf wichtige Informationen zu haben.

Schon vor dem Kauf eines Smartphones müssen viele Fragen beantwortet werden, Fragen nach dem Betriebssystem, der Größe und Auflösung des Touchscreens, der Akkulaufzeit, der Größe des internen Speichers. Nach dem Kauf stellt sich die Frage, wie richten Sie Ihr Smartphone so ein, dass es auf Ihre persönlichen Bedürfnisse zugeschnitten ist?

Wenn Sie sich laufend umfassend auf dem Gebiet der mobilen Kommunikation informieren wollen, ist es ein Muss, die **SMARTPHONE-PRAXIS** kennenzulernen.

Im aktuellen Heft der **SMARTPHONE-PRAXIS** legen die Autoren den Schwerpunkt auf die Zusatzfunktionen, die Apps, die Ihr Gerät zu Ihrem persönlichen Assistenten machen.

Für häufig gebrauchte Anwendungen werden verschiedene Apps beurteilt und Hinweise für die Installation gegeben, u. a. werden Apps vorgestellt für

die Wettervorhersage,
die Fahrpläne der Bundesbahn und der Verkehrsverbünde,
die Routenplanung,
den Virenschutz.

Fordern Sie heute noch ein kostenloses Exemplar der SMARTPHONE-PRAXIS an. So können Sie die Zeitschrift unverbindlich testen und feststellen, dass diese monatlich erscheinende Zeitschrift unabhängig und gründlich informiert.

Mit freundlichem Gruß

Verlag Bit-Tipp

Dr. Seibold

1 Anlage

5.5 Geschäftsbrief

Aufgabe 21:

Öffnen Sie die Vorlage GESCHÄFTSBRIEF-1 (Begleit-CD). Erfassen und gestalten Sie nachstehenden Geschäftsbrief. Vergessen Sie nicht, im Brieftext Absätze einzufügen.

Speichern Sie unter BRIEF-21.

Absender:	COMPUNETWARE, Postfach 22 50, 47440 Mönchengladbach
Anschrift:	HAUEISEN Kommunikations-Industrie AG Möhringer Straße 5, 70351 Stuttgart
Unser Zeichen:	h-b
Name:	Jutta Bertram
Telefon:	02161 876-56
E-Mail:	compunetware@g-web.de
Datum:	15. März 201.
Betreff:	Fachtagung für Organisationssachbearbeiterinnen und Organisationssachbearbeiter
Anrede:	Sehr geehrter Herr König,
Einrückung:	„Lokales Netzwerk NOVELL“
Briefschluss:	COMPUNETWARE Kommunikations- und Informationssysteme
Unterschrift	Hilsenbeck

Text:

Ich komme nun doch auf unser Telefongespräch vom 12. März zurück. Durch eine Terminänderung ist es mir möglich geworden, an Ihrer Fachtagung für Organisationssachbearbeiterinnen und Organisationssachbearbeiter teilzunehmen. Wenn es in Ihre Terminplanung hineinpasst, könnte ich am Nachmittag des 15. Mai einen zweistündigen Vortrag über „Lokales Netzwerk NOVELL“ halten. Da ich mich für längere Zeit im Ausland befinde, bitte ich Sie, alles Nähere mit meiner Mitarbeiterin, Frau Bertram, abzusprechen. Mit freundlichen Gruß

Aufgabe 22:

Sie sind bei HAUEISEN Kommunikations-Industrie AG, Möhringer Straße 5, 70351 Stuttgart, als Bürokauffrau/Bürokaufmann tätig. Sie sind unter der Telefonnummer 0711 214-123, der Telefaxnummer 0711 214-124 bzw. unter der E-Mail-Adresse haueisen@az-web.de zu erreichen.

Zurzeit bereiten Sie eine Fachtagung für Organisationssachbearbeiter/innen aus Baden-Württemberg vor. Die Tagung soll im Waldhotel Stuttgart durchgeführt werden.

Erfassen und gestalten Sie mithilfe der Vorlage GESCHÄFTSBRIEF-1 (Begleit-CD) ein Schreiben an das Waldhotel Stuttgart, Waldstraße 1, 70597 Stuttgart, unter dem Datum vom 15. März d. J. Der Brief wird vom Prokuristen, Herrn König (Diktatzeichen kö), unterschrieben.

Formulieren Sie den Betreff und die Anrede. Wählen Sie eine geeignete Grußformel.
Speichern Sie unter BRIEF-22.

Text:

wir beabsichtigen, am 15. und 16. Mai d. J. in Ihrem Hause eine Fachtagung für Organisationssachbearbeiterinnen und Organisationssachbearbeiter aus Baden-Württemberg durchzuführen. Für unsere Referenten und Gäste benötigen wir 35 Einzelzimmer mit WC und Bad bzw. Dusche und 1 Vortragssaal für ca. 50 Personen. Die Anreise der Gäste erfolgt am 15. Mai bis etwa 10 Uhr, die Abreise am 16. Mai gegen 17 Uhr. Bitte teilen Sie uns möglichst bald mit, ob die Veranstaltung in Ihrem Hause durchgeführt werden kann, und unterbreiten Sie uns einen Kostenvoranschlag für Verpflegung und Übernachtung sowie Menüvorschläge für das Mittagessen.

5.5 Geschäftsbrief

Aufgabe 23:

Sie sind Frau/Herr Renner, Außendienstmitarbeiterin/Außendienstmitarbeiter bei Ebershalder GmbH, Felix-Hutt-Straße 15, 04249 Leipzig. Sie sind unter der Telefonnummer 0341 6655-43 bzw. unter der E-Mail-Adresse renner.ebershalder@ab-web.de zu erreichen.

Herr Fritz Engel, Ihr langjähriger Geschäftspartner bei der Siemens AG, Postfach 10 20 33, 13629 Berlin, feiert sein 25-jähriges Berufsjubiläum.

Gestalten Sie mithilfe der Vorlage GESCHÄFTSBRIEF-1 (Begleit-CD) ein Schreiben (heutiges Datum) mit nachstehendem Inhalt.

Formulieren Sie den Betreff und die Anrede. Wählen Sie eine geeignete Grußformel.

Speichern Sie unter BRIEF-23.

Text:

heute ist ein besonderer Tag für Sie. Sie begehen Ihr 25-jähriges Berufsjubiläum. Nehmen Sie bitte meine herzlichen Glückwünsche für diesen in der heutigen, schnelllebigen und unbeständigen Zeit selten gewordenen Ehrentag entgegen. Ein Vierteljahrhundert haben Sie Ihrem Arbeitgeber die Treue gehalten. Manches berufliche und private Auf und Ab musste von Ihnen - vor allem in letzter Zeit - bewältigt werden. Auch die Zusammenarbeit mit uns mag nicht immer leicht gewesen sein. Umso mehr möchten wir deshalb heute nicht nur gratulieren, sondern Ihnen auch für die aufgeschlossene Zusammenarbeit danken. Gerne erinnern wir uns der vielen, vertrauensvollen Gespräche mit Ihnen, die oft nicht nur vom Tagesgeschäft bestimmt waren. Wir wünschen Ihnen alles Gute für Ihr weiteres Wirken und für Ihr persönliches Wohlergehen, vor allem Gesundheit und das Körnchen Glück, ohne das auch der Tüchtigste nicht auskommt.

Aufgabe 24:

Sie sind Bürokauffrau/Bürokaufmann bei der Firma Ferienboot-Charter Klein in 77694 Kehl, Pappelallee 135. Sie sind unter der Telefonnummer 07851 6678, der Telefaxnummer 07851 6679 und der E-Mail-Adresse ferienboot@cd-web.de zu erreichen.

Gestalten Sie mithilfe der Vorlage GESCHÄFTSBRIEF-1 (Begleit-CD) ein Schreiben (heutiges Datum) an Herrn Dr. Wilhelm Walz, Linusstraße 20, 99085 Erfurt, mit nachstehendem Inhalt.

Formulieren Sie den Betreff und die Anrede. Gestalten Sie den Briefschluss und den Anlagenvermerk. Der Brief wird von Ihnen unterschrieben.

Speichern Sie unter BRIEF-24.

Text:

besten Dank für Ihren telefonischen Auftrag. Wir freuen uns, Ihnen mitteilen zu können, dass unser Vertragspartner Ihre Buchung Ferienboot „Marina" bestätigt hat. Wir danken Ihnen für das Vertrauen und versichern Ihnen, dass wir alles tun werden, damit Ihre Ferien ein voller Erfolg werden. Vereinbarungsgemäß erhalten Sie mit gleicher Post unsere Rechnung für die Anzahlung in Höhe von 50 % des Gesamtbetrags. Bitte zahlen Sie innerhalb einer Woche möglichst mit Verrechnungsscheck, damit wir Ihre Zahlung an unseren Vertragspartner in Frankreich weiterleiten können. Wir hoffen und wünschen, dass Sie zu Lande und zu Wasser frohe Ferientage erleben, und verbleiben

5.5 Geschäftsbrief

Aufgabe 25:

Öffnen Sie die Datei BRIEF-25 von der Begleit-CD. Führen Sie folgende Änderungen DIN-gerecht durch, speichern Sie unter BRIEF-25A.

Fügen Sie bei Ihr Zeichen, Ihre Nachricht vom ein:	s-t 201.-03-15
Fügen Sie bei Telefon ein:	0711 214-2233
Ändern Sie den Betreff wie folgt:	**Workshop „Textverarbeitung" am 2. und 3. Juli d. J.**
Stellen Sie in Fettschrift dar:	**Jutta Böhme**
Nummerieren Sie:	Seitenumbruch Textbausteine Formatvorlagen Serienbrieferstellung
Fügen Sie den Briefschluss ein:	HAUEISEN Kommunikations-Industrie AG i. A. Lutz

Aufgabe 26:

Öffnen Sie die Datei BRIEF-26 von der Begleit-CD. Führen Sie folgende Änderungen DIN-gerecht durch, speichern Sie unter BRIEF-26A.

Fügen Sie als Betreff ein:	**Software-Schulungskurse**
Fügen Sie in der Tabelle folgende Spaltenüberschriften ein:	**Software-Produkt** **Kursdauer** **Kosten in € je Teilnehmer**
Ergänzen Sie die Tabelle:	Access 5 Tage 700 €
Ändern Sie die Einrückung wie folgt:	Frau Andres, Telefon-Durchwahl 214-224
Ändern Sie den Briefschluss wie folgt:	i. V. Herzog

Aufgabe 27:

Öffnen Sie die Vorlage GESCHÄFTSBRIEF-2 (Begleit-CD). Fügen Sie die Datei BRIEF-27 von der Begleit-CD ein. Ergänzen Sie den Brief wie folgt. Speichern Sie unter BRIEF-27A.

Rücksendeangabe:	Möbelhaus Mann & Freundlich Allgäustr. 111, 88211 Ravensburg
Anschrift:	Reisebüro Explorer, Hauptstr. 10, 71220 Irgendingen
Telefax:	0751 234-168
E-Mail:	mmf@stutt-web.de
Unser Zeichen:	a-b
Telefon:	0751 234-167
Name:	Frau Braun
Datum:	1. April 201.
Betreff:	**Angebote für Betriebsausflug**
Briefschluss:	Mit freundlichen Grüßen Möbelhaus Mann & Freundlich Personalabteilung i. A. Anton

5.5 Geschäftsbrief

Aufgabe 28:

Öffnen Sie die Vorlage GESCHÄFTSBRIEF-1 (Begleit-CD). Erfassen und gestalten Sie eine Dokumentvorlage für einen Schemabrief. Setzen Sie anstelle der Sternchen einen Stoppcode (Ansprungspunkt) für die Variablen.

Speichern Sie unter BRIEFVORLAGE-28.

Absender:	Jugendtreff Brackenheim, Heussstr. 1, 71121 Brackenheim
Unser Zeichen:	m-m
Name:	Michaela Maier
Telefon:	07154 22394
E-Mail:	jugendtreff-brack@t-online.de
Datum:	6. Juni 201.
Betreff:	Internationales Sommercamp in den Gorges du Rebenty
Anrede:	Liebe*,
Einrückung:	am Samstag, 30. Juli, um * Uhr in *
Briefschluss:	Mit herzlichen Grüßen
Unterschrift:	Michaela Maier
Anlagen:	Teilnehmerliste Liste über Ausrüstungsgegenstände

Text:

in etwa sechs Wochen starten wir zum diesjährigen Sommercamp in Südfrankreich. Alle geplanten Projekte haben wir in den Vorbereitungstreffen besprochen, die erforderlichen Ausrüstungsgegenstände sind auf beiliegender Liste aufgeführt. Wir werden um 21:15 Uhr in Karlsruhe den Nachtzug nach Perpignan besteigen. Da es um diese Zeit keine brauchbare Verbindung zum Karlsruher Bahnhof gibt, werden wir in einem Kleinbus der Firma Groß nach Karlsruhe fahren. Wir werden alle Orte anfahren und die Teilnehmer an einem zentralen Platz „einsammeln". Der Bus hält am Samstag, 30. Juli, um * Uhr in *. Am nächsten Tag werden wir gegen 11 Uhr in Perpignan eintreffen und dort von unserem Reiseführer - Paul Duvernois - abgeholt. Er wird uns während unseres Aufenthalts in Gorges du Rebenty mit Rat und Tat zur Seite stehen. Ich freue mich auf unsere gemeinsame Zeit!

Aufgabe 29:

Erstellen Sie mithilfe der Dokumentvorlage BRIEFVORLAGE-28 folgende Briefe:

Erik Zauner, Hauptstraße 11, 74226 Nordheim, 15:40 Uhr Nordheim am Rathaus Dateiname **BRIEF-29A**	Isabell Reiser, Hausener Str. 6, 71121 Brackenheim, 15:50 Uhr Brackenheim am Rathaus Dateiname **BRIEF-29B**

- **Dokumentvorlagen für Schemabriefe** bestehen aus einem **konstanten Text** und den **Stoppcodes** (Ansprungspunkten) für die **Variablen** (individuelle Einfügungen). Variable beim Brief sind z. B. die Angaben der Anschrift, das Briefdatum und die Briefanrede.
- Bei Bedarf wird die Dokumentvorlage aufgerufen; die Stoppcodes werden mithilfe eines Befehles angesprungen und durch die Variablen ersetzt.

5.5 Geschäftsbrief

Aufgabe 30:

Sie sind Mitarbeiter/in der Personalabteilung der DAIMLER AG.

Öffnen Sie die Vorlage GESCHÄFTSBRIEF-1 (Begleit-CD). Erfassen und gestalten Sie eine Dokumentvorlage für einen Schemabrief. Setzen Sie anstelle der Sternchen einen Stoppcode (Ansprungspunkt) für die Variablen.

Speichern Sie die Dokumentvorlage unter BRIEFVORLAGE-30.

Rücksendeangabe:	DAIMLER AG, Postfach 12, 70500 Stuttgart
Ihre Nachricht vom:	*
Unser Zeichen:	bu-ma
Name:	Frau Magold
Telefon:	0711 86-1256
Telefax:	0711 86-1257
E-Mail:	burger.daimler@fg-web.com
Datum:	1. Okt. 201.
Betreff:	Ihre Bewerbung um einen Ausbildungsplatz als *
Anrede:	Sehr geehrte*,
Einrückung:	Datum des Eignungstests
In Fettdruck:	Stuttgart-Bad Cannstatt, Hallschlag 65, 2. Stock, Zimmer 411.
Briefschluss:	DAIMLER AKTIENGESELLSCHAFT Niederlassung Stuttgart
Unterschrift:	i. V. Burger
Anlage:	1 Personalbogen

Text:

vielen Dank für Ihre Bewerbung. Wir freuen uns über Ihr Interesse an einer Ausbildung bei der DAIMLER AG. Wir laden Sie zu dem in unserem Hause üblichen unverbindlichen Eignungstest am * ein. Bitte kommen Sie um 08:30 Uhr in den Schulungsraum unseres Betriebes in Stuttgart-Bad Cannstatt, Hallschlag 65, 2. Stock, Zimmer 411. Für den Test benötigen Sie lediglich Ihr Schreibzeug. In der Pause bieten wir Ihnen Getränke und ein Vesper an. Nach dem Test wollen wir uns mit Ihnen unterhalten. Deshalb sollten Sie sich den ganzen Tag freihalten. Bitte bringen Sie eine Kopie Ihres Zeugnisses der mittleren Reife und den beigefügten Personalbogen ausgefüllt und unterschrieben mit. Wir halten es für unsere Pflicht, Sie schon heute darüber zu informieren, dass uns sehr viele Bewerbungen vorliegen. Deshalb raten wir Ihnen dringend, auch andere Ausbildungsmöglichkeiten in Ihre Überlegungen mit einzubeziehen.
Mit freundlichen Grüßen

Aufgabe 31:

Erstellen Sie mithilfe der Dokumentvorlage BRIEFVORLAGE-30 Einladungen an folgende Bewerberinnen und Bewerber:

Vor- und Zuname	Straße und Hausnummer	PLZ und Ortsname	Bewerbung um Ausbildungsplatz als	Datum des Eignungstestes
Maria Papadopoulos	Konrad-Zuse-Weg 6	70235 Stuttgart	Industriekauffrau vom 15. Sept. 201.	Mittwoch, 14. Okt. 201.
Ilona Macrovic	In den Gärten 16	01069 Dresden	Bürokauffrau vom 23. Sept. 201.	Mittwoch, 21. Okt. 201.
Werner Spohn	Pfarrer-Petri-Str. 15	27568 Bremerhaven	Industriekaufmann vom 26. Sept. 201.	Mittwoch, 14. Okt. 201.

Speichern Sie unter BRIEF-31A, BRIEF-31B und BRIEF-31C.

5.5 Geschäftsbrief

❑ Geschäftsbrief mit Fortsetzungsblatt

Wenn der Text eines Briefes einschließlich des Briefschlusses nicht auf eine Seite passt, sind mindestens zwei Zeilen des Textes auf die neue Seite zu übernehmen.

Für die Seitennummerierung ist folgendes zu beachten:

- Die Seitennummerierung kann in der Kopf- oder Fußzeile untergebracht werden.
- Wird ein Fortsetzungsblatt mit Briefkopf verwendet, wird unter dem Briefkopf eine Leerzeile eingefügt, darunter steht zentriert die Seitennummer „– 2 –“. Danach folgt wieder eine Leerzeile.
- Wird ein neutrales Fortsetzungsblatt verwendet, soll von der Oberkante des Blattes bis zur Seitennummer ein Abstand von ca. vier Leerzeilen eingehalten werden.
- Die erste Seite erhält keine Seitenzahl, jedoch in der Fußzeile durch „...“ einen Hinweis auf Folgeseiten. Die Seite 2 erhält in der Kopfzeile die Seitennummer „– 2 –“ usw. (siehe Beispiel 1).
- Alternativ können die Seitennummern auch mit „Seite ... von ...“, beginnend bei Seite 1, gekennzeichnet werden. Diese Seitennummerierung sollte vorzugsweise rechtsbündig in der Fußzeile untergebracht werden (siehe Beispiel 2).

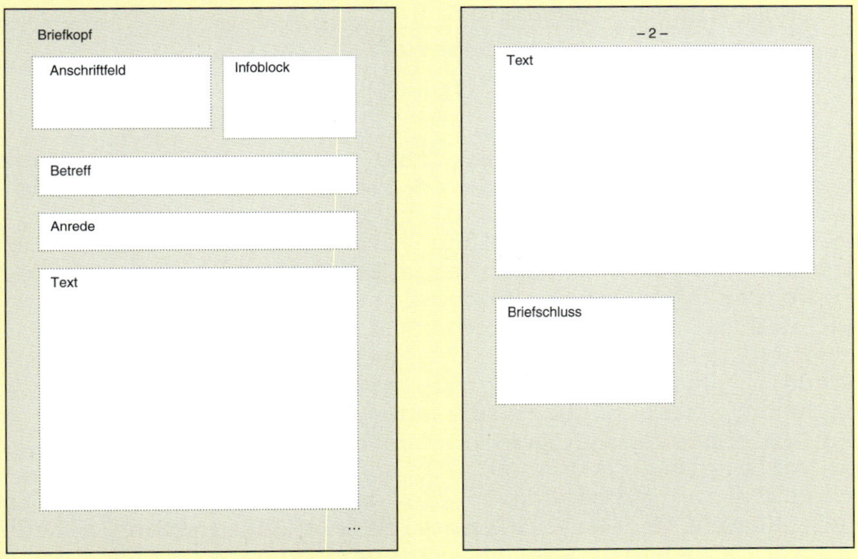

Beispiel 1

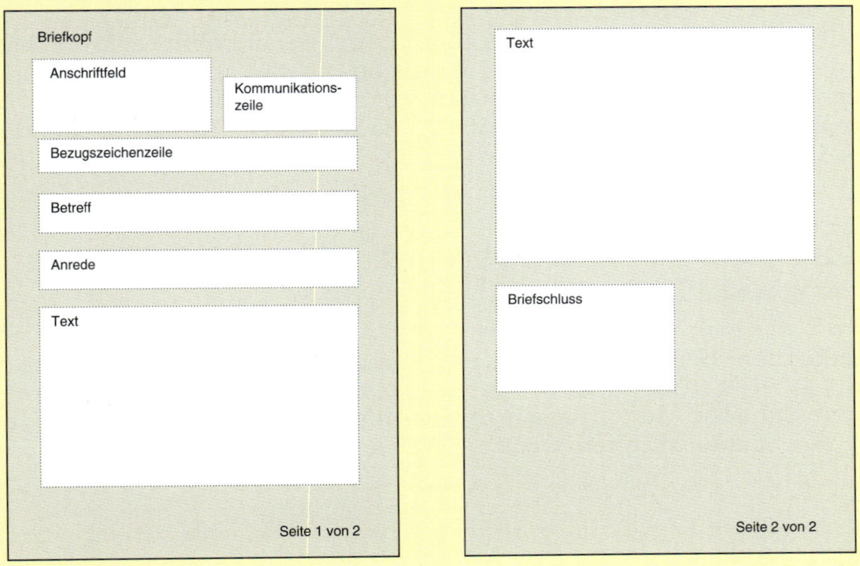

Beispiel 2

Siehe auch Lehrer\Handreichungen**Erstellung einer Vorlage für den mehrseitigen Geschäftsbrief** und **VorlageFürMehrseitigenGeschäftsbrief** auf der Begleit-CD.

5.5 Geschäftsbrief

Aufgabe 32:

Öffnen Sie die Vorlage BRIEFVORLAGE-32 von der Begleit-CD. Erfassen und gestalten Sie eine Dokumentvorlage für einen 2-seitigen Schemabrief. Setzen Sie anstelle der Sternchen einen Stoppcode (Ansprungspunkt) für die Variablen. Führen Sie die Seitennummerierung durch.

Speichern Sie die Dokumentvorlage unter BRIEFVORLAGE-32A.

Absender:	KANUTOURS, 74249 Jagsthausen, Hauptstr. 10
Unser Zeichen:	pe
Datum:	*
Name:	Frau Peters
Betreff:	Kanu-Wanderfahrt
Anrede:	Sehr geehrte*,
Einrückung:	- sich besser kennen lernen - lernen, sich gegenseitig zu helfen - und motiviert werden, gemeinsam zu handeln
Als 2-spaltige Tabelle gestalten:	Angaben über Streckenvorschläge
Briefschluss:	KANUTOURS
Unterschrift:	i. A. Peters
Anlagen:	Informationsmaterial

Text:

Ihre Nachricht auf unserem Anrufbeantworter lässt darauf schließen, dass Sie einen Schulwandertag, eine Projektwoche oder ein Freizeitwochenende mit Ihrer Klasse planen. Wir haben festgestellt, dass die Erwartungshaltung der Jugendlichen an außerunterrichtliche Veranstaltungen immens ist. Eine Kanu-Wanderfahrt ist sicher ein besonderes Erlebnis für die Jugendlichen. Sie ist preiswerter und abwechslungsreicher als manche Reise in die nächste Großstadt und hat den Vorteil, dass die Teilnehmer sich besser kennen lernen, lernen, sich gegenseitig zu helfen und motiviert werden, gemeinsam zu handeln. Unser Kanu-Programm mit Fahrtenvorschlägen und Tipps für die Durchführung wurde mit der Absicht erstellt, den Lehrern und Betreuern die Tür für erlebnisreiche Tage aufzustoßen. Es soll zeigen, dass die Durchführung und Vorbereitung klar und einfach ist und dass die Kosten niedrig bleiben. Etwas zum Fluss Jagst, auf dem die Fahrten stattfinden: Viele historische Städte und Kulturdenkmäler wie Jagsthausen mit der Götzenburg, Möckmühl und Neudenau sowie das Kloster Schöntal liegen an der Jagst. Die Jagst bietet die vielfältigsten Möglichkeiten der Freizeit- und Aktivurlaubsgestaltung. Mit dem Kanu eine Jagsttour zu unternehmen bedeutet, gemeinsam mit der Gruppe eine Herausforderung zu meistern, nämlich in freier Natur mit dem Fluss zu leben, auch das Erleben von vergangener deutscher Kultur in den romantischen Jagststädten. Wir können Ihnen folgende Streckenvorschläge mit Preisangaben machen:

Strecke	Leihgebühr
Tagestour von Möckmühl nach Neudenau mit 4 Stunden Paddelzeit	14,00 €
Halbtagestour von Möckmühl nach Siglingen mit 2 Stunden Paddelzeit	9,00 €

Übernachtungsmöglichkeiten bestehen auf einer Camping-Wiese in der Nähe eines Freibades oder in der Jugendherberge Heilbronn. Wir würden uns sehr freuen, wenn Sie Ihre Schüler für diese Form eines Gemeinschaftserlebnisses begeistern könnten! Mit freundlichem Gruß

Aufgabe 33:

Erstellen Sie mithilfe der Dokumentvorlage BRIEFVORLAGE-32A ein Schreiben an Frau Lisa Mantello, In den Hasenäckern 19, 70599 Stuttgart. Speichern Sie unter BRIEF-33.

5.6 Geschäftsbrief – Textformulierung

Aufgabe 34:

Sie sind Sekretärin der Firma Kögler KG, Büroorganisation, 70588 Stuttgart, Kleinstr. 55, Telefon 0711 217-216, Telefax 0711 217-2, E-Mail koegler@zweb.de.

Ihr Chef, Herr M. Kögler, Diktatzeichen *kö*, beauftragt Sie, eine Fachtagung für Organisationssachbearbeiter(innen) über Telekommunikation vorzubereiten.

Eine Vorankündigung der Veranstaltung ging 50 Interessenten bereits zu (siehe Schreiben vom 15. August auf der nächsten Seite im Lehrbuch).

Sie haben im Hotel Schönwald vorsorglich Zimmer und einen Vortragssaal reservieren lassen.

Das Hotel Schönwald liegt in der Nähe des Fernsehturms in Stuttgart-Degerloch. Anfahrt mit dem Auto: Autobahn Stuttgart – München: Autobahnausfahrt Stuttgart-Degerloch. Anfahrt mit öffentlichen Verkehrsmitteln: ab Stuttgart-Hbf mit der Stadtbahnlinie 15, Haltestelle Fernsehturm, Fahrtzeit ca. 20 Minuten. Von der Stadtbahnhaltestelle sind es zu Fuß etwa 10 Minuten Gehzeit bis zum Hotel.

Für den Abend des 15. Oktober ist eine zweistündige Stadtrundfahrt mit dem Omnibus vorgesehen, die am Fernsehturm endet, anschließend Abendessen im Turmrestaurant.

Sie sollen den Interessenten u. a. mitteilen, dass die Tagungsgebühr und die Kosten für Unterkunft und Verpflegung von der Firma Kögler übernommen werden.

Das Tagungsprogramm, die Anmeldung zur Tagung und ein Lageplan werden beigefügt. Die Interessenten sollen sich im Falle einer Teilnahme bis spätestens 30. September anmelden.

Entwerfen Sie unter dem Datum vom 15. September mithilfe der Vorlage BRIEFVORLAGE-34 (Begleit-CD) eine Dokumentvorlage für einen Schemabrief für das endgültige Einladungsschreiben (Dateiname BRIEFVORLAGE-34A).

Testen Sie Ihre Dokumentvorlage für das Einladungsschreiben mit einem Schreiben an Herrn Karl Braxmeier, Baier-Montagebau, Empfinger Straße 7, 70794 Filderstadt.
Speichern Sie unter BRIEF-34.

Gestalten Sie einen Vordruck für die Anmeldung zur Tagung im Format A5-quer.
Speichern Sie unter ANMELDEVORDRUCK-34.

❑ **Ein Einladungsschreiben für eine Fortbildungsveranstaltung sollte folgende Punkte enthalten:**

- Anlass bzw. Thema der Veranstaltung
- Programmfolge mit Namen der Referenten
  (bei umfangreichem Programm: Hinweis auf Tagungsprogramm)
- Datum sowie Beginn und Ende der Veranstaltung
- Tagungsort
- Hinweise für die Anfahrt mit dem Pkw bzw. mit öffentlichen Verkehrsmitteln
- Höhe der Teilnahmegebühren
- Angaben über Unterkunft und Verpflegung
- Angaben über das Rahmenprogramm (Abendveranstaltung, Stadtführung usw.)
- Anmeldeschluss

❑ **Evtl. sind dem Einladungsschreiben als Anlagen beizufügen:**

- das Tagungsprogramm
- ein Vordruck für die Anmeldung
- ein Lage- bzw. Stadtplan

5.6 Geschäftsbrief – Textformulierung

Zu Aufgabe 34:

Kögler KG ■ Büroorganisation ■ Stuttgart

Kögler KG ■ Büroorganisation ■ Kleinstr. 55 ■ 70588 Stuttgart

Ihr Zeichen:
Ihre Nachricht vom:
Unser Zeichen: kö-al
Unsere Nachricht vom:

Name: Sabine Alz
Telefon: 0711 217-216
Telefax: 0711 217-2
E-Mail: koegler@z-web.de

Datum: 15. August 201.

*

Ohne sie, die Telekommunikation,
und ohne ihn, den Personalcomputer,

sehr geehrte*,

läuft nichts mehr im Betrieb. Damit in Zukunft alles noch besser klappt, sollten Sie über den Technologiefortschritt auf dem Gebiete der Telekommunikation informiert sein.

Wollten Sie nicht schon lange die Vor- und Nachteile verschiedener Internetanbieter wie Alice, O_2, T-Online und Vodafone kennen? Interessieren Sie sich für die Techniken von Internetverbindungen wie DSL,VDSL und SkyDSL?

Wir planen am 15. und 16. Oktober d. J.

eine Fachtagung für Organisationssachbearbeiter/innen

im Hotel Schönwald in Stuttgart, Albstraße 23.

Unsere Referenten, Herr Professor Reinhard, Stuttgart, Herr Dr. Ruhrmann, Düsseldorf, und Herr Dipl.-Volkswirt Dr. Hecht, Friedrichshafen, sind Experten auf dem Gebiet der Telekommunikation.

Gestattet Ihr Terminkalender Ihre Teilnahme? Wir würden uns freuen, Sie am 15. und 16. Oktober begrüßen zu dürfen. Nähere Einzelheiten teilen wir Ihnen sobald wie möglich mit.

Mit freundlichen Grüßen

Kögler KG
Büroorganisation

Markus Kögler

Bankverbindung
Landesbank Baden-Württemberg
Konto-Nr. 123 456 789
BLZ 600 501 01

IBAN DE71 6005 0101 0123 4567 89
BIC SOLADEST600

HRA 4711
Amtsgericht Stuttgart-Bad Cannstatt

5.6 Geschäftsbrief – Textformulierung

Aufgabe 35:

Götz Müller
Oberstudienrat
Isolde-Kurz-Weg 11
72762 Reutlingen

Ihre Zeichen:
Ihre Nachricht vom:

Telefon: 07121 62634
Telefax: 07121 62635
E-Mail: goetz.mueller@alb-net.de

Papierfabrik
W. Schäufele KG
Teckstraße 5
73252 Oberlenningen

Datum: 12. April 201.

Besichtigung möglich am 26. Juni
14:00 Uhr Begrüßung und Filmvorführung
15:00 Uhr Rundgang durch die Firma
16:00 Uhr Imbiss in der Kantine
Abschlussgespräch
Katalog mit Papiermustern beilegen
Schülerzahl erfragen!

15. April 201.
Streicher

Betriebsbesichtigung

Sehr geehrte Damen und Herren,

ich unterrichte das Fach „Bürowirtschaft“ in einer Berufsschulklasse für Büroberufe an der Theodor-Heuss-Schule in Reutlingen.

Die Auszubildenden arbeiten im Betrieb, in der Schule und auch privat häufig mit Ihren Produkten. Es wäre für sie sehr interessant, an Ort und Stelle zu sehen, wie Papier hergestellt wird.

Meine Schüler und ich würden uns deshalb sehr freuen, wenn wir im Rahmen eines Schulausflugs Ihren Betrieb besichtigen dürften.

Als Termin käme jeweils der Mittwoch in der 25., 26. oder 27. Kalenderwoche infrage.

Darf ich Sie bitten, mir bald Bescheid zu geben?

Mit freundlichen Grüßen

Sie sind Kauffrau (Kaufmann) für Bürokommunikation bei der Papierfabrik Schäufele KG in Oberlenningen, Telefon 07026 540-53, Telefax 07026 540-54, E-Mail schäufele@teck-net.de, und sollen das obige Schreiben beantworten. Berücksichtigen Sie dabei die handschriftlichen Bemerkungen des Prokuristen, Herrn Streicher.

Formulieren Sie das Schreiben (Dateiname BRIEF-35).

5.6 Geschäftsbrief – Textformulierung

Aufgabe 36:

Textilversand Holger Holzberg

Textilversand Holger Holzberg, Hauptstraße 100, 89221 Dachau

Laichinger Webwaren
Emil Kratzer
Hauptstraße 15
89150 Laichingen

Ihr Zeichen: ab-bi
Ihre Nachricht vom: 5. März 201.
Unser Zeichen: ho-kl
Unsere Nachricht vom: 20. Febr. 201.

Name: Herr Klein
Telefon: 08131 6732
Telefax: 08131 6733
E-Mail: holzberg@t-online.de

Datum: 10. März 201.

Mangelhafte Lieferung

Sehr geehrte Damen und Herren,

die bestellten

20 Garnituren Bettwäsche „Carina", zu je 95 € und die
30 Garnituren Bettwäsche „Rolf", zu je 105 €

sind heute geliefert worden.

Die Ware wurde unverzüglich geprüft. Folgende Mängel wurden festgestellt:

- Sämtliche Kissen und Bettbezüge der Ausführung „Carina" haben Webfehler.
- Bei 10 Garnituren der Ausführung „Rolf" sind kleinere Webfehler festzustellen.

Die 20 Garnituren „Carina" sind für uns unbrauchbar. Sie stehen Ihnen zur Verfügung. Bitte liefern Sie sofort Ersatz.

Die 10 Garnituren „Rolf" nehmen wir ab, verlangen aber einen Preisnachlass von 25 %.

Geben Sie uns bitte bald Bescheid.

Mit freundlichen Grüßen

TEXTILVERSAND
HOLGER HOLZBERG

Holzberg

Entschuldigen!
Begründung:
Probleme mit neuen Webstühlen; Kontrolle wurde zu erhöhter Aufmerksamkeit angehalten
Vorschlag:
Kunde ist guter Abnehmer – auf Forderung eingehen; Preisnachlass nur 15 %
15. März 201.
Enders

Sie sind Bürokauffrau (Bürokaufmann) bei den Laichinger Webwaren, Emil Kratzer, Hauptstraße 15, 89150 Laichingen, Telefonnummer 07333 7788, und sollen das obige Schreiben auf Grund des Randvermerks des Prokuristen Enders (Geschäftszeichen en) unter dem Datum vom 15. März 201. beantworten.

Formulieren Sie das Schreiben (Dateiname BRIEF-36).

5.6 Geschäftsbrief – Textformulierung

Aufgabe 37:

Die Auszubildende Sabine Jung hat im Auftrag ihres Chefs, Herrn Wolf-Dieter Holgerson, diesen Brief geschrieben. Da er stilistisch, orthografisch und formal nicht ganz in Ordnung ist, sollen Sie den Brief verbessern und unterschriftsreif Herrn Holgerson vorlegen (Dateiname BRIEF-37).

Verwenden Sie die Dokumentvorlage BRIEFVORLAGE-37 (Begleit-CD).

Buchhandlung Holgerson

Taschenbücher, Reiseliteratur
Romane, Kinderbücher
Fachabteilung für Recht, Wirtschaft und Steuern

Holgerson ♠ An der Seepromenade 5 ♠ 24949 Flensburg

Herrn Otto Starke
Bergsteiger

Enzianweg 7
6900 Bregenz
Österreich

Ihr Zeichen:	
Ihre Nachricht vom:	
Unser Zeichen:	ju
Unsere Nachricht vom:	
Name:	Frau Jung
Telefon:	0461 5677
Telefax:	0461 5678
E-Mail:	Holgerson@meer.com
Datum:	1. März 201.

Vorstellung

Sehr geehrter Herr,

Unsere Kundschaft ist ganz begeistert von Ihnen, wenn sie Ihre Bücher gelesen hat und möchte sie mal wiedersehen.

Deshalb machen wir am 14.April des Jahres um 19 Uhr eine Vorstellung Ihres Buches „Im Banne der Achttausender „ in unserer Buchhandlung. Wir stellen auch noch andere Bergliteratur aus.

Könnten Sie uns am abend etwa zwei Stunden lang einen Vortrag halten über Ihre echt starken Bergerlebnisse, wo Sie im Himmelaja waren?

Wenn Sie an diesem Termin Zeit haben, sagen Sie uns bald zu!

Wir werden Sie im Strandhotel Flensburger Förde unterbringen, natürlich auf unsere Unkosten.
Bis dahin Berg-heil!

Buchhandlung an der Seepromenade
Wolf-Dieter Holgerson

i.A.

Sabine Jung

Bitte Fehlerkorrektur durchführen!

5.7 Bausteine – Autotexte

- **Bausteine oder Autotexte** sind Textpassagen, die Sie immer wieder einsetzen können. So können Sie schwierige Bezeichnungen, Textpassagen, Briefköpfe oder Tabellen, die Sie mehrfach verwenden, abspeichern.
- Bausteine oder Autotexte werden unter einem alphabetischen, alphanumerischen oder numerischen Namen in einem besonderen **Verzeichnis** gespeichert.
- Damit die Sammlung übersichtlich bleibt, empfiehlt es sich, Bausteine zu einem bestimmten Sachverhalt einer **besonderen Vorlage** zuzuordnen. Wenn Sie die Bausteine in einer Dokumentvorlage abspeichern, können Sie diese Vorlage mit den Bausteinen weitergeben.
- Wenn Sie Bausteine oder Autotexte der **allgemeinen Vorlage** zuordnen, können Sie von jedem Dokument aus darauf zurückgreifen.
- Bei Bedarf wird der Name eingegeben und durch Drücken der **Funktionstaste F3** wird der Baustein bzw. der Autotext in das Dokument oder die Vorlage eingefügt.

Aufgabe 38:

Erstellen Sie für Mitteilungen des Personalrats der Theodor-Heuss-Schule Hohenstein die Dokumentvorlage BAUSTEINVORLAGE-38.

Speichern Sie die folgenden Bausteine in dieser Vorlage ab.

Text	Bausteinname
Theodor-Heuss-Schule * *(Datum)* **Hohenstein** Kaufmännische Schule – Der Personalrat –	*Abs*
Liebe Kolleginnen und Kollegen,	*anr1*
Sehr geehrte*,	*anr2*
Mit kollegialem Gruß Isolde Frank Personalratsvorsitzende	*gruß1*
Mit freundlichen Grüßen Isolde Frank Personalratsvorsitzende	*gruß2*

5.7 Bausteine – Autotexte

Aufgabe 39:

Erstellen und gestalten Sie mithilfe der Dokumentvorlage BAUSTEINVORLAGE-38 ein Schreiben des Personalrats an die Kolleginnen und Kollegen unter dem Datum vom 1. März mit nachstehendem Inhalt. Speichern Sie das Schreiben unter BAUSTEIN-39.

Kürzlich haben wir beschlossen, vom 20. bis 24. Juli sogenannte „musische Projekte" durchzuführen. Musische Projekte deshalb, weil dieser Bereich in unserem Schulalltag oft zu kurz kommt, aber hier bestimmt viele Fähigkeiten unserer Schülerinnen und Schüler sichtbar werden, die wir sonst nicht entdecken können. Ich möchte Sie deshalb bitten, bis zum 24. Mai Vorschläge für Projekte bei mir abzugeben.

Aufgabe 40:

Im Gebäude des Regierungspräsidiums sind verschiedene Abteilungen untergebracht. Eine Übersicht wird täglich ausgehängt und zeigt, wie die Belegung der sieben Konferenzräume geregelt ist. Da sich bei der Erstellung der Übersicht viele Inhalte wiederholen, sollen dafür Bausteine erfasst werden.

Erstellen Sie die Dokumentvorlage BAUSTEINVORLAGE-40. Speichern Sie die nachstehenden Bausteine in dieser Dokumentvorlage.

<table>
<tr><th colspan="3">Text</th><th>Bausteinname</th></tr>
<tr><td colspan="3">Regierungspräsidium

Belegung der Konferenzräume am *</td><td rowspan="3">001</td></tr>
<tr><td>Raumnummer</td><td>Abteilung, Ansprechpartner/in</td><td>von – bis</td></tr>
<tr><td></td><td></td><td></td></tr>
</table>

Kürzel für Konferenzräume (Bausteine einzeln erstellen)

Text	Bausteinname
A-1-118	*a1*
A-2-118	*a2*
A-3-003	*a3*
B-1-123	*b1*
C-1-224	*c1*
C-2-224	*c2*
C-3-224	*c3*

5.7 Bausteine – Autotexte

Text	Bausteinname
Abteilung 1, Steuerung und Verwaltung, Frau Karin Sommer	*abt1*
Abteilung 2, Wirtschaft und Infrastruktur, Herr Michael Müller	*abt2*
Abteilung 4, Straßenwesen und Verkehr, Herr Fatih Kurz	*abt4*
Abteilung 7, Schule und Bildung, Frau Elke Zollberger	*abt7*

Für Rückfragen oder Änderungen wenden Sie sich bitte an den Empfang unter Tel. 3113. Raumreservierungen können nur per E-Mail vorgenommen werden unter konferenz@rp.by.de.	*999*

Aufgabe 41:

Erstellen Sie für nächsten Montag den Belegungsplan. Beginnen Sie mit Baustein 001. Erstellen Sie die Übersicht mit folgenden Inhalten:

- Ganztägig belegt sind die Konferenzräume A-3-003 und C-3-244 von der Abteilung 7.
- Für Abteilung 2 ist der Raum A-2-118 von 08:00 bis 12:30 Uhr reserviert.
- Für Abteilung 1 sind die Räume B-1-123 und C-1-224 von 13:00 bis 17:00 Uhr reserviert.
- Für Abteilung 1 ist außerdem der Raum A-2-118 von 13:00 bis 17:00 Uhr reserviert.

Legen Sie für die Konferenzräume eine sinnvolle Reihenfolge fest. Den Abschluss bildet der Baustein 999.

Speichern Sie die Datei unter BAUSTEIN-41.

Aufgabe 42:

Sie sind Hotelkauffrau im Hotel „Zum Schwanen" in Freiburg (Breisgau). In Zusammenarbeit mit dem Küchenchef erstellen Sie die Menükarten für das Abendessen.

Um sich die Arbeit zu erleichtern, erstellen Sie Textbausteine für die einzelnen Bestandteile der Menüs.

Ordnen Sie diese Bausteine der Dokumentvorlage BAUSTEINVORLAGE-42 zu.

5.7 Bausteine – Autotexte

Text	Bausteinname
Hotel „Zum Schwanen“ **79098 Freiburg (Breisgau)** **Schwarzwaldstraße 155** **Tel.: 0761 223344** **E-Mail: zum-schwanen@t-online.de**	*logo*
Abendmenü am *	*ma*
Bunte Gemüsesuppe	*s1*
Karottencremesuppe	*s2*
Champignoncremesuppe	*s3*
Italienische Tomatensuppe	*s4*
Flädlesuppe (Pfannkuchensuppe)	*s5*
Kalbsgeschnetzeltes in Sahnesoße, Semmelknödel und Gemüse der Saison	*f1*
Jägerschnitzel mit Pfifferlingen, Bratkartoffeln und Salate der Saison	*f2*
Rahmgulasch mit Reis und Salate der Saison	*f3*
Badisches Schäufele mit Kartoffelsalat	*f4*
Forelle blau mit Salzkartoffeln und Blattsalat	*f5*
Forelle gebacken in Mandelbutter mit Salzkartoffeln	*f6*
Kräuterpfannkuchen mit Gemüsefüllung	*v1*
Käsespätzle	*v2*
Gemüseplatte mit Salzkartoffeln und Spiegelei	*v3*
Erdbeer-Mascarpone-Creme	*n1*
Heidelbeercreme mit Vanilleeis	*n2*
Fruchtsalat im Sahnekörbchen	*n3*
Käseaufschnitt mit Butter und Holzofenbrot	*n4*

5.7 Bausteine – Autotexte

Aufgabe 43:

Erstellen und gestalten Sie die Menükarte für das Abendessen am Montag, 2. August d. J., mit Gästeinformationen für den kommenden Tag.

Folgende Speisenfolge ist geplant:

Vorspeisen: s4, s5
Hauptspeisen: f1, f5, v1
Nachspeisen: n1, n3

Auf der Menükarte wird auf den geplanten 4-stündigen Ausflug mit dem Omnibus hingewiesen, der am 3. August stattfindet. Die Hotelgäste werden um 14:00 Uhr am Hoteleingang abgeholt.

Die Fahrt geht auf den Schauinsland, den Hausberg von Freiburg. Dort kann das Museumsbergwerk besichtigt oder das Café Schauinsland besucht werden. Auch ein 2-stündiger Spaziergang ist möglich.

Die Fahrt kostet einschließlich Bergwerksbesuch 15 €.

Der Wetterbericht für morgen verspricht viel Sonne, Temperaturen bis 25 °C.

Gäste, die an der Fahrt teilnehmen wollen, werden gebeten, sich bis 20:00 Uhr an der Rezeption anzumelden.

Speichern Sie unter BAUSTEIN-43.

Aufgabe 44:

Erstellen Sie einen Baustein mit Ihrem Vor- und Zunamen, Ihrer Anschrift und Ihren Kommunikationsmöglichkeiten. Speichern Sie den Baustein unter einem Kurzwort.

Beispiel:

Verena Winter
Dünenweg 55
26427 Bensersiel

E-Mail: vwinter@nordsee-web.de
Telefon: 04971 1234

Aufgabe 45:

Erstellen Sie einen Baustein für den Briefschluss des Geschäftsbriefs der Firma WALSERWEB.

Speichern Sie unter BAUSTEIN-45.

Beispiel:

Mit freundlichen Grüßen

WALSERWEB
Internet und Werbung

Martin Walser

6.1 Stammdatenverarbeitung

Erstellung von Serienbriefen

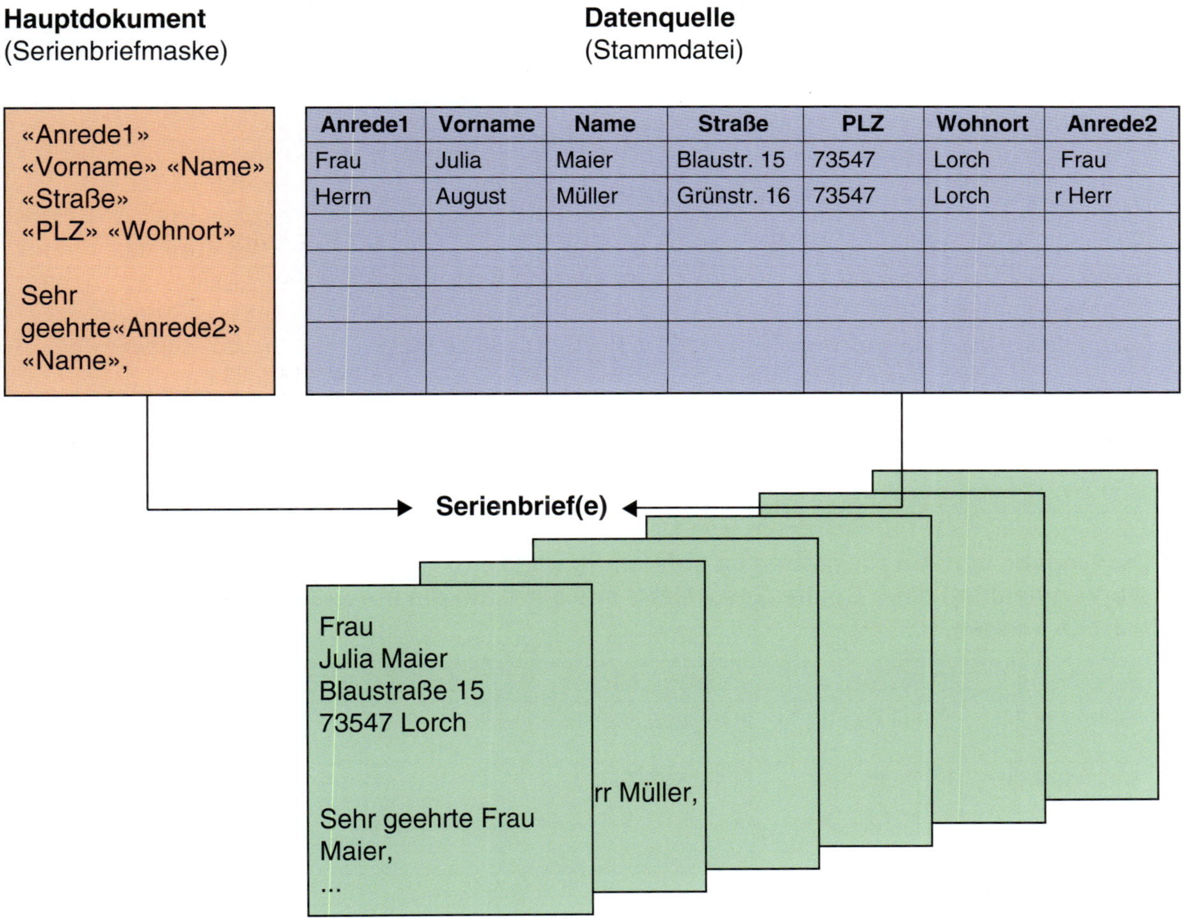

Anrede1	Vorname	Name	Straße	PLZ	Wohnort	Anrede2
Frau	Julia	Maier	Blaustr. 15	73547	Lorch	Frau
Herrn	August	Müller	Grünstr. 16	73547	Lorch	r Herr

- Wenn wiederholt Mitteilungen gleichen Inhalts an einen bestimmten Empfängerkreis verschickt werden sollen und Wert auf eine persönliche Note gelegt wird, lohnt sich der Einsatz der **Serienbrieffunktion**.
- In einer speziellen Datei, der **Datenquelle**, werden die **Stammdaten** der Empfänger erfasst. Stammdaten sind Daten, die häufig gebraucht werden und in der Regel über einen längeren Zeitraum hinweg unverändert bleiben (z. B. Angaben zu einer Person oder Firma).
- Die Stammdaten (z. B. Name, Vorname, Bestandteile der Anschrift, persönliche Anrede) werden zu **Datensätzen** zusammengefasst. Für eine rationelle Erfassung von Stammdaten bieten die meisten Textprogramme die Möglichkeit, eine **Erfassungsmaske** zu generieren.
- Ein Datensatz besteht aus einer bestimmten Anzahl von **Datenfeldern**. Jedes Feld erhält einen **Feldnamen** (z. B. Name, Vorname, Postleitzahl, Wohnort, Straße und Hausnummer).
- Alle Datensätze, die gleich strukturiert sind (z. B. die Stammdaten von Kunden eines Betriebs), bilden eine **Stammdatei** bzw. **Datenquelle**.
- Bei Bedarf können mithilfe der Datenquelle sehr schnell **Serienbriefe** und **Listen** erstellt werden. Dazu ist es erforderlich, ein **Hauptdokument** mit besonderen Platzhaltern für die variablen Textteile **(Seriendruckfelder)** anzulegen. Durch einen entsprechenden Befehl werden die erforderlichen Angaben eines Datensatzes in ein Dokument eingemischt.

6.1 Stammdatenverarbeitung

Aufgabe 1:

Sie sind Assistent(in) bei der Securitas Haustechnik GmbH, Breite Straße 3, 51103 Köln. Zur Rationalisierung des Schriftverkehrs beschließen Sie die Anschriften Ihrer Kunden in einer Stammdatei (Datenquelle) zu erfassen, Name der Datei: KUNDEN.

Adresse1	Adresse2	Ansprechpartner	Anrede	Straße	PLZ	Ort
Kältetechnik	Klaus Kaufmann	Frau Gerlinde Schneider	Frau Schneider	Gustav-Siegle-Str. 50	50859	Köln
Heizungsbau	Matthias Maier	Herrn Otto Metzger	r Herr Metzger	Kaltentaler Str. 120	51107	Köln
Schreibwaren	Bleistift & Co.	Frau Maren Müller	Frau Müller	Abtstraße 15	50996	Köln
Computerland	Elektrohandel	Herrn Jörg Jäger	r Herr Jäger	Rossbergstr. 125	51147	Köln
Welfen-Apotheke	Dr. Neumann	Herrn Julius Jung	r Herr Jung	Schlossallee 215	50937	Köln
Schreinerei	Pausen & Blank	Frau Gina Blank	Frau Blank	Theodor-Körner-Str. 230	59733	Köln
Industrie-Elektronik	Specht GmbH	Herrn Anton Specht	r Herr Specht	Wildseestraße 11	51145	Köln
All Clean	Fachhandel für Reinigungsmittel	Frau Sandra Blank	Frau Blank	Anna-Haag-Str. 5	51103	Köln

Die Eingabe von Anredespalten ist aufwendig und kann leicht zu Fehlern führen. Sinnvoll ist hier die Verwendung einer Spalte Geschlecht, aus der dann die notwendigen Anreden erzeugt werden können.

Adresse1	Adresse2	Ansprechpartner	Geschlecht	Straße	PLZ	Ort
Kältetechnik	Klaus Kaufmann	Gerlinde Schneider	w	Gustav-Siegle-Str. 50	50859	Köln
Heizungsbau	Matthias Maier	Otto Metzger	m	Kaltentaler Str. 120	51107	Köln
...						

Aufgabe 2:

Öffnen Sie eine Vorlage für den Geschäftsbrief (Begleit-CD). Erstellen Sie mithilfe der Stammdatei (Datenquelle) KUNDEN eine Serienbriefmaske (Hauptdokument) nach folgenden Angaben:

Unsere Zeichen:	ma-*Ihr Kurzzeichen*
Telefon:	0221 6405-11
E-Mail:	info@securitas.de
Ansprechpartner:	*Ihr Name*
Datum:	1. Juli 201.
Betreff:	Betriebsferien
Anrede:	Sehr geehrte*,
Briefschluss:	Securitas Haustechnik GmbH
Unterschrift:	Jan Maier

Text:

unser Betrieb ist wegen der Handwerkerferien in der Zeit vom 10. bis 24. August d. J. geschlossen. In dringenden Fällen rufen Sie bitte unseren Notdienst an. Sie erreichen ihn unter der Telefon-Nr. 0221 6405-12.
Mit freundlichem Gruß

Speichern Sie die Serienbriefmaske (das Hauptdokument) unter dem Namen SERIE-2 ab.

Erstellen Sie Serienbriefe an alle Kunden. Drucken Sie die Briefe in eine Datei (Ergebnisdatei).

Drucken Sie den Brief an die Firma Kältetechnik Klaus Kaufmann aus.

Speichern Sie unter SERIE-2A.

6.1 Stammdatenverarbeitung

- Sollen Stammdaten in einen Brief oder in eine Liste übernommen werden, müssen an den entsprechenden Stellen im Text **Seriendruckfelder** als **Platzhalter** (z. B. für Vorname, Name, Straße, Postleitzahl, Wohnort) stehen. Es hängt vom jeweiligen Textprogramm ab, welche Platzhalter zum Einmischen der Stammdaten zu verwenden sind.
- Beim Druck werden anstelle der Platzhalter die entsprechenden Einträge aus der Stammdatei eingemischt.
- Der Druck kann zur Kontrolle zunächst in eine **Ergebnisdatei** erfolgen.
- Mithilfe bestimmter **Suchkriterien** können Stammdatensätze **selektiert** werden. Auf diese Weise kann z. B. ein Werbebrief an einen ausgewählten Personenkreis verschickt werden.

Erstellung einer Liste

Hauptdokument
(Listenmaske)

«Adresse1» «Ort»
«Adresse2»

Datenquelle
(Stammdatei)

«Adresse1»	«Adresse2»	«Ort»
Kältetechnik	Klaus Kaufmann	Köln
Schreibwaren	Maren Müller	Köln
Heizungsbau	Matthias Maier	Köln

Liste

Kältetechnik Köln
Klaus Kaufmann

Schreibwaren Köln
Maren Müller

Heizungsbau Köln
Matthias Maier

Aufgabe 3:

Erstellen Sie mithilfe der Stammdatei (Datenquelle) KUNDEN eine alphabetische Kundenliste mit nachstehenden Angaben. Speichern Sie das Hauptdokument unter SERIE-3 und die Kundenliste unter SERIE-3A ab.

```
Securitas Haustechnik GmbH

Kundenverzeichnis
Stand: 1. Juli 201.

Adresse1   Adresse2   Straße   PLZ   Ort
```

Aufgabe 4:

Erstellen Sie eine alphabetische Kundenliste mit den Ansprechpartnern. Speichern Sie das Hauptdokument unter SERIE-4 und die fertige Liste unter SERIE-4A ab.

6.1 Stammdatenverarbeitung

Aufgabe 5:

Sie sind Schriftführer(in) eines Turn- und Sportvereins. Da der Schriftverkehr immer mehr zunimmt, beschließen Sie, die nachstehenden Daten Ihrer Mitglieder in einer Stammdatei (Datenquelle) zu erfassen, Name der Datei: TUS.

Anrede1	Vorname	Name	Straße	PLZ	Wohnort	Anrede2	Geburts-jahr	Abteilung
Frau	Renate	Angstbach	Adalbert-Stifter-Str. 55	88046	Friedrichshafen	Frau Angstbach	1979	Schwimmen
Herrn	Friedrich	Angstbach	Adalbert-Stifter-Str. 55	88046	Friedrichshafen	r Herr Angstbach	1978	Fußball
Frau	Evi	Berger	Werner-Veit-Straße 1	88079	Kressbronn	Frau Berger	1986	Faustball
Frau	Jutta	Braun	Henkelstraße 22	88097	Eriskirch	Frau Braun	1987	Schwimmen
Frau	Stefani	Buttler	Unterer Mühlenweg 15	88046	Friedrichshafen	Frau Buttler	1965	Handball
Frau	Maria	Fakler	Sebastian-Blau-Weg 6	88085	Langenargen	Frau Fakler	1981	Volleyball
Herrn	Roman	Gerber	Gottlieb-Daimler-Weg 3	88046	Friedrichshafen	r Herr Gerber	1986	Fußball
Frau	Annemarie	Grundland	Maybachstraße 50	88045	Friedrichshafen	Frau Grundland	1979	Schwimmen
Frau	Heidi	Günther	Thaddäus-Troll-Weg 2	88085	Langenargen	Frau Günther	1981	Volleyball
Frau	Gertrud	Herrmann	Herzog-Eugen-Straße 7	88046	Friedrichshafen	Frau Herrmann	1982	Volleyball
Herrn	Rainer	Jauch	Josef-Eberle-Straße 5	88079	Kressbronn	r Herr Jauch	1986	Faustball,
Herrn	Rudolf	Käfer	Albrecht-Dürer-Straße 17	88069	Tettnang	r Herr Käfer	1965	Faustball
Herrn	Manfred	Keller	Antoniusstraße 2	88069	Tettnang	r Herr Keller	1980	Fußball
Herrn	Ernst	Kögler	An der Eiche 4	88097	Eriskirch	r Herr Kögler	1979	Handball
Herrn	Walter	Kunze	Albert-Hetzel-Straße 100	88085	Langenargen	r Herr Kunze	1945	Schwimmen
Herrn	Dirk	Lesser	Am Stillen Wasser 15	88079	Kressbronn	r Herr Lesser	1958	Fußball
Frau	Erna	Maier	Rommelstraße 9	88046	Friedrichshafen	Frau Maier	1978	Volleyball
Herrn	Bernhard	Pfaff	Albert-Schweitzer-Str. 21	88046	Friedrichshafen	r Herr Pfaff	1958	Faustball
Herrn	Konrad	Sauter	Konrad-Zuse-Weg 8	88069	Tettnang	r Herr Sauter	1985	Handball
Herrn	Willi	Schnell	Am Großen Brunnen 7	88079	Kressbronn	r Herr Schnell	1985	Handball
Herrn	Karl	Schober	Franziskaweg 3	88045	Friedrichshafen	r Herr Schober	1987	Schwimmen
Herrn	Manfred	Weiß	Wrangellstraße 2	88085	Langenargen	r Herr Weiß	1984	Fußball
Frau	Maria	Zabelt	Im Engelsgarten 10	88046	Friedrichshafen	Frau Zabelt	1979	Schwimmen

Aufgabe 6:

Öffnen Sie eine Vorlage für den Geschäftsbrief (Begleit-CD).
Erstellen Sie eine Serienbriefmaske (ein Hauptdokument) für den Turn- und Sportverein e. V., Adenauerplatz 1, 88045 Friedrichshafen, E-Mail: TUS@bodensee.de, nach folgenden Angaben:

```
Unser Zeichen:         mü
Telefon:               07541 4567-10
Name:                  Herr Müller
Datum:                 20. Sept. 201.
Betreff:               Jahreshauptversammlung
Anrede:                Sehr geehrte*,
Briefschluss:          Müller
                       Vorstand
Text:

hiermit lade ich Sie und Ihre Angehörigen herzlich zur Jahreshauptver-
sammlung ein. Sie findet am 15. November d. J. um 20:00 Uhr im Vereinsheim
statt. Die Tagesordnungspunkte sind: 1. Begrüßung und Bericht des Vorsit-
zenden, 2. Bericht der Rechnungsführer, 3. Entlastung des Vorstands,
4. Neuwahlen zur Vorstandschaft, 5. Anträge der Mitglieder. Schriftliche
Anträge bitte ich bis zum 1. November beim Vorstand einzureichen. Mit
freundlichen Grüßen
```

Speichern Sie die Serienbriefmaske (das Hauptdokument) unter dem Namen SERIE-6 ab.

Erstellen Sie Serienbriefe an alle Mitglieder. Drucken Sie die Briefe in eine Ergebnisdatei.

Drucken Sie den Brief an Frau Renate Angstbach aus. Speichern Sie unter SERIE-6A.

6.1 Stammdatenverarbeitung

Aufgabe 7:

Der Turn- und Sportverein plant, im Juli eine Radreise durchzuführen.

Erstellen Sie mithilfe der Stammdatei (Datenquelle) TUS eine Serienbriefmaske (ein Hauptdokument) für ein Schreiben an alle Mitglieder des Vereins, Dateiname SERIE-7.

```
Unser Zeichen:      mü
Telefon:            07541 4567-10
Name:               Herr Müller
Datum:              6. Juni 201.
Betreff:            Radreise nach Passau
Anrede:             Sehr geehrte*,
Briefschluss:       Müller
                    Vorstand
Text:

heute wollen wir Sie darüber informieren, dass wir vom 15. bis 29. Juli
d. J. für unsere Mitglieder eine Radreise auf dem Donau-Radwanderweg von
Passau nach Wien planen. An dieser Reise können etwa 20 Radfreunde teilneh-
men. Die tägliche Fahrleistung mit dem Rad wird bei 50 bis 80 km liegen. Wir
werden uns hauptsächlich auf Radwegen und Feldwegen bewegen; ein Abstecher
ins Mühlviertel ist geplant. Die Übernachtung erfolgt in gutbürgerlichen
Hotels. Ein Begleitfahrzeug befördert das Gepäck von Hotel zu Hotel. Die
Reise kostet einschließlich Übernachtung in Doppelzimmern und Halbpension
1.200 €. Haben Sie Interesse? Dann kommen Sie zu unserem Informationsabend
am 20. Juni d. J. ins Vereinsheim. Mit freundlichen Grüßen
```

Erstellen Sie Serienbriefe an alle Mitglieder. Drucken Sie die Briefe in eine Ergebnisdatei.

Drucken Sie den Brief an Frau Maria Zabelt aus.

Speichern Sie unter SERIE-7A.

Aufgabe 8:

Folgende Mitglieder haben sich verbindlich für die Radreise angemeldet:

```
Jutta Braun              Maria Zabelt
Rainer Jauch             Dirk Lesser
Rudolf Käfer             Bernhard Pfaff
Stefani Buttler          Walter Kunze
```

Ergänzen Sie Ihre Stammdatei (Datenquelle) TUS um den Feldnamen Radreise und tragen Sie die Anmeldungen ein!

Erstellen Sie eine Teilnehmerliste mit nachstehenden Angaben.

Speichern Sie das Hauptdokument unter SERIE-8 und die fertige Liste unter SERIE-8A.

```
                 Teilnehmerliste
           Radreise von Passau nach Wien
               Stand: 1. Juli 201.


           Name, Vorname   Geburtsjahr
```

6.1 Stammdatenverarbeitung

Aufgabe 9:

Der Vorstand des Vereins plant, eine Abteilung Jazztanz für Damen einzurichten.

Erstellen Sie mithilfe der Stammdatei (Datenquelle) TUS eine Serienbriefmaske (Hauptdokument) für ein Schreiben an alle weiblichen Mitglieder des Vereins, Dateiname SERIE-9.

```
Unser Zeichen:          mü
Telefon:                07541 4567-10
Name:                   Herr Müller
Datum:                  3. Sept. 201.
Betreff:                Einrichtung einer Abteilung Jazztanz für Damen
Anrede:                 Sehr geehrte*,
Briefschluss:           Müller
                        Vorstand
Text:

aus den Reihen unserer Mitglieder wurde in letzter Zeit immer wieder der
Wunsch geäußert, im Verein den Jazztanz erlernen zu können. Wir wollen ver-
suchen, diesem Wunsch nachzukommen, und planen, eine Abteilung Jazztanz für
Damen aufzubauen. Damit Sie sich informieren können, findet am Donnerstag,
25. Oktober d. J., in unserer Sporthalle ein erster unverbindlicher Übungs-
abend unter der Leitung von Frau Anne Silvaner-Bolling statt. Interessierte
Verwandte, Freunde und Bekannte sind herzlich eingeladen! Mit freundlichem
Gruß
```

Erstellen Sie Serienbriefe an alle weiblichen Mitglieder. Drucken Sie die Briefe in eine Ergebnisdatei.

Drucken Sie die Briefe an Frau Evi Berger und Frau Jutta Braun aus.

Speichern Sie unter SERIE-9A und SERIE-9B.

Aufgabe 10:

Folgende Damen haben sich verbindlich für den Jazztanz-Kurs angemeldet:

```
- Jutta Braun
- Stefani Buttler
- Heidi Günther
- Gertrud Herrmann
- Maria Zabelt
```

Ergänzen Sie die Datenquelle TUS entsprechend.

Erstellen Sie eine Liste dieser Teilnehmerinnen mit nachstehenden Angaben.

Speichern Sie das Hauptdokument unter SERIE-10 und die fertige Liste unter SERIE-10A.

```
               Mitglieder der Abteilung Jazztanz
                       Stand: 1. Nov. 201.


                 Name, Vorname   Geburtsjahr
```

6.1 Stammdatenverarbeitung

Aufgabe 11:

Erstellen Sie mithilfe der Stammdatei (Datenquelle) TUS ein Verzeichnis aller Mitglieder mit folgenden Angaben:

Turn- und Sportverein Friedrichshafen Mitgliederverzeichnis			
Name, Vorname	PLZ und Wohnort	Straße und Hausnummer	Abteilung

Speichern Sie das Hauptdokument unter SERIE-11 und das fertige Verzeichnis unter dem Dateinamen SERIE-11A.

Gestalten Sie das Mitgliederverzeichnis mit einer Grafik.

Aufgabe 12:

Erstellen Sie mithilfe der Stammdatei (Datenquelle) TUS ein Verzeichnis der Mitglieder der Abteilung Schwimmen mit folgenden Angaben:

Name, Vorname	PLZ und Wohnort	Straße und Hausnummer

Speichern Sie das Hauptdokument unter SERIE-12 und das fertige Verzeichnis unter dem Dateinamen SERIE-12A.

Aufgabe 13:

Erstellen Sie mithilfe der Stammdatei (Datenquelle) TUS ein Verzeichnis der Mitglieder der Abteilungen Fußball und Handball mit folgenden Angaben:

Name, Vorname	PLZ und Wohnort	Straße und Hausnummer	Abteilung

Speichern Sie das Hauptdokument unter SERIE-13 und das fertige Verzeichnis unter dem Dateinamen SERIE-13A.

Aufgabe 14:

Erstellen Sie mithilfe der Stammdatei (Datenquelle) TUS

– ein Verzeichnis der Mitglieder, die im Jahr 1975 und später geboren sind

– ein Verzeichnis der Mitglieder, die vor dem Jahr 1975 geboren sind

Speichern Sie die Hauptdokumente unter SERIE-14A und SERIE-14B und die fertigen Verzeichnisse unter SERIE-14C und SERIE-14D.

Aufgabe 15:

Erstellen Sie mithilfe der Stammdatei (Datenquelle) TUS Adressaufkleber für eine Serienbriefaktion an alle Vereinsmitglieder. Speichern Sie die Etiketten unter SERIE-15.

6.2 Stammdatenverarbeitung – Textformulierung

Aufgabe 16:

Sie sind Mitarbeiterin bei der Hausverwaltung Holger Siegel in 10243 Berlin, Mühlenweg 19, Telefon 030 2334455, Telefax 2334456, E-Mail: siegel@hausverwaltung.de. Herr Siegel betreut seit kurzem eine weitere Wohnungseigentümer-Gemeinschaft in der Jacques-Offenbach-Straße 20 in 10178 Berlin.

Sie haben die Aufgabe, eine Datenquelle über diese Wohnungseigentümer(innen) anzulegen. Name der Datei WEG.

Erfassen Sie folgende Eigentümer.

Geschlecht	Vorname	Name	PLZ	Wohnort	Straße	Wohnungs-nummer
w	Günay	Yaldirim	10178	Berlin	Jacques-Offenbach-Str. 20	1
m	Gerd	Braun	10178	Berlin	Jacques-Offenbach-Str. 20	2
wm	Anne und Markus	Maier	10178	Berlin	Jacques-Offenbach-Str. 20	3
wm	Isabell und Werner	Kampinsky	10178	Berlin	Jacques-Offenbach-Str. 20	4
wm	Sophie und Dieter	Dietrichsen	10178	Berlin	Jacques-Offenbach-Str. 20	5

Aufgabe 17:

Ihre Kollegin (Frau Sommer) hat die nachstehende Telefonnotiz Herrn Siegel vorgelegt.

Hausverwaltung Holger Siegel

Hausverwaltung Holger Siegel 25. Okt. 201.

Telefonnotiz

Wohnungseigentümer-Gemeinschaft
Jacques-Offenbach-Str. 20

Herr Braun von der Wohnungseigentümer-Gemeinschaft Jacques-Offenbach-Str. 20 hat heute mitgeteilt, dass die Heizung seit 2 Tagen defekt sei. Die Mitarbeiter des Kundendienstes haben einen größeren Brenner-Schaden festgestellt und vorgeschlagen, die gesamte Heizungsanlage, die über 20 Jahre alt ist, zu erneuern. Die Kosten für eine neue Heizungsanlage werden auf ca. 10.000 € geschätzt.

Im Auftrag

Sommer

Bitte schnell ein Einladungsschreiben an alle Wohnungseigentümer(innen) für eine außerordentliche Wohnungseigentümer-Versammlung fertig stellen. Datum: 11. Nov. d. J., Zeit: 19:00 Uhr, Ort: Nebenzimmer des Gasthofes Alte Post in der Oderbruchstraße 15. Einziger Tagesordnungspunkt: Erneuerung der Heizungsanlage.

25. Okt. 201.

Siegel

6.2 Stammdatenverarbeitung – Textformulierung

Formulieren und erstellen Sie

- **auf Grund der Telefonnotiz und der Notizen des Verwalters**
- **mithilfe einer Vorlage für den Geschäftsbrief (Begleit-CD)**
- **und mithilfe der Datenquelle WEG**

eine Serienbriefmaske für Serienbriefe an die Wohnungseigentümer(innen) unter dem Datum vom 25. Oktober d. J. Herr Siegel hat das Diktatzeichen *sie*. Er unterschreibt den Brief selbst.

Speichern Sie unter SERIE-17.

Aufgabe 18:

Drucken Sie die Briefe in eine Ergebnisdatei.

Drucken Sie den Brief an Frau und Herrn Maier aus.

Speichern Sie unter SERIE-18.

Aufgabe 19:

Für die Versammlung ist eine Anwesenheitsliste vorzubereiten.

Erstellen und gestalten Sie mithilfe der Datenquelle WEG eine alphabetische Liste der Wohnungseigentümer(innen) mit folgenden Angaben:

Anwesenheitsliste - außerordentliche Wohnungseigentümer-Versammlung
WEG Jacques-Offenbach-Straße 20, 10178 Berlin
11. November 201.

Name, Vorname	Straße	PLZ Wohnort	Wohnungs- nummer	Unterschrift

Speichern Sie die Datei unter dem Namen SERIE-19.

Aufgabe 20:

Berichtigen Sie Ihre Stammdaten (Datenquelle):

- **Frau Yaldirim hat geheiratet. Sie heißt jetzt Yaldirim-Weiß.**
- **Frau und Herr Kampinsky sind in den Sommerfliederweg 44, 10709 Berlin, umgezogen.**

Speichern Sie die Stammdaten (Datenquelle) unter dem Dateinamen WEG.

Aufgabe 21:

Nach der außerordentlichen Wohnungseigentümer-Versammlung soll das Protokoll an die Wohnungseigentümer versandt werden.

Formulieren und erstellen Sie mithilfe einer Vorlage für den Geschäftsbrief (Begleit-CD) und der Datenquelle WEG eine Serienbriefmaske (Hauptdokument) nach folgenden Angaben.

Speichern Sie unter SERIE-21.

Unser Zeichen:	sie-*Ihr Zeichen*
Ansprechpartner:	*Ihr Name*
Datum:	14. November 201.

Drucken Sie die Serienbriefe in eine Ergebnisdatei.

Drucken Sie den Serienbrief an Frau Yaldirim-Weiß aus.

Speichern Sie unter SERIE-21A.

6.2 Stammdatenverarbeitung – Textformulierung

Aufgabe 22:

Sie sind Schriftführerin des Vereins Diakoniestation Rotenburg e. V., Hintere Gasse 15, 36199 Rotenburg. Bei diesem Verein sind sechs Krankenschwestern unter der Leitung von Schwester Annegret tätig.

Vorsitzende des Vereins ist Frau Ulla Pfaff, der Vorstand besteht aus 10 Mitgliedern. Kassiererin des Vereins ist Frau Karin Graef. Die Geschäftsstelle ist unter der Tel.-Nr. 06623 223344 und unter der Telefax-Nr. 06623 223345 zu erreichen.

Ziel des Vereins ist es, kranke Mitbürger zu Hause zu pflegen bzw. die Angehörigen bei der Pflege zu unterstützen. Die Schriftführerin kann auf die Datenquelle DIAKONIE zurückgreifen. Diese Datenquelle finden Sie auf der Begleit-CD.

1. Die Kassiererin stellt im Dezember fest, dass einige Mitglieder den Jahresbeitrag in Höhe von 25 € noch nicht bezahlt haben.

   Erstellen Sie eine Serienbriefmaske (Hauptdokument) unter dem Datum vom 5. Dezember für ein höfliches Erinnerungsschreiben an säumige Vereinsmitglieder; Bankverbindung des Vereins: Konto-Nr. 533 476 bei der Rotenburger Bank, BLZ 600 503 01. Das Schreiben wird von Frau Graef (Geschäftszeichen grae) unterzeichnet (Dateiname SERIE-22A).

2. Die Pflegedienstleiterin Schwester Annegret bittet den Vorstand dringend um Anschaffung eines weiteren Dienstkraftfahrzeugs, da eine der Schwestern bei Krankenbesuchen nur über ein Dienstmoped verfügen kann. Der Vorstand wäre bereit, ein weiteres Kraftfahrzeug anzuschaffen und zu unterhalten, wenn es die finanzielle Lage des Vereins zulassen würde. Der Grundstock ist durch eine großzügige Spende von 5 000 € bereits gelegt; ein Kleinwagen kostet etwa 14 000 €.

   Erstellen Sie für die Vereinsvorsitzende, Frau Pfaff (Geschäftszeichen pfa), eine Serienbriefmaske (Hauptdokument) unter dem Datum vom 5. Dezember für ein Schreiben an alle Vereinsmitglieder (Dateiname SERIE-22B), in welchem um Spenden für ein Dienstkraftfahrzeug gebeten wird.

3. Außerdem teilt Ihnen die Vorsitzende mit, dass einige Mitglieder dem Verein bereits größere Spendenbeiträge zukommen ließen.

   Frau Pfaff bittet Sie eine Maske für einen Serienbrief (Hauptdokument) unter dem Datum vom 5. Dezember vorzubereiten, in welchem sie sich im Namen des Vorstands für die Spende bedankt. Dieses Schreiben soll gleichzeitig als Spendennachweis für das Finanzamt dienen (Dateiname SERIE-22C).

4. Die Diakoniestation Rotenburg plant, einen Hauspflegekurs für pflegende Angehörige und Interessierte zu veranstalten. Entwerfen Sie ein Plakat, das die Rotenburger Bürger über diesen Kurs informiert.

   Inhalte des Kurses sollen sein:
   – Tipps für die häusliche Pflege von kranken und alten Menschen
   – Information über Hilfen und Hilfsmittel
   – Gespräch über Lebensfragen und Gesundheit

Datum:	ab Montag, 24. Januar, 12 Abende (jeweils montags)
Zeit:	von 18:30 bis 20:00 Uhr
Ort:	Pfarrhaussaal der Pauluskirche, Hintere Gasse 15
Referentinnen:	Schwester Annegret und Mitarbeiterinnen der Diakoniestation
Kursgebühr:	Mitglieder 30 €, Nichtmitglieder 40 €
Information und Anmeldung:	Diakoniestation Rotenburg e. V., Tel. 06623 223344

   Gestalten Sie das Plakat mit einer Grafik.

   Speichern Sie unter dem Dateinamen SERIE-22D.

6.2 Stammdatenverarbeitung – Textformulierung

Aufgabe 23:

Sie sind Mitarbeiter(in) beim Reisebüro Globus, Prager Straße 14, 04103 Leipzig, Telefonnummer 0341 289-22. Ihr Chef, Herr Singer, bittet Sie, nach seinen Stichwortangaben einen Serienbrief vorzubereiten.

Fertigen Sie die Maske für den Serienbrief (Dateiname SERIE-23) an, Geschäftszeichen si-, Briefdatum 2. Juli d. J. Der Brief wird von Herrn Karl Singer unterzeichnet.

```
Stichwortangaben

Sonderfahrt an den Gardasee
- mit Bus oder Bahn
- Reiseleitung
- Termine und Preise
- 16. bis 21. Oktober nach Limone
  Bus 213 €, Bahn 242 €
- 24. bis 27. Oktober nach Garda
  Bus 144 €, Bahn 166 €
- Unterbringung in 5-Sterne-Hotels in ruhiger Lage
- Frühstücksbuffet
- alle Zimmer mit Seeblick
- Einzelzimmerzuschlag
  - in Limone 32 €
  - in Garda  25 €
- Anmeldung auf beiliegender Karte bis spätestens 10. Oktober
- Reiseunterlagen werden zugesandt
```

Folgende Kunden sollen einen Brief erhalten:

- **Fritz Müller, Unterer Waldweg 14, 04347 Leipzig**
- **Renate Maier, Gustav-Ilg-Straße 15, 04349 Leipzig**
- **Dr. Maria Sontheim, Dachsweg 13, 04279 Leipzig**
- **Fritz Winter, Himmelreichstraße 59, 06217 Merseburg**
- **Alfred Bartel, Werner-Veit-Weg 86, 06108 Halle**
- **Gunter Freimund, Sonntagweg 15, 06110 Halle**
- **Erwin Vogel, Albert-Hetzel-Straße 45, 06120 Halle**
- **Rudolfo Ruscello, Lilo-Hermann-Weg 5, 04509 Delitzsch**
- **Gertrud Ohngemach, Im Haselbusch 9, 06108 Halle**

Erfassen Sie die Anschriften der obigen Kunden! Name der Stammdatei (Datenquelle): GARDA.

Mischen Sie die Anschriften der Kunden und die individuelle Anrede in die Serienbriefmaske (Hauptdokument).

Speichern Sie das Hauptdokument unter SERIE-23 und die Serienbriefe unter SERIE-23A.

7.1 Betriebsinterner Schriftverkehr

- Innerhalb eines Betriebs, einer Behörde usw. werden wichtige Vorgänge schriftlich festgehalten.
- Die formelle Gestaltung von innerbetrieblichen Schreiben ist nicht durch eine spezielle Normung reglementiert.
- Durch den Einsatz von Dokumentvorlagen wird die Erstellung von innerbetrieblichen Schreiben rationalisiert, ein einheitliches Layout gewährleistet und eine optisch ansprechende Gestaltung erleichtert.
- Häufig vorkommende innerbetriebliche Schriftstücke sind
  - Aktenvermerke
  - Protokolle
  - Hausmitteilungen
  - Beurteilungen
  - Niederschriften über Personalgespräche

- **Aktenvermerk**

  Wenn Vorgänge wie Besprechungsergebnisse, Telefongespräche, Eindrücke und Ergebnisse von Reisen, Besuchen und Veranstaltungen schriftlich festgehalten werden, spricht man von einer Aktennotiz oder einem Aktenvermerk (Telefonnotiz).

  Eine Aktennotiz ist nichts anderes als ein kleines Protokoll, in welchem niedergeschrieben wird, was nicht in Vergessenheit geraten darf.

  Aktennotizen können inhaltlich sehr knapp gehalten werden. Im Gegensatz zum Protokoll wird die Aktennotiz im Imperfekt (Vergangenheit) geschrieben. Evtl. kann ein Aktenvermerk auch handschriftlich erstellt werden.

  Eine Aktennotiz sollte folgende Angaben enthalten:
  - Name des Betriebs, der Behörde, Dienststelle, Abteilung usw.
  - Ort und Datum der Niederschrift
  - Betreff (Anlass des Gesprächs)
  - Verhandlungspartner (Name, Titel, Betrieb, Behörde, Dienststellung, Telefonnummer usw.)
  - Inhalt des Gesprächs, evtl. mit Angabe des Orts und des Zeitpunkts und der Zeitdauer des Gesprächs
  - Ergebnis der Verhandlung
  - Auswertung
  - Unterschrift
  - Verteiler

Aufgabe 1:

Sie sind Chefsekretärin bei der Maschinenfabrik Auer KG, Frankfurt. Erstellen Sie aufgrund obiger Angaben eine Dokumentvorlage für Aktenvermerke.

Speichern Sie unter FORMVORLAGE-1.

Aufgabe 2:

Unter dem Dateinamen FORMULIERUNG-2 (Begleit-CD) finden Sie den Wortlaut eines Gesprächs zwischen der Chefsekretärin Frau Linau und Herrn Baumann, Verkaufsleiter des Möbelhauses Blickle, Offenbach. Drucken Sie die Datei aus.

Erstellen Sie mithilfe Ihrer Dokumentvorlage FORMVORLAGE-1 einen Aktenvermerk über das Gespräch.

Speichern Sie unter FORM-2.

7.1 Betriebsinterner Schriftverkehr

❑ Protokoll

Das Protokoll ist ein übersichtlich gegliederter, je nach seinem Zweck kürzerer oder längerer Bericht über eine Sitzung, Tagung oder Verhandlung. Es soll über den Verlauf bzw. das Ergebnis einer Veranstaltung informieren und dient bei Unklarheiten und Meinungsverschiedenheiten als Beweismittel.

Protokolle sind in erster Linie am Sachverhalt orientiert und verlangen daher eine den Tatsachen entsprechende folgerichtige und nach Themen gegliederte, genaue und richtige Wiedergabe des Geschehens.

Bei der Erstellung muss der Protokollant darauf achten, dass
- er sich nur auf das Wesentliche (mit Ausnahme des wörtlichen Protokolls) beschränkt,
- der Sachverhalt richtig wiedergegeben wird,
- er nur Tatsachen (nicht Gefühle, Stimmungen, Vermutungen) darlegt,
- er in leicht verständlichen, knappen und klaren Sätzen schreibt.

Das Protokoll
- ist eine Erinnerungsstütze und Arbeitsunterlage für die Sitzungsteilnehmer,
- informiert Personen, die nicht an der Sitzung teilnehmen konnten,
- enthält Anweisungen an Sitzungsteilnehmer oder an andere Personen,
- dient als Beweis für gefasste Beschlüsse.

Man unterscheidet
- **Wortlautprotokolle,**
- **Verlaufsprotokolle,**
- **Kurzprotokolle,**
- **Ergebnisprotokolle.**[1]

Unter dem **Protokollrahmen** versteht man die Gestaltung des Kopfes und des Schlusses eines Protokolls. Aus dem **Protokollkopf** muss folgendes ersichtlich sein:
- Name des Veranstalters (Betrieb, Behörde, Verein usw.),
- Tag der Protokollerstellung,
- Angabe der Protokollart (Verlaufs-, Kurz-, Ergebnisprotokoll),
- Thema der Sitzung (Tagesordnungspunkte),
- Ort der Sitzung (Ort, Straße, Gebäude, Raum),
- Datum der Sitzung,
- Dauer der Sitzung,
- Sitzungsteilnehmer.

An erster Stelle wird in der Regel der Vorsitzende genannt. Ob die übrigen Anwesenden alphabetisch oder nach der Rangfolge, ob mit oder ohne Bezeichnung der Position aufgeführt werden, ist von Fall zu Fall zu entscheiden. Sind es mehr als etwa 10 Anwesende, wird eine **Teilnehmerliste** erstellt und dem Protokoll beigefügt. Bei verhinderten und entschuldigten Eingeladenen kann hinter den Namen ein entsprechender Vermerk angefügt werden.

Der **Protokollkern** (Sachverhalt) wird im Präsens (Gegenwart) geschrieben.

Das Protokoll schließt mit der Unterschrift des Protokollführers und dem Genehmigungsvermerk des Vorsitzenden **(Protokollfuß)**. Die Namen sind maschinenschriftlich zu wiederholen. Falls außer den Sitzungsteilnehmern noch andere Personen das Protokoll erhalten sollen, sind sie im **Verteilvermerk** aufzuführen. Werden **Anlagen** beigefügt, sollten sie am Ende des Protokolls einzeln erwähnt werden.

[1] Eine Übersicht über die Protokollarten finden Sie auf Seite 64 dieses Buches, eine Aufgabe für das Erstellen einer Dokumentvorlage für ein Protokoll finden Sie auf Seite 83.

7.1 Betriebsinterner Schriftverkehr

Aufgabe 3:

Sie sind Kauffrau für Bürokommunikation beim Globus-Verlag in Wuppertal.

Ihre Kollegin Lisa Manelli befindet sich im 3. Ausbildungsjahr. Sie wurde beauftragt, über eine Besprechung der Geschäftsleitung, die am 27. April im Besprechungszimmer stattfand, ein Ergebnisprotokoll zu erstellen. Die Besprechung begann um 15:00 Uhr und endete um 16:00 Uhr. An der Besprechung nahmen unter dem Vorsitz des Geschäftsführenden Gesellschafters Norden sein Assistent, Herr Burger, und Herr Kost vom Lektorat teil.

Frau Manelli hat noch keine Erfahrung im Anfertigen von Protokollen. Deshalb legt sie Ihnen am 28. April den unten stehenden Entwurf zur Begutachtung vor. Die Protokollreinschrift muss Herrn Norden spätestens am 29. April zur Unterschrift vorliegen.

Welche sachlichen und formalen Fehler, welche Mängel im Ausdruck und Stil, welche Formfehler und Verstöße gegen DIN 5008 und welche Satzzeichenfehler können Sie im Protokollentwurf feststellen?

Erstellen Sie die Reinschrift des Protokolls.

Speichern Sie unter FORM-3.

Globus-Verlag
Wuppertal

29. April 201.

Ergebnisprotokoll

Anlass:	Einweihungsfeier des neuen Verlagsgebäudes
Datum:	27. April 201.
Ort:	Globus-Verlag, Wuppertal
Beginn:	15 Uhr
Teilnehmer:	Herr Burger
	Herr Norden
	Herr Kost

Herr Norden sagte, dass er am 10. und 11. Juni das neue Verlagsgebäude mit seinen Autoren einweihen möchte. Dazu wird er alle Autoren einladen. Sie sollen bis am Abend alle da sein. Das Fest soll im Golfhotel Juliana stattfinden. Es wird um 19:00 Uhr ein gutes Essen geben.

Programmpunkte: Autorenlesung eines Schriftstellers nach dem Nachtessen und am 11. Juni Fahrt mit dem „Kaiserwagen" der Wuppertaler Schwebebahn.

Herr Burger muss alle Autoren einladen und Hotelzimmer reservieren wenn bekannt ist, wer kommt.

Herr Kost hat so seine Zweifel, ob man genügend Zimmer bekommt.

Herr Kost muss die Liste mit den Anschriften Herrn Burger geben.

Man trifft sich am 15. Mai wieder.

Bitte korrigieren

Lisa Manelli
Protokollführerin

Herr Norden
Geschäftsführender Gesellschafter

7.2 Textformulierung zu besonderen Anlässen

Aufgabe 4:

Sie sind Frau Witzig, Betriebsrätin bei Müller & Friedrich, Schorndorf.

Erstellen Sie aufgrund des nachstehenden Ergebnisprotokolls ein Einladungsschreiben an die Betriebsangehörigen zum Betriebsausflug unter dem Datum vom 15. April.

Das Schreiben soll die Betriebsangehörigen über das Tages- und Abendprogramm (mit Zeitangaben) und sonstiges Wissenswertes informieren.

Gestalten Sie das Einladungsschreiben mit einer Grafik.

Bereiten Sie das Schreiben zur Unterschrift für den Vorsitzenden des Betriebsrats, Herrn Bacher, vor.

Speichern Sie unter FORM-4.

Müller & Friedrich
Schorndorf
– Der Betriebsrat –

15. März 201.

Ergebnisprotokoll

Anlass:	Planung des Betriebsausflugs
Datum:	15. März 201.
Beginn:	15:00 Uhr
Ende:	15:30 Uhr
Ort:	Besprechungszimmer
Teilnehmer:	Herr Bacher, Vorsitzender des Betriebsrats
	Herr Fuchs, Prokurist
	Frau Schuler, Betriebsrätin (Jugendvertretung)
	Frau Witzig, Betriebsrätin

Der diesjährige Betriebsausflug findet am Freitag, 4. Mai, statt. Den Bereitschaftsdienst werden Betriebsangehörige, die nicht am Ausflug teilnehmen, übernehmen.

Die Firma gewährt für Fahrt und Verpflegung einen Zuschuss von 15,00 € je Teilnehmer.

Ablauf des Ausflugs

1. Tagesprogramm

Abfahrt des Busses am Betrieb (Haupteingang) um 08:00 Uhr, Fahrt bis Gernsbach. Wanderung zur Ebersteinburg, gegen 10 Uhr Würstebraten an der Wurstbratstelle der Ebersteinburg. Abfahrt nach Baden-Baden um 11:30 Uhr. Etwa vierstündiger Aufenthalt in Baden-Baden zur freien Verfügung. Rückfahrt um 16:30 Uhr nach Schorndorf, Ankunft in Schorndorf gegen 19 Uhr.

Frau Witzig wird beauftragt, einen Kostenvoranschlag über die Busfahrt für 80 Personen bei der Firma Neckar-Reisen und einem weiteren Busunternehmen einzuholen.

7.2 Textformulierung zu besonderen Anlässen

2. Abendprogramm

Im Anschluss an den Ausflug ist ein gemeinsames Abendessen und gemütliches Beisammensein mit Tanz im Gasthaus „Zur Sonne" in Schorndorf vorgesehen.

Frau Schuler wird beauftragt,

- den Silchersaal im Gasthaus „Zur Sonne" zu bestellen,
- die Kapelle, die beim letzten Betriebsausflug spielte, von 20 bis 23 Uhr zu engagieren.

Frau Witzig wird beauftragt,

- ein Einladungsschreiben an die Betriebsangehörigen,
- eine Teilnehmerliste für den Ausflug,
- eine Liste für die Wahl des Abendessens (Wiener Schnitzel, Kroketten und Salatplatte bzw. Rostbraten, Röstkartoffeln und Salatplatte oder Kalte Platte)

zum Aushang am Schwarzen Brett vorzubereiten. Die Betriebsangehörigen sollen sich bis spätestens 15. April eintragen.

Die nächste Sitzung des Betriebsrats findet am 29. März d. J. statt.

16. März 201.

Protokollführerin | Vorsitzender

Aufgabe 5:

Bereiten Sie die Teilnehmerliste zum Aushang am Schwarzen Brett vor. Die Betriebsangehörigen sollen sich bis spätestens 15. April eintragen.

Speichern Sie unter FORM-5.

Aufgabe 6:

Bereiten Sie eine Liste für die Wahl des Abendessens vor.

Essen Nr. 1: Wiener Schnitzel, Kroketten und Salatplatte

Essen Nr. 2: Rostbraten, Röstkartoffeln und Salatplatte

Essen Nr. 3: Kalte Platte

Die Betriebsangehörigen sollen sich bis spätestens 15. April eintragen.

Speichern Sie unter FORM-6.

7.2 Textformulierung zu besonderen Anlässen

Aufgabe 7:

Wir heiraten

Margit Reinhardt

Dietmar Bucher

Kirchliche Trauung am Samstag, 25. Mai 201., 13:30 Uhr,
in der Nikolaikirche in Leipzig

Diese Anzeige erschien in der „Leipziger Volkszeitung". Herr Bucher ist Vertreter Ihrer Firma. Ihr Chef, Herr Fritz Lenze, Inhaber der RAPID SPRAY, Dachsstraße 4, 04329 Leipzig, ist mit Herrn Bucher seit vielen Jahren gut bekannt. Er bittet Sie, ein Glückwunschschreiben zu formulieren (Dateiname FORM-7). Die Anschrift des Paares lautet: 04109 Leipzig, Paula-Wimmer-Straße 5.

Als Hochzeitsgeschenk erhält das Paar von der Firma RAPID SPRAY einen Gutschein für ein „Essen zu zweit" im „Hotel zur Alten Mühle" in Nischwitz.

- Bei besonderen Anlässen im Leben von Verwandten, Freunden, Bekannten, Geschäftsfreunden, Kunden, Vorgesetzten und Mitarbeitern, z. B. Geburt eines Kindes, Verheiratung, Beförderung, Jubiläum, schwere Krankheit, Tod, werden wir nicht immer die Möglichkeit haben, im persönlichen Gespräch unsere Freude, unser Mitgefühl, unsere Teilnahme auszudrücken.

  Oft ist es angebracht oder es besteht keine andere Möglichkeit, als ein persönliches Schreiben abzufassen.

  Im Vergleich zum Geschäftsbrief sollte dem Anlass entsprechend für dieses Schreiben ein besonders persönlicher Stil gewählt werden.

- Berücksichtigen Sie dabei vor allem Folgendes:
  - Wer schreibt (ein Vorgesetzter, die Firma, ein oder mehrere Mitarbeiter)?
  - In welcher Beziehung steht der Absender zum Empfänger des Schreibens (Freund, Geschäftsfreund, Kunde)?
  - Welche Bedeutung hat das Ereignis für den Empfänger?
  - Welche gesellschaftliche Position nimmt der Empfänger ein?
  - Was ist bzw. war für den Empfänger wichtig, worauf ist oder war er besonders stolz (Erfolg im Beruf, Familie, Interessen und Neigungen)?
  - Wie kann dem Empfänger eine Freude bereitet werden (Auswahl geeigneter Geschenke)?
  - Besteht Anlass, dem Empfänger zu danken (für gute Zusammenarbeit, für besonderes Engagement, für eine Hilfeleistung)?
- Diese Gesichtspunkte bestimmen den Stil des Schreibens. Je nach Anlass und Empfänger kann der Stil des Schreibens ernsthaft oder locker, humorvoll oder ein bisschen ironisch sein.
- Die Frage, ob diese Briefe mit der Maschine oder mit der Hand geschrieben werden sollen, ist nicht mit einem „Ja" oder „Nein" zu beantworten. Es kommt wiederum auf die jeweilige Situation, vielleicht auch auf die Lesbarkeit der Handschrift des Schreibenden an.

7.2 Textformulierung zu besonderen Anlässen

Aufgabe 8:

Der Hausmeister der Friedrich-List-Schule in Mannheim feiert sein 25-jähriges Dienstjubiläum. Er erhält von der Schulleitung und vom Kollegium der Schule nachstehendes Glückwunschschreiben.

Schulleitung und Kollegium
der Friedrich-List-Schule
Mannheim

10. April 201.

Herrn
Heinz Heim
Hausmeister der Friedrich-List-Schule

Lieber Herr Heim,

Sie feiern heute Ihr 25-jähriges Dienstjubiläum. 25 Jahre lang waren Sie für uns tätig: für Schüler/innen, das Kollegium, für die Schulleitung, im Sommer, im Winter, bei Tag, manchmal auch bei Nacht und oft sogar auch noch in den Ferien.

Wir danken Ihnen für Ihre Hilfsbereitschaft in den vielen Jahren, für Ihr freundliches Gutenmorgen und Ihren Gruß, wenn wir das Schulhaus verließen, für das aufmunternde Gespräch im Schulhof, für warme Zimmer in kalten Wintermonaten, für ein blitzsauberes Lehrerzimmer, für Ihre Nachsicht mit unseren Nachlässigkeiten, die Ihnen und Ihrer lieben Frau viel Kraft und Mühe gekostet haben.

Wir danken für tausende von großen und kleinen Diensten, die Sie uns in all den Jahren – meist unbemerkt – erwiesen haben.

Zu Ihrem Ehrentag wünschen wir Ihnen von ganzem Herzen eine gute Gesundheit und trotz der oft schweren Arbeit weiterhin viel Freude am Beruf.

Ihre Frau war es, die uns verraten hat, dass Sie gerne ein Fußballspiel besuchen.

Wir hoffen, dass Sie mit der beiliegenden Freikarte viele schöne Spiele sehen werden und das Weingeschenk dazu beiträgt, Ihnen ein paar Feierabende zu verschönern.

Ihre

Sie sind Schulsekretärin an der Friedrich-List-Schule. Herr Heim hat sich über die Glückwünsche und das Geschenk sehr gefreut. Er möchte sich schriftlich bedanken und bittet Sie, ihm beim Aufsetzen eines Dankschreibens behilflich zu sein.

Fertigen Sie einen Entwurf (FORM-8) an.

7.2 Textformulierung zu besonderen Anlässen

Aufgabe 9:

Wir freuen uns über unsere gesunde Tochter!

Marietta * 5. Mai 201.

wiegt 3600 g,
hat schon viele blonde Haare
und einen guten Appetit.

Ute und Marco Gühring

Diese Anzeige erschien in der Chemnitzer Zeitung.

Frau Ute Gühring, wohnhaft in 09117 Chemnitz, Johann-Sebastian-Bach-Straße 3, ist Leiterin der Werkküche in Ihrem Betrieb (Metallbau Schweizer, 09114 Chemnitz, Corelliweg 17).

Sie werden vom Chef der Firma, Herrn Ulrich Schweizer, beauftragt, ein Glückwunschschreiben vorzubereiten (Dateiname FORM-9). Dem Schreiben wird ein Geschenkgutschein zum Einkauf von Babykleidung beigefügt.

Aufgabe 10:

Gesellschaft der Kunstfreunde e. V. Lindau/Bodensee

Einladung

Wir laden Sie und Ihre Freunde herzlich zur Ausstellung im Haus zum Cavazzen, Städt. Kunstsammlungen, Marktplatz, Lindau, ein.

HOMMAGE A MOZART

Zeichnungen und Bildzeichen 201.
zu Don Juan

JOACHIM HÄMMERLE

12. April bis 12. Mai 201.

Wir eröffnen die Ausstellung
am Freitag, 12. April 201. um 19:30 Uhr

Sie sind Sekretärin des Leiters des Toxikologischen Instituts der Universität Ulm, Prof. Dr. Urs Lucius, Worpsweder Str. 15, 89079 Ulm.

Professor Dr. Lucius erhielt obige Einladung zur Eröffnung einer Gemäldeausstellung. Der Maler Joachim Hämmerle ist ein langjähriger, guter Bekannter.

Da sich Ihr Chef am Tag der Eröffnung der Ausstellung auf einem Kongress in Los Angeles befindet, kann er zu seinem Bedauern nicht nach Lindau kommen, hofft aber, nach seiner Rückkehr die Ausstellung zu einem späteren Zeitpunkt besuchen zu können.

Formulieren Sie einen Brief an Herrn Joachim Hämmerle, Marktplatz 5, 88131 Lindau, Datum 8. April.

Speichern Sie unter dem Dateinamen FORM-10.

7.2 Textformulierung zu besonderen Anlässen

Aufgabe 11:

Sie sind Fachangestellte für Bürokommunikation bei der Stadtverwaltung Neumünster. Ihr Vorgesetzter ist Bürgermeister Dr. Albrecht Weber.

Herr Dr. Weber hat erfahren, dass Herr Wilhelm Sorg, der langjährige stellvertretende Schulleiter des Theodor-Storm-Gymnasiums, 24536 Neumünster, Schulstr. 50, zum Schulleiter dieser Schule ernannt wurde.

Beide Herren sind Absolventen des Theodor-Storm-Gymnasiums und haben seit vielen Jahren dienstlich gut zusammengearbeitet.

Formulieren Sie ein Glückwunschschreiben (Dateiname FORM-11).

Aufgabe 12:

Sie sind Mitarbeiter(in) des Feinkostgeschäfts Böhme, Rheinstr. 10, 67069 Ludwigshafen, Telefon 0621 612-11.

Zum Jahresende erhalten gute Kunden der Firma von Ihrem Chef, Herrn Tobias Böhme, ein persönliches Schreiben zum Jahreswechsel.

Herr Böhme beauftragt Sie, ein Schreiben an den Besitzer des Hotels PFALZ, Herrn Daniel Breitkreuz, 67433 Neustadt, Spechtstr. 54, zu formulieren (Dateiname FORM-12).

Herr Breitkreuz hat in diesem Jahr sein Hotel erweitert und modernisiert. Im Sommer musste er sich einer Bandscheibenoperation unterziehen, von der er sich gut erholt hat.

Herr Breitkreuz erhält ein Weingeschenk.

Aufgabe 13:

Sie sind Sekretärin bei den Gärtner-Werken in 74523 Schwäbisch Hall.

Ein Geschäftsfreund Ihres Chefs, Herr Siegfried Henkel, Eigentümer der Henkelwerke GmbH, 44309 Dortmund, Postfach 56 90, ist seit August schwer erkrankt. Nach einem Schlaganfall leidet er an einer linksseitigen Lähmung. Zurzeit befindet er sich in einer Rehabilitationsklinik.

Ihr Chef, Herr Kurt Gärtner, wohnhaft in 74523 Schwäbisch Hall, Bitterfelder Str. 20, Telefon 0791 12345, E-Mail gaert@hohloh-web.de, hat erst im November von der Erkrankung des Geschäftsfreundes Henkel erfahren und bittet Sie, ein Schreiben mit Genesungswünschen (Dateiname FORM-13) vorzubereiten. Da ihm bekannt ist, dass Herr Henkel ein Blumenfreund ist, bittet er Sie, Herrn Henkel zusammen mit den guten Wünschen einen Blumenstrauß überbringen zu lassen.

Herr Gärtner plant im Dezember eine Geschäftsreise nach Konstanz. Er beabsichtigt, Herrn Henkel in der Klinik zu besuchen.

Sie werden beauftragt, im Schreiben an Herrn Henkel vorzufühlen, ob ihm ein Besuch angenehm wäre.

Aufgabe 14:

Sie sind Direktionssekretärin bei der Deutschen Bank AG in Essen. Ihr Vorgesetzter ist Direktor Tobias Richter, Telefon 0201 123-4455.

Wie Sie der Tageszeitung entnommen haben, ist Herr Eberhard Sauter, Geschäftsführer der Maschinenfabrik GEMENI, 45145 Essen, Kölner Str. 2, im Alter von 50 Jahren bei einem Verkehrsunfall ums Leben gekommen.

Die Firma GEMENI ist Kunde der Deutschen Bank AG, Postfach 13 80, 45040 Essen.

Herr Richter bittet Sie, den Entwurf eines Kondolenzschreibens an Herrn Direktor E. Grau bei der Firma GEMENI (Dateiname FORM-14) anzufertigen.

8.1 E-Mail

Die **elektronische Post** ist in den letzten Jahren zu einem gebräuchlichen Mittel der Kommunikation geworden. Die Vorteile der elektronischen Post liegen vor allem in der schnellen und überaus kostengünstigen Übermittlung.

Voraussetzungen

Voraussetzungen für die **elektronische Kommunikation (E-Mail)** sind, dass sowohl der Absender als auch der Empfänger über

einen **Personalcomputer**,

einen **Internetzugang** bei einem **Internet-Provider** oder einem **Online-Dienst**

sowie ein **E-Mail-Programm** und eine **E-Mail-Adresse**

verfügen.

Internet-Provider und Online-Dienste richten gleichzeitig mit dem Zugang zum Internet auch ein **elektronisches Postfach** ein. Mit dem Postfach erhalten Sie automatisch eine **E-Mail-Adresse**, die weltweit gültig ist. Ihre Mail-Adresse ist ein elektronisches Postfach bei Ihrem Internet-Provider oder Online-Dienst. Dort wird Ihre digitale Post gespeichert, bis Sie sie abrufen. Ihr Passwort ist ein elektronischer Schlüssel, den Sie nicht verlieren dürfen. Es sollte aus mindestens 8 Zeichen (Groß- und Kleinbuchstaben, Zeichen und Zahlen) bestehen.

E-Mail-Programme

Es gibt sehr viele E-Mail-Programme, davon sind etliche kostenlos. Microsoft bietet *Outlook Express* und Mozilla *Thunderbird* an. Verschiedene Online-Dienste, z. B. T-Online, haben ihr eigenes Mail-Programm.

Aufbau einer E-Mail

Eine E-Mail besteht aus dem Kopf und dem eigentlichen Text. Im Kopf enthalten sind die Adresse des Mail-Empfängers, evtl. die Adressen der Kopie-Empfänger und der Betreff. Das Datum und die Uhrzeit der Erstellung werden automatisch hinzugefügt.

E-Mail-Adresse

Eine E-Mail-Adresse setzt sich zusammen aus dem

- Benutzernamen bzw. der Benutzernummer, z. B. Martin.Maier,
- @-Zeichen (englisch „at“, entspricht dem deutschen „bei“),
- Namen des Providers oder Online-Dienstes, zu dem der Benutzer gehört, z. B. t-online
- Top-Level-Domain, z. B. *.de, .com.*

Name@Mail-Server.Top-Level-Domain, z. B. Martin.Maier@vp-web.de

Leerzeichen zwischen Vor- und Nachname werden durch einen Punkt, einen Grund- oder Bindestrich ersetzt. In einer E-Mail-Adresse darf kein ß geschrieben werden. Umlaute in E-Mail-Adressen sind zwar möglich, jedoch wird die notwendige Umwandlung von vielen Programmen nicht direkt unterstützt. Kontrollieren Sie die Adresse des Empfängers sorgfältig. Ist nur ein Zeichen falsch geschrieben, kommt die Nachricht nicht an.

Häufig benötigte E-Mail-Adressen sollten Sie in Ihrem **persönlichen Adressbuch** erfassen, damit Sie diese dann mit Mausklick auswählen können.

Mail an mehrere, gleichberechtigte Empfänger (Verteiler)

Eine Mail kann auch an mehrere, gemeinsame Empfänger gerichtet werden.

An: Florian.Schmitt@t-online.de; Marcel.Schwarz@gmx.net

Kopie-Empfänger

Soll die Nachricht außer an den Hauptempfänger an weitere Empfänger übersandt werden, sind die Mail-Adressen nach dem Leitwort **Cc** (**c**arbon **c**opy) einzufügen; die einzelnen Mail-Adressen werden durch Komma oder Strichpunkt getrennt.

Bei diesem Verfahren sieht jeder Empfänger, wer außer ihm die Nachricht erhalten hat. Wenn der Empfänger nicht erfahren soll, wem Sie die Mail noch zugesandt haben, geben Sie Ihre Eintragung hinter dem Leitwort **Bcc** (**b**lind **c**arbon **c**opy) ein.

8.1 E-Mail

Für die Adressierung einer E-Mail an mehrere Empfänger können mithilfe des Adressbuchs **Verteilergruppen** gebildet werden.

Betreff (Subject)

Geben Sie immer einen Betreff (Subject) an. Mit ihm wird schlagwortartig auf den Inhalt hingewiesen. Sollten Sie das Feld für den Betreff nicht ausfüllen, erhalten Sie bei manchen Programmen beim Senden der E-Mail eine entsprechende Rückfrage. Der Wortlaut des Betreffs wird in die Übersicht der E-Mails aufgenommen und ermöglicht dem Empfänger die Entscheidung darüber, welche Mail zuerst oder überhaupt gelesen werden soll.

Bei Sendungen ins Ausland sollte auf sprachliche Besonderheiten, wie Umlaute und ß, verzichtet werden.

Anrede

Bei E-Mails als Ersatz für Geschäftsbriefe ist die Anrede fester Bestandteil. Die Anrede wird durch eine Leerzeile vom folgenden Text getrennt.

Text

Für die Gestaltung des Textes werden die Empfehlungen von DIN 5008 angewandt.

Den Text erfassen Sie im **Fließtext**, weil der Umbruch durch die Software des Empfängers gesteuert und der jeweiligen Fenstergröße angepasst wird.

E-Mails sind traditionell reine Textdateien ohne jede Gestaltung. Auf Formatierungen der Schrift sollten Sie möglichst verzichten, weil nicht alle E-Mail-Programme solche Funktionen unterstützen und Ihnen nicht immer bekannt ist, über welches Mail-Programm der Empfänger verfügt. Zur Auflockerung können Sie in privaten Mitteilungen sog. Emoticons, z. B. :-), verwenden.

Der Inhalt einer E-Mail kann kurz und knapp abgefasst werden. **Für vertrauliche Mitteilungen ist eine unverschlüsselte E-Mail nicht geeignet.**

Abschluss

Der Text ist durch eine Leerzeile vom Gruß zu trennen.

Damit Sie nicht bei jeder neuen Mail Ihre Absenderdaten eintragen müssen, legen Sie sich einen Baustein an, der jeder Nachricht, die Sie schreiben, hinzugefügt wird. Er sollte Ihren Namen, Ihre Anschrift und Ihre Kommunikationsangaben enthalten.

Beispiel für einen geschäftlichen Baustein

Mit freundlichen Grüßen

i. A. Klara Guttenberg

E-Mail: guttenberg@europa-lehrmittel.de
Internet: www.europa-lehrmittel.de
Telefon: 02104 6916-66
Telefax: 02104 6916-30

Verlag Europa-Lehrmittel, Nourney, Vollmer GmbH & Co. KG
Postanschrift: Verlag Europa-Lehrmittel, Düsselberger Straße 23, 42781 Haan-Gruiten
Sitz: Haan-Gruiten
Geschäftsführer: Joachim Nourney
Amtsgericht Wuppertal HRA 18939

8.1 E-Mail

Beispiel für einen privaten Baustein

Liebe Grüße

Florian Eschenbacher

E-Mail: esche@gmx.net
Telefon: 0361 66778
Telefax: 0361 66779

Postanschrift: Florian Eschenbacher, Im Hinteren Winkel 10, 99001 Erfurt

Elektronische Signatur bzw. Verschlüsselung

Rechtsverbindliche Mitteilungen sind zur Prüfung der Integrität der Nachricht mit einer qualifizierten **elektronischen Signatur** zu versehen und sollten ggf. verschlüsselt übertragen werden. Mithilfe der digitalen Signatur wird sichergestellt, dass die signierende Person diejenige ist, die sie vorgibt zu sein, und der Inhalt der Mail seit dem digitalen Signieren nicht geändert oder manipuliert wurde.

Obwohl die elektronische Post immer beliebter wird, sollten Sie dem Empfangsnachweis für einen eingeschriebenen Brief durch die Deutsche Post (z. B. bei der Kündigung eines Arbeitsverhältnisses) den Vorzug geben.

Senden und Empfangen von E-Mails

Wenn Sie eine E-Mail scheiben, klicken Sie beim Programm Outlook Express auf die Schaltfläche *Neue E-Mail*. Im Fenster *Neue Nachricht* erstellen Sie die E-Mail. Mit einem Klick auf *Senden* wird die E-Mail abgeschickt. Die Mail kann auch später abgeschickt werden *(Datei später senden)*. Bei wichtigen Mitteilungen kann eine ***Lesebestätigung*** angefordert werden.

Wenn Sie Ihr E-Mail-Postfach auf neue Nachrichten überprüfen wollen, klicken Sie auf die Schaltfläche *Senden und Empfangen*.

Wenn Sie auf eine E-Mail antworten, klicken Sie auf die Schaltfläche *Antworten* und erhalten dann ein Fenster, in dem die Empfängeradresse ausgefüllt ist. Vor dem ebenfalls eingetragenen Betreff stehen die Buchstaben *Re*:

Hinzufügen von Dateien

Mit Ihrer E-Mail können Sie auch Dateien aller Art versenden. Dieses sog. **Attachment** (Anhang) können Dokumente, Tabellen, Bilder, Videos, Sounddateien oder Programme sein. Sie ersparen sich so das Versenden eines externen Datenträgers (CD oder USB-Stick).

Umfangreiche Dateien sollten Sie unbedingt komprimieren.

Viren und Würmer

Beim E-Mail-Verkehr, vor allem beim Öffnen von Attachments, müssen Sie sich vor Viren schützen. **Seien Sie mit E-Mails von Absendern, die Sie nicht kennen, besonders vorsichtig.**

Auf der Webseite des Bundesamts für Sicherheit in der Informationstechnik (bsi-fuer-buerger.de) finden Sie Tipps für den sicheren E-Mail-Verkehr.

8.1 E-Mail

Zum Schutz gegen Viren gibt es **Anti-Viren-Programme**, die am besten so eingesetzt werden, dass sie den bestehenden Datenbestand überprüfen und einen Schutzwall gegen neu eindringende Viren bilden. Von besonderer Wichtigkeit ist es, dass Sie Ihr **Virenschutzprogramm regelmäßig aktualisieren.** Ferner sollte eine **Firewall** den PC vor Hackern (Spionage) schützen.

Die neueren Betriebssysteme von Microsoft Windows enthalten die **Funktion „Automatische Updates".** Diese kann die neuesten Sicherheitsupdates automatisch herunterladen, während der Computer eingeschaltet und mit dem Internet verbunden ist.

Bekannte Virenschutzprogramme sind z. B. *Norton Antivirus* und *AntiVir.*

Informationen über Viren und Firewall-Programme erhalten Sie beim Bundesamt für Sicherheit in der Informationstechnik – bsi – Bonn, http://www.bsi.de und unter www.buerger-cert.de.

E-Mail und Spam

Wie in Ihrem Briefkasten finden Sie auch in Ihrem elektronischen Briefkasten immer wieder Werbe-E-Mails, **Spam** genannt.

Darunter versteht man den Massenversand nicht angeforderter Werbe-E-Mails.

Die Herkunft des Begriffes stammt von der Bezeichnung für das Dosenfleisch der amerikanischen Firma Hormel Foods. Der gewürzte Schinken „**Sp**iced H**am**" war billig, nahrhaft und haltbar und wurde daher in Mengen konsumiert.

Leider handelt es sich nicht nur um lästigen Werbemüll, sondern auch um Versuche, persönliche Daten auszuspähen, um z. B. an Konten zu gelangen (Phishing).

Wenn Sie einen **Spam-Schutz** Ihres E-Mail-Anbieters aktivieren, wird sich die Flut der unerwünschten Werbung reduzieren. Werden Sie immer wieder vom gleichen Absender belästigt, können Sie in vielen Programmen auch einen **Filter** setzen.

Wie Sie sich weiter gegen Spam-Müll schützen können, erfahren Sie beim Bundesamt für Sicherheit in der Informationstechnik, http://www.bsi.de und unter www.buerger-cert.de.

Aufgabe 1:

Erstellen Sie eine E-Mail an das Hotel „Zum Fröhlichen Bergsteiger" nach unten stehenden Angaben.

Da es sich um eine fingierte E-Mail-Adresse handelt, brauchen Sie die Mail nicht abzusenden.

E-Mail-Adresse:	froehlicher.bergsteiger@alpen-web.de
Bcc:	anton.adler@zzz.web.de
Inhalt:	Sie bitten um Reservierung von 2 Doppelzimmern mit Balkon vom 3. bis 6. Oktober d. J. und um eine Reservierungsbestätigung mit Preisangabe. Sie wünschen Halbpension. Ihre Ankunft erfolgt am 3. Oktober nicht vor 21 Uhr.

Aufgabe 2:

Sie sind Lars Rabe, Verwalter der Wohnungseigentümer-Gemeinschaft „Im Schattigen Winkel 5" in 33333 Irgendingen, E-Mail: lars.rabe@t-online.de, Telefon: 05321 45678, Telefax: 05321 45679, Dieterstraße 10, 38640 Goslar.

Erstellen Sie eine E-Mail an das Gipsergeschäft PRINZ nach unten stehenden Angaben.

Da es sich um eine fingierte E-Mail-Adresse handelt, brauchen Sie die Mail nicht abzusenden.

E-Mail-Adresse:	gipser.prinz@xyz-web.de
Inhalt:	Die Gipserarbeiten am Haus „Im Schattigen Winkel 5" in Irgendingen sind noch nicht vollständig erledigt. Sie bitten, die noch ausstehenden Arbeiten innerhalb der nächsten 14 Tage auszuführen.

8.1 E-Mail

Online-Bewerbung

Neben der klassischen Bewerbungsmappe (Bewerbungsschreiben, Lebenslauf usw.) gewinnt die **Online-Bewerbung** in vielen Unternehmen an Bedeutung.

Wenn in einer Stellenausschreibung die E-Mail-Adresse des Ansprechpartners angegeben ist, kann der Interessent in der Regel per E-Mail sein Bewerbungsschreiben und seinen Lebenslauf senden. Dabei ist wichtig, dass die Betreffzeile der Mail korrekt ausgefüllt wird.

Wenn Unsicherheit darüber besteht, ob auch die Bewerbungsunterlagen, z. B. Zeugniskopien und Lichtbild, per Attachment mitgesandt werden sollen, sollte vorher telefonisch mit der Personalstelle des Unternehmens Kontakt aufgenommen werden. Dabei kann auch geklärt werden, in welchem Dateiformat die Bewerbungsunterlagen abgespeichert werden sollen. Am sichersten ist es, angehängte Worddokumente (z. B. den Lebenslauf) im rtf- oder pdf-Format abzuspeichern.

Wenn Zeugnisse und Passfotos mitgeschickt werden, sollen sie nach dem Scannen als jpg-Datei komprimiert abgespeichert werden. Es ist wichtig, dass das Attachment nicht zu viel Speicherplatz belegt, ein Megabyte sollte dabei in der Regel nicht überschritten werden.

Für die optische Darstellung und den Inhalt des Bewerbungsschreibens und des Lebenslaufs gelten dieselben Grundsätze wie bei der klassischen Bewerbung, d. h., es lohnt sich, das Bewerbungsschreiben auf das Unternehmen und die angestrebte Position abzustimmen.

Wie bei der „gelben" Post ist auch die Adressierung wichtig. Das Bewerbungsschreiben sollte immer an die Adresse des Ansprechpartners gesandt werden, notfalls ist die E-Mail-Adresse vorher telefonisch zu erfragen.

Einige Unternehmen bieten über ihre Homepage Bewerbungsportale an. Die Felder sind sorgfältig auszufüllen. Einen Auszug aus einem Bewerbungsbogen der Daimler AG sehen Sie unten.

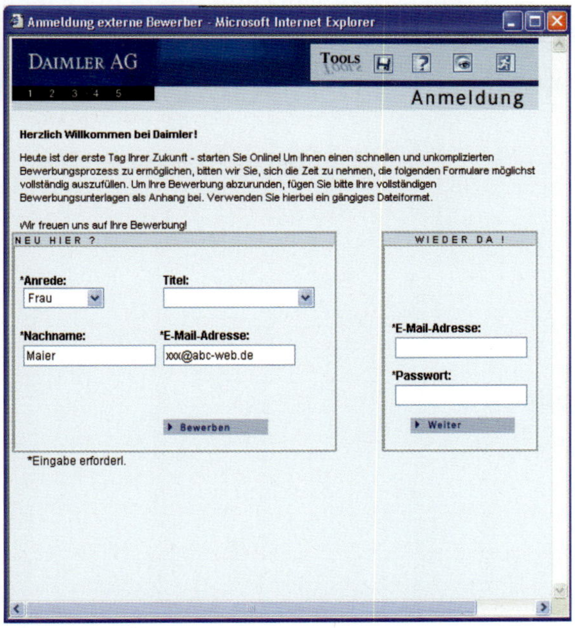

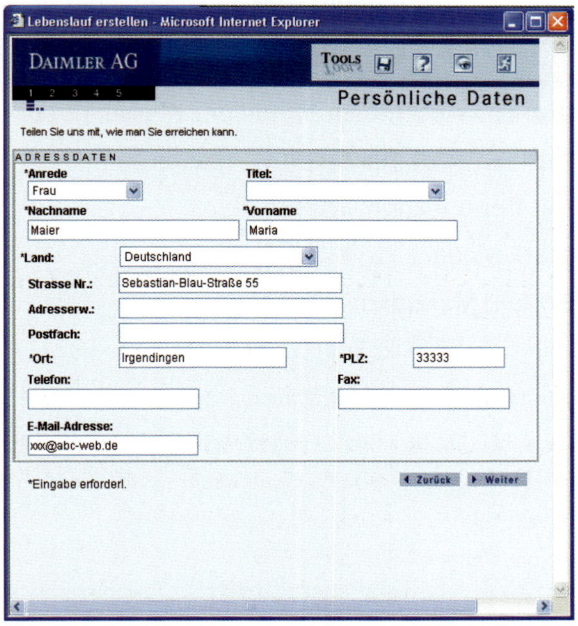

- **RTF** ist die Abkürzung für **R**ich **T**ext **F**ormat. Dieses Format speichert die gesamte Formatierung einer Datei. Es wird benutzt, um Dateien einer Anwendung in eine andere zu übertragen.
- **PDF** ist die Abkürzung für **P**ortables **D**atei**f**ormat, das von Adobe Systems entwickelt wurde. Es kann elektronische Dokumente, unabhängig vom Betriebssystem, vom Anwendungsprogramm und der Hardware originalgetreu wiedergeben. Eine PDF-Datei kann Text, Bilder und Grafiken enthalten.

8.1 E-Mail

Beispiel für eine E-Mail im HTML-Format

An ...	hendrik.schmidt@seitenbacher.de
Cc ...	
Bcc ...	
Betreff:	Ihre Anzeige vom Samstag in den Stuttgarter Nachrichten – Ausbildungsplatz für den Beruf des Automobilkaufmanns
Anhang:	Maier_Mark_Lebenslauf.pdf Maier_Mark_Lichtbild.JPG Maier_Mark_Abschlusszeugnis_Kl12.JPG (Es wird empfohlen, alle Anhänge in einer Datei einzuscannen.)

Sehr geehrter Herr Schmidt,

Sie bieten ab August d. J. **Ausbildungsplätze für den Beruf des Automobilkaufmanns (m/w), Schwerpunkt Kraftrad,** an. Da ich begeisterter Motorradfahrer bin (ich fahre seit zwei Jahren eine Honda CBF 125), würde ich mich sehr freuen, wenn ich in Ihrem Hause einen Ausbildungsplatz erhielte.

Zurzeit besuche ich das Technische Gymnasium an der Max-Eyth-Schule Stuttgart, das ich voraussichtlich im Frühsommer mit dem Abitur verlassen werde.

Seit zwei Jahren besitze ich den Führerschein A1 und seit einem Jahr den Führerschein B. Beim diesjährigen Frühlingsfest auf dem Stuttgarter Wasen war ich als ehrenamtlicher Heimweghelfer tätig und habe neun Festbesucher sicher in ihrem Auto nach Hause gebracht. Außerdem bin ich seit Jahren ehrenamtlicher Helfer im Sanitätsdienst des Stuttgarter Roten Kreuzes.

Weitere persönliche Angaben finden Sie in meinem Lebenslauf. Außerdem füge ich ein Lichtbild und das Abschlusszeugnis der Klasse 12 bei.

Darf ich mich bei Ihnen vorstellen?

Mit freundlichen Grüßen

Mark Maier

E-Mail: Mark.maier@gmx.net

Telefon: 0711 2334455

Postanschrift: Mark Maier, Kawasakistraße 15, 70433 Stuttgart

- Werden Mails im **HTML-Format** übermittelt, werden die Formatierungen, z. B. Fettschrift, Unterstreichungen, mit übermittelt. Die entsprechende Option muss im Mail-Programm aktiviert sein. Wenn das E-Mail-Programm des Empfängers die HTML-Funktion nicht unterstützt, wird die Mail im **Nur-Text-Format** angezeigt.
- Im Nur-Text-Format erscheinen Formatierungen wie Fettschrift z. B. als Stern am Beginn und am Ende der Formatierung. Umlaute werden möglicherweise fehlerhaft dargestellt.

8.2 Gestaltung längerer Texte

Aufgabe 3:

Öffnen Sie die Datei LÄNGERE TEXTE-3 (Begleit-CD).

- **Suchen Sie die Textmarken *Schriftschnitt, Fließtext, Pt, Versalien, Clipart, Paint*.**
  Fügen Sie folgende Fußnoten ein:

  [1] Für „Schriftschnitt“ wird auch der typografische Begriff „Schriftattribut“ oder „Schriftauszeichnung“ verwendet.
  [2] In der Regel ist hier der „Mengentext“ gemeint.
  [3] Typografisches Maß für die Schriftgröße. 1 Pt entspricht ca. 0,352 mm.
  [4] Typografischer Begriff für „Großbuchstaben“
  [5] Vorgefertigte Grafiken
  [6] Paint ist ein Windows-Programm.

- **Nummerieren Sie Abschnittsüberschriften (Formatvorlage ÜBERSCHRIFT 1) automatisch:**

  1 Regeln für den Umgang mit Schrift
  2 Regeln für die Gestaltung von Textflächen
  3 Schriftstücke gestalten mit Cliparts und Bildern

- **Nummerieren Sie Abschnittsüberschriften (Formatvorlage ÜBERSCHRIFT 2) automatisch:**

  1.1 Wahl der Schriftart
  1.2 Wahl der Schriftgröße
  1.3 Schriftschnitt
  1.4 Versalien
  2.1 Zeilenbreite
  2.2 Zeilenabstand
  2.3 Textausrichtung
  2.4 Proportionen
  3.1 Allgemeines
  3.2 Grafikformate (Pixel- und Vektorformate)

- **Erstellen Sie für folgende Begriffe ein Stichwortverzeichnis (Index):**

  Schriftart, Schriftschnitt, Fließtext, Antiquaschriften, Groteskschriften, Schmuckschriften, Schreibschriften, Schriftgröße, Headline, Schriftgrad, Versalien, Zeilenabstand, Textausrichtung, Proportionen, Goldener Schnitt, Cliparts, Grafikformate, Pixelformate, Vektorformate, Komprimierung, Pixelgrafik, Vektorgrafik, Skalierung.

- **Erstellen Sie mithilfe Ihres Programms ein Inhaltsverzeichnis und fügen Sie es am Dateianfang ein.**

Speichern Sie unter LÄNGERE TEXTE-3A.

- ❑ **Abschnittsüberschriften** sind durch je eine Leerzeile vom vorhergehenden und vom folgenden Text abzusetzen. Der **Abschnittsnummer** folgt ein Abstand von mindestens zwei Leerzeichen.
- ❑ **Textmarken** sind Lesezeichen, die Sie unsichtbar im Text verankern. Sie dienen dazu, entsprechende Textstellen schnell zu finden.
- ❑ **Stichwortverzeichnisse** (Index) enthalten in der Regel Begriffe und die zugehörige(n) Seitenzahl(en).
- ❑ Werden **Überschriften automatisch** nummeriert, ist es möglich, ein **Inhaltsverzeichnis** mit den Überschriften und Seitennummern ebenfalls automatisch erstellen zu lassen.

Siehe auch **Fußnoten** auf Seite 32.
Siehe auch Lehrer\Handreichungen**Seitenformatierung – Mehrseitige Schriftstücke – Seitennummerierung** und **Vorlage lange Texte** auf der Begleit-CD.

8.3 Bildschirm-Präsentationen

Jeder weiß, dass „präsentieren" die Bedeutung von „vorstellen" hat. Spontan fällt einem der Jahrmarkt ein, wo Töpfe und Pfannen, Mittel gegen körperliche und sonstige Beschwerden, Kleidung mit besonderen Eigenschaften usw. wortreich, eindringlich und vor allem unterhaltsam und anschaulich „präsentiert" werden.

Mithilfe einer Präsentation soll also ein Produkt oder eine Thematik durch eine schöne Optik, kombiniert mit komprimierten Informationen, optimal dargestellt werden.

Nicht nur im Verkauf und in der Werbung fördert eine gute Präsentation den Verkaufserfolg, auch im Unterricht (z. B. bei Projekten) können gute, zielgruppenorientierte Präsentationen mithilfe eines Multimedia-PCs zu einem positiven Ergebnis führen. Es ist möglich, Seiten einer größeren Präsentation für spezielle Zielgruppen neu zusammenzustellen (zielgruppenorientierte Präsentation).

Für die Erstellung einer Bildschirmpräsentation stehen sog. Präsentationsprogramme, z. B. PowerPoint, Mediator, zur Verfügung. Ein Präsentationsprogramm bietet Musterlayouts, vielfältige Möglichkeiten der Textgestaltung, Grafikmodule zur Erzeugung von Diagrammen aus Tabellen, Clipart-Bibliotheken u. v. a. m.

Das Programm macht es möglich, Texte, Bilder, Grafiken und Diagramme auf einzelnen Folien anzuordnen und zu gestalten. Wie bei einer Diashow können diese Folien dem Betrachter vorgeführt werden; zur Vergrößerung wird in der Regel ein Beamer eingesetzt, der die Folien auf eine Leinwand projiziert.

Es ist möglich, Texte zu „animieren", z. B. können einzelne Vortragspunkte nacheinander am Bildschirm erscheinen, die Folienübergänge werden durch verschiedene Möglichkeiten des Ein- und Ausblendens individuell gestaltet, außerdem können Klänge, Videos, Stimmaufzeichnungen oder eine Hintergrundmusik eingebunden werden.

Eine Präsentation kann automatisch ablaufen oder so gestaltet werden, dass sie von einem Vortragenden moderiert wird.

Es wird empfohlen, die einzelnen Folien plakativ zu gestalten, sie sollten wenig Elemente (pro Seite nur ein Thema, eine Idee), keine Details, aber kräftige Farben und starke Kontraste enthalten.

Texte müssen sauber strukturiert werden; außerdem ist eine große Schrift zu verwenden, damit die Lesbarkeit bis in die letzte Reihe des Vortragsraums gewährleistet ist. Auf einer Folie sollen möglichst wenig Zeilen stehen.

Als Grundregel gilt, dass ein Vortrag nicht mehr als 30 Folien enthalten soll.

Im Übrigen gelten für Präsentationen dieselben typografischen Regeln wie für die Gestaltung von Texten[1], so sollen sich die Schriftgrößen von Überschriften und sonstigem Text deutlich unterscheiden, viele unterschiedliche Schriftarten, Schriftgrößen und Schriftattribute sind zu vermeiden.

Beispiel für eine Bildschirm-Präsentation (Folienansicht)[2]

Folie 1

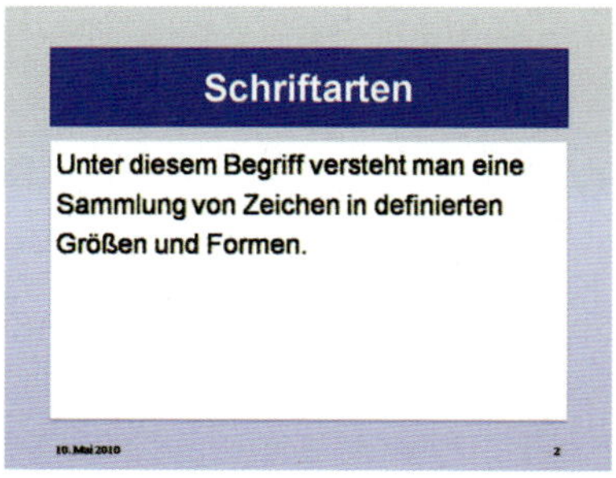

Folie 2

Folie 3

[1] Siehe Gestaltungsregeln für Schriftstücke (Datei LÄNGERE TEXTE-3A auf der Begleit-CD).

[2] Siehe Lehrer\Präsentationen**Allgemeine Hinweise für den Umgang mit Schrift** auf der Begleit-CD.

8.3 Bildschirm-Präsentationen

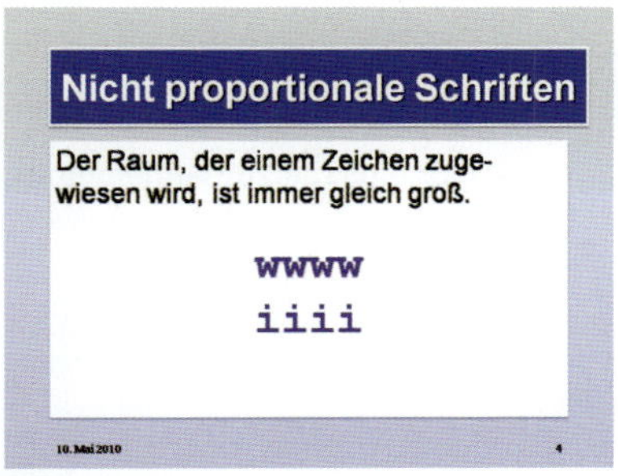

Folie 4

Folie 5

Folie 6

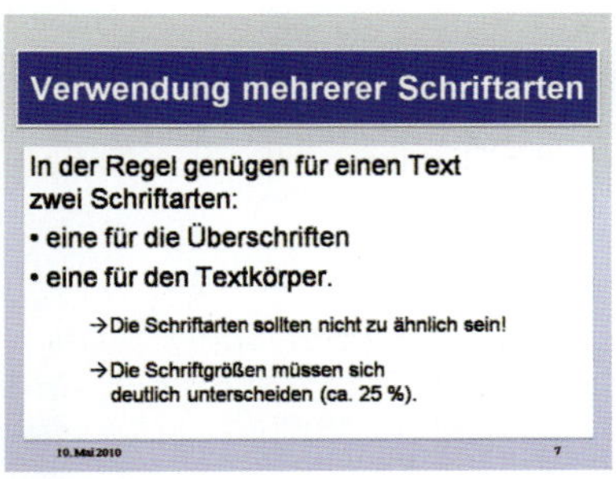

Folie 7

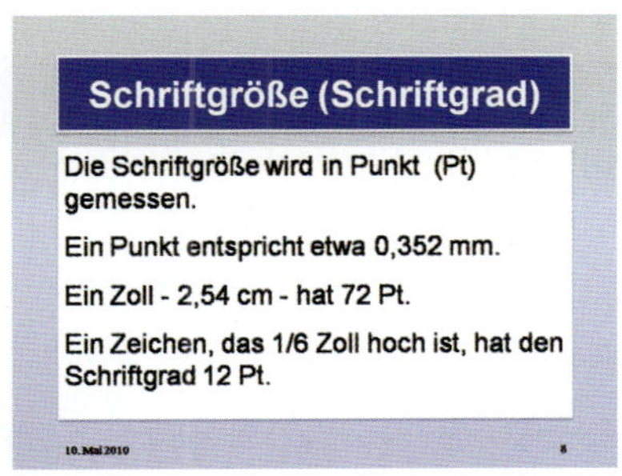

Folie 8

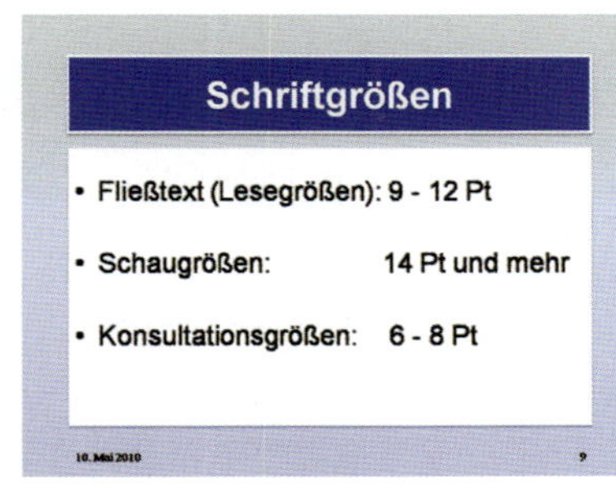

Folie 9

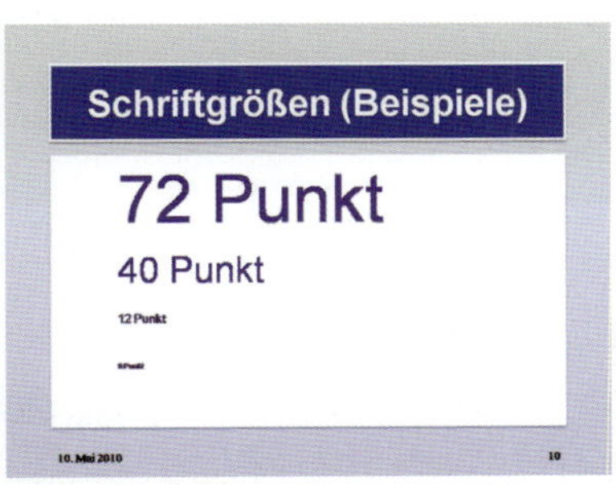

Folie 10

Folie 11

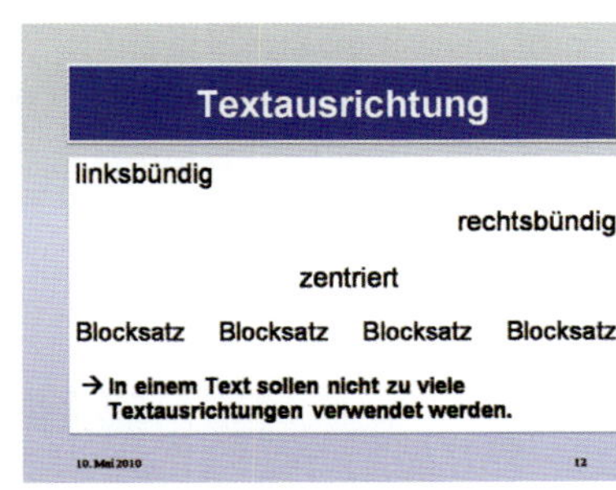

Folie 12

Folie 13

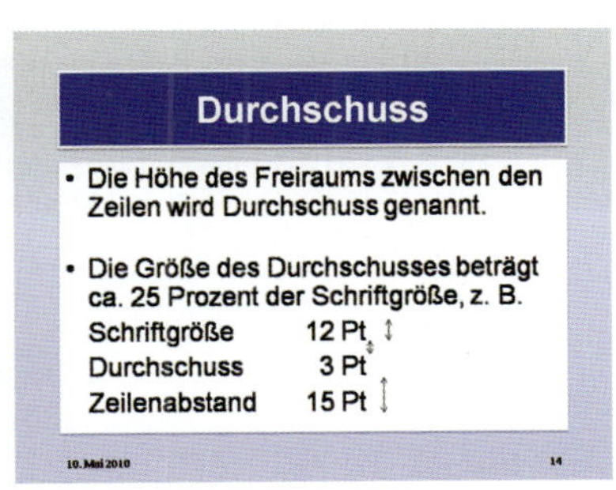

Folie 14

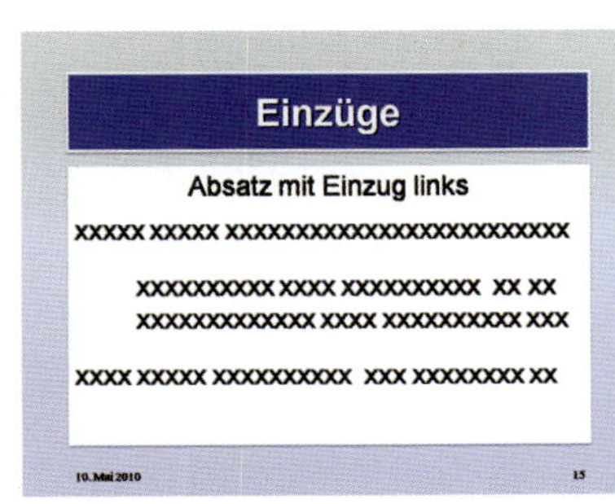

Folie 15

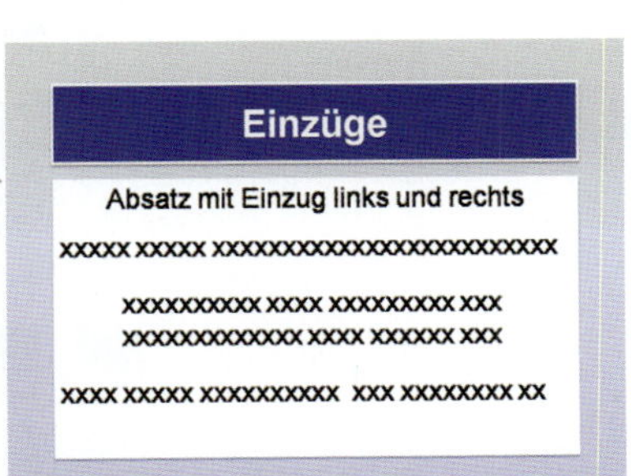

Folie 16

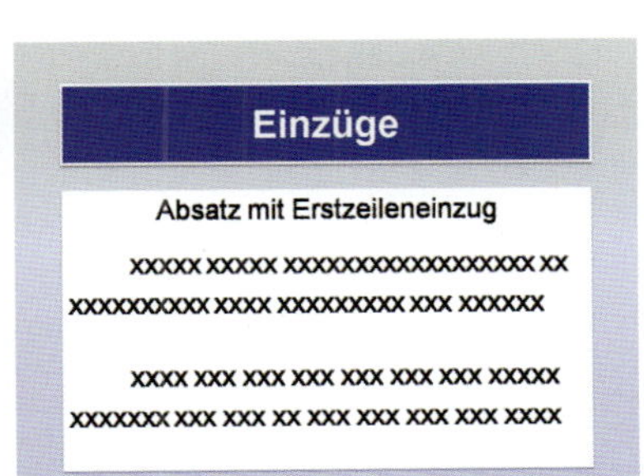

Folie 17

Folie 18

8.3 Bildschirm-Präsentationen

Interaktive Bildschirmpräsentation [1]

Folie 1

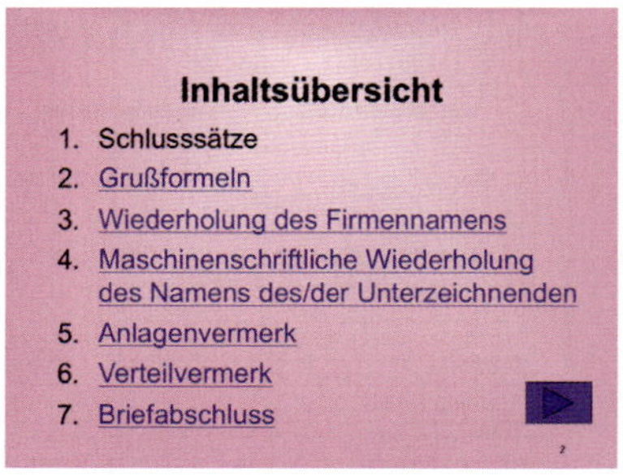

Folie 2

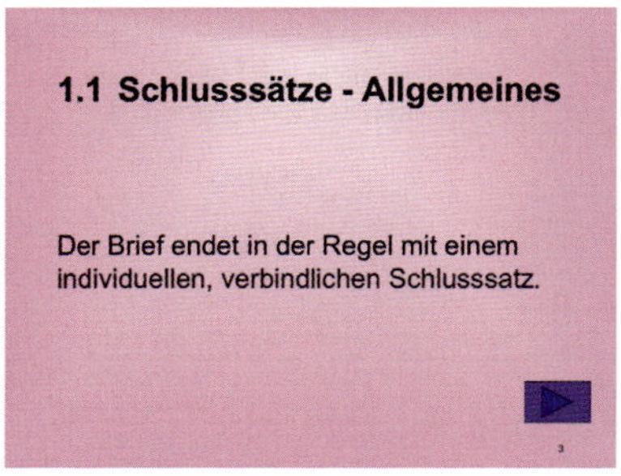

Folie 3

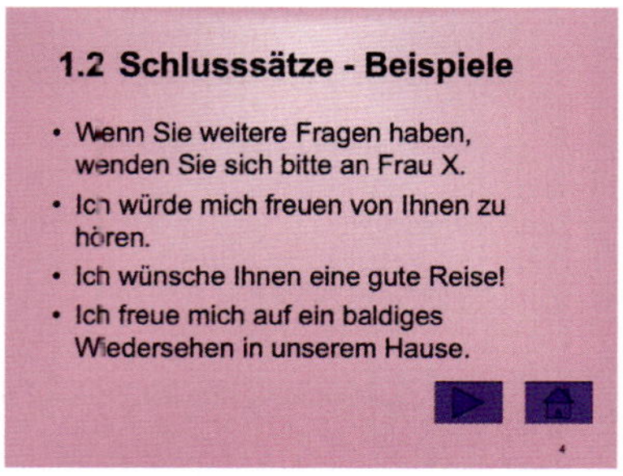

Folie 4

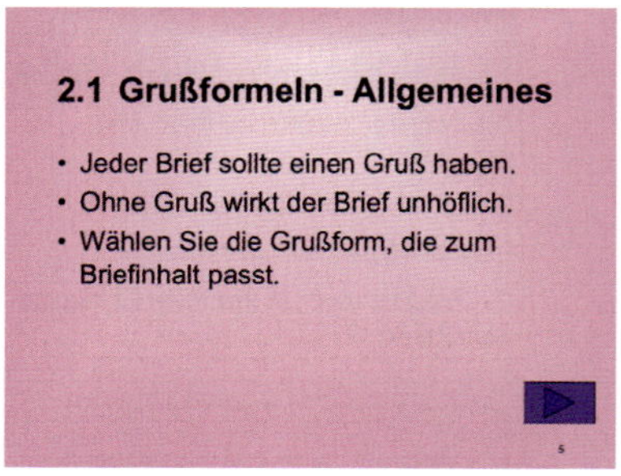

Folie 5

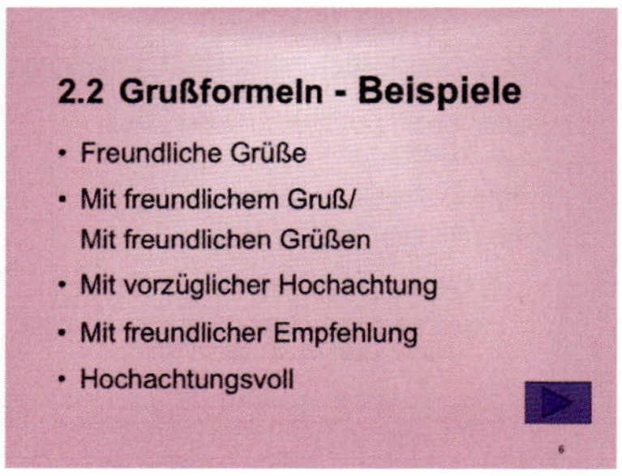

Folie 6

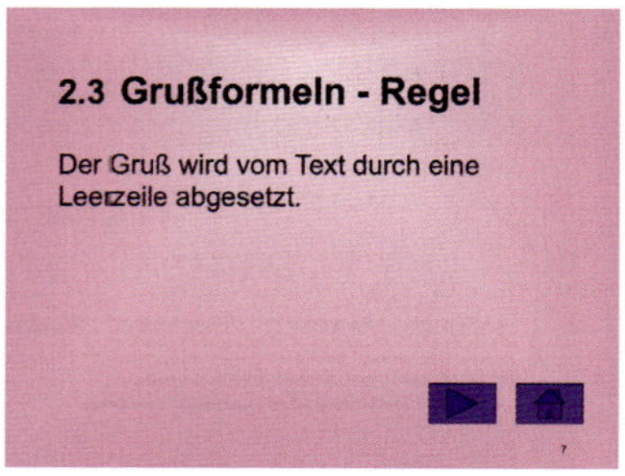

Folie 7

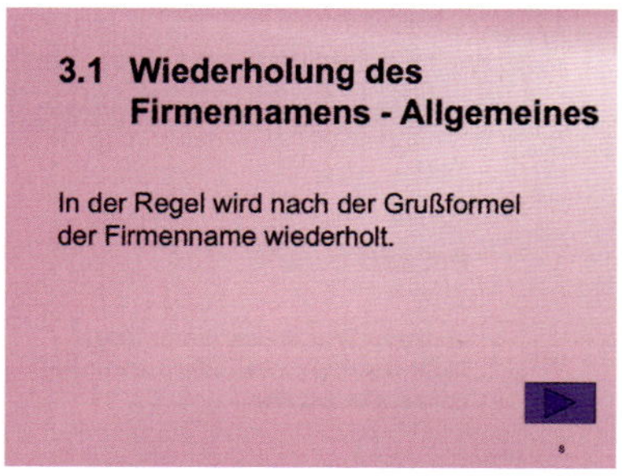

Folie 8

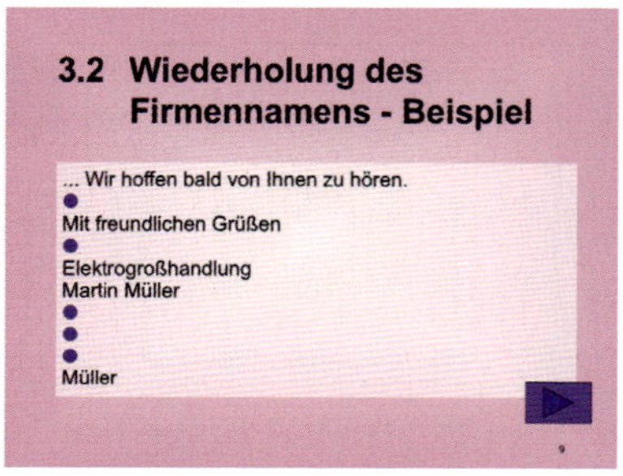

Folie 9

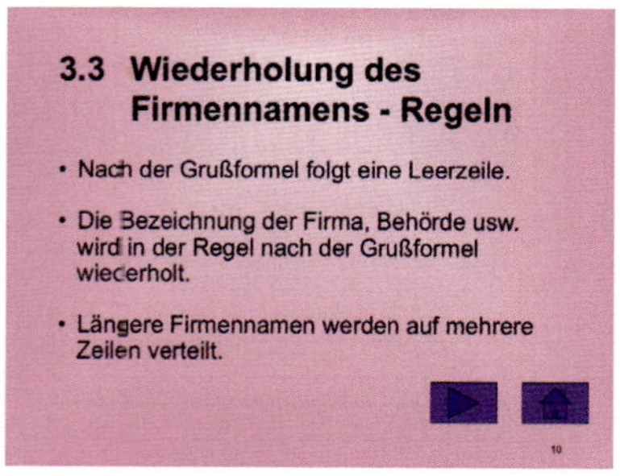

Folie 10

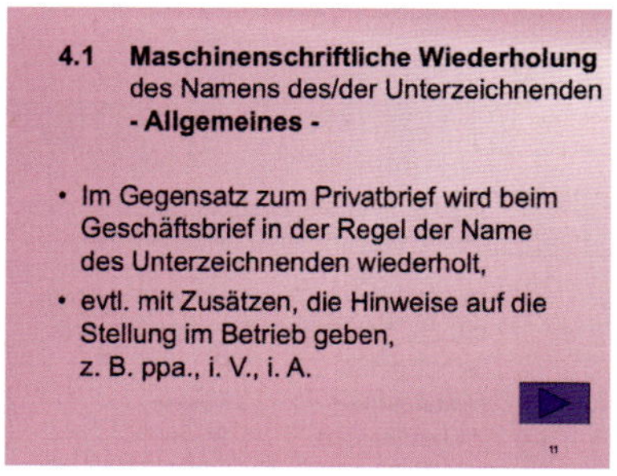

Folie 11

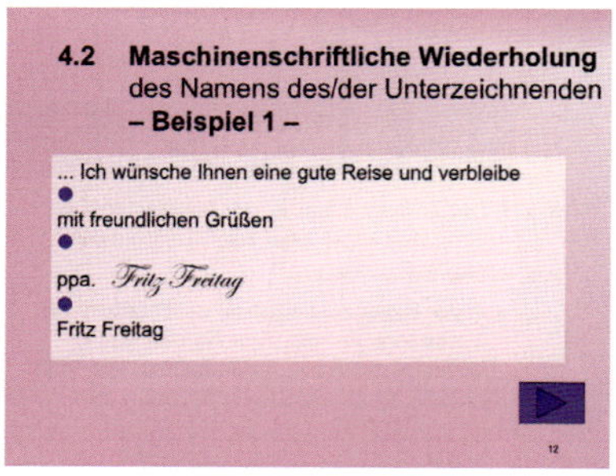

Folie 12

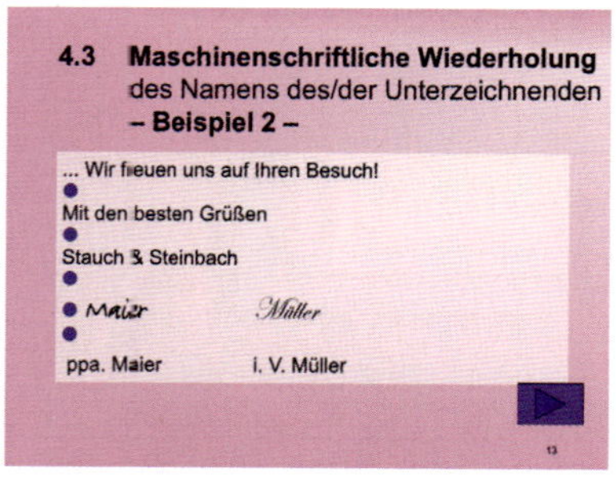

Folie 13

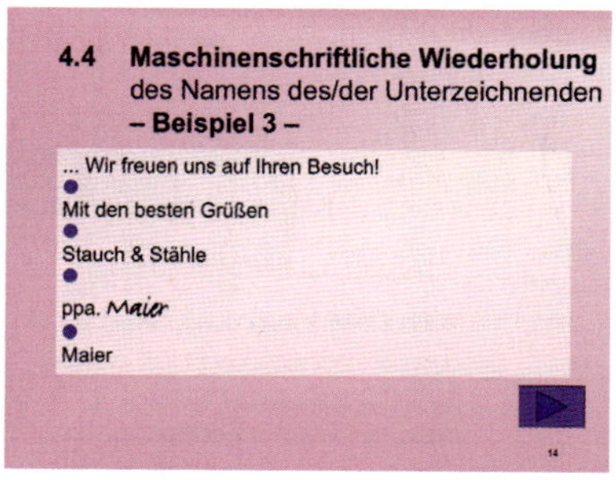

Folie 14

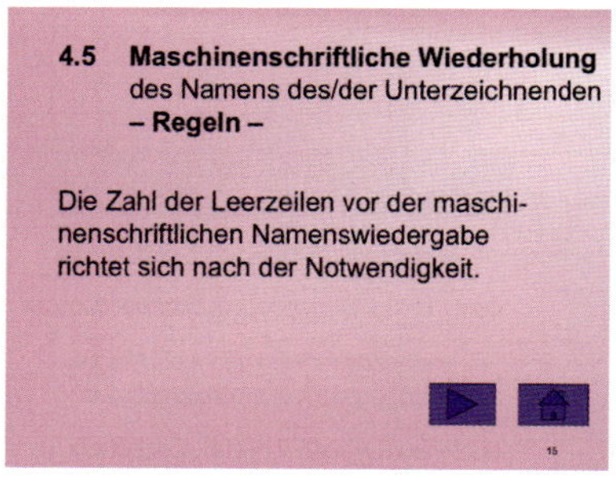

Folie 15

[1] Siehe PowerPoint-Präsentation **Der Briefabschluss** auf der Begleit-CD.

8.3 Bildschirm-Präsentationen

Interaktive Bildschirmpräsentation (Fortsetzung)

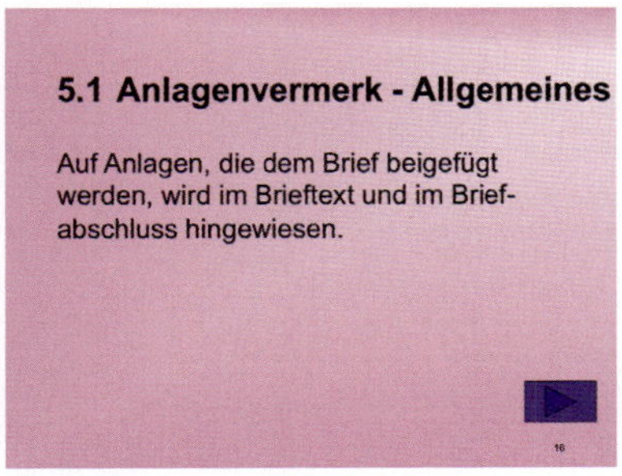

Folie 16

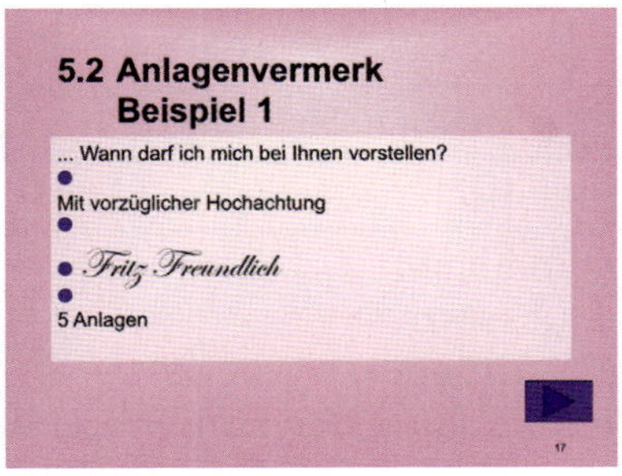

Folie 17

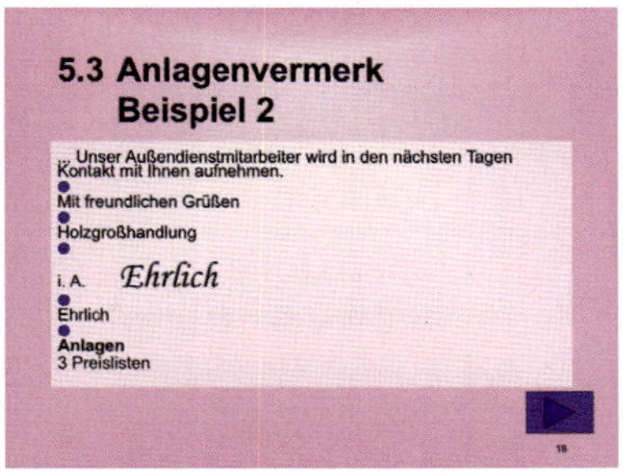

Folie 18

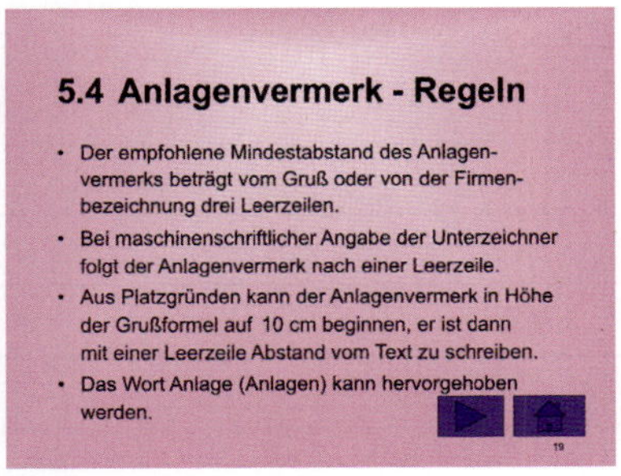

Folie 19

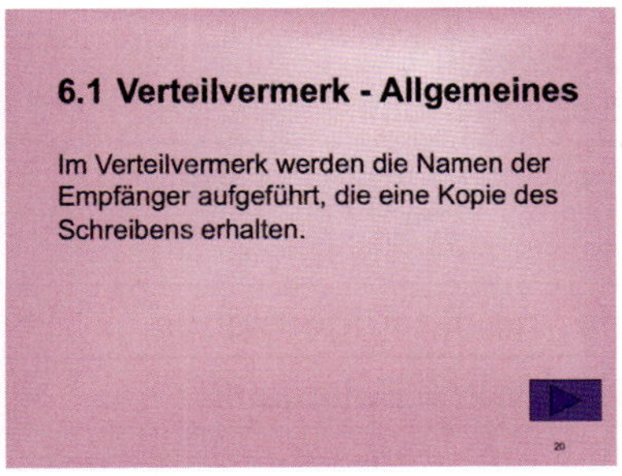

Folie 20

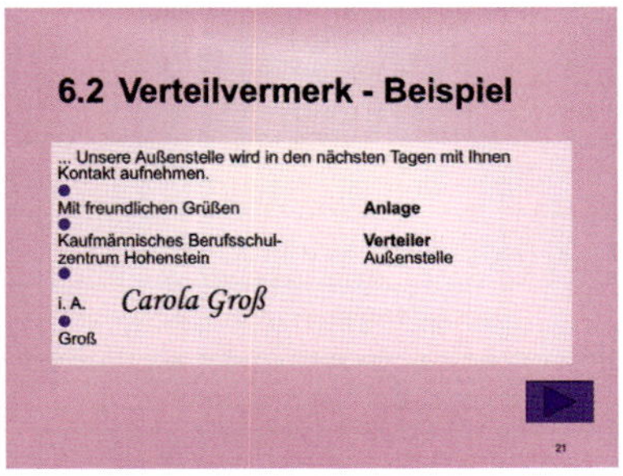

Folie 21

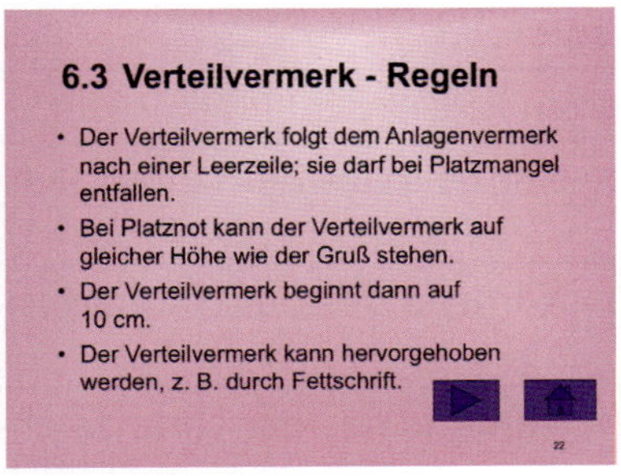

Folie 22

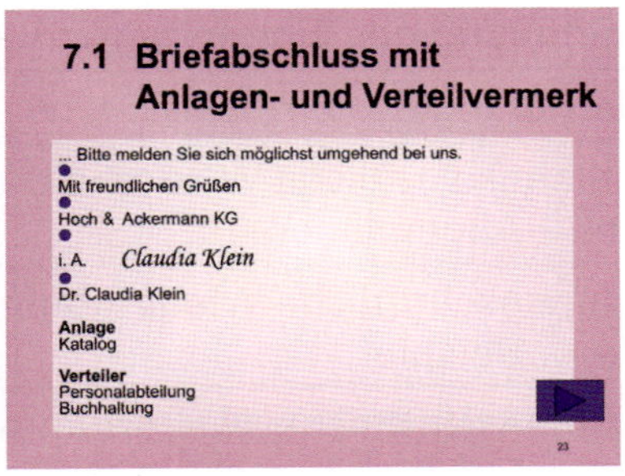

Folie 23

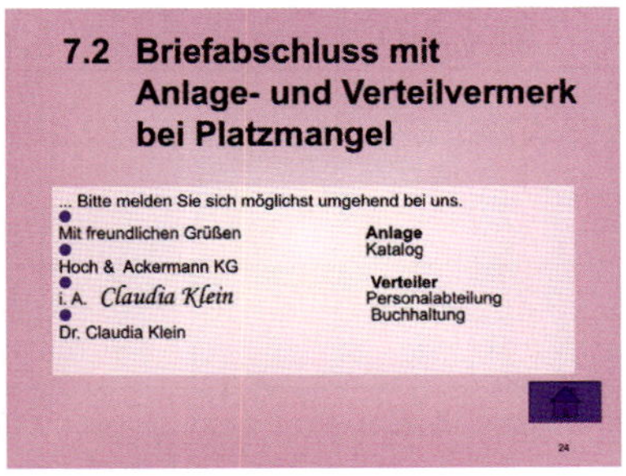

Folie 24

Interaktive Bildschirmpräsentationen

Interaktive Bildschirmpräsentationen sind besondere Präsentationen, bei denen der Vortragende auf Grund einer bestimmten Situation reagieren und die Präsentation entsprechend steuern kann.

Bei einer selbstablaufenden Präsentation kann der Betrachter selbst eine Selektion von Inhalten, die ihn interessieren, vornehmen.

Voraussetzung für eine interaktive Bildschirmpräsentation sind

- eine **gute Strukturierung** des Themas
- das Vorhandensein einer **Inhaltsfolie** (Agenda), in der die Titel der Folien, die angesteuert werden sollen, aufgeführt sind
- und **Hyperlinks**, mit deren Hilfe die gewünschten Folien angesteuert werden können

❑ Ein **Hyperlink** bzw. Link wird gesetzt, um Inhalte mit Informationen auf einer anderen Stelle in einer Datei oder im Internet zu verknüpfen.

8.3 Bildschirm-Präsentationen

Struktur einer interaktiven Bildschirmpräsentation.

Siehe Beispiel Seiten 150 und 151.

Folie	Struktur	Inhalt der Beispiel-Präsentation
1	Titelfolie	Der Briefabschluss
2	Inhaltsfolie (mit Verlinkung)	Inhaltsübersicht 1 Schlusssätze 2 Grußformeln 3 Wiederholung des Firmennamens 4 Maschinenschriftliche Wiederholung des Namens des/der Unterzeichnenden 5 Anlagenvermerk 6 Verteilvermerk 7 Briefabschluss
3	1.1	Schlusssätze – Allgemeines
4	1.2	Schlusssätze – Beispiele
5	2.1	Grußformeln – Allgemeines
6	2.2	Grußformeln – Beispiele
7	2.3	Grußformeln – Regeln
8	3.1	Wiederholung des Firmennamens – Allgemeines
9	3.2	Wiederholung des Firmennamens – Beispiel
10	3.3	Wiederholung des Firmennamens – Regeln
11	4.1	Maschinenschriftliche Wiederholung des Namens des/der Unterzeichnenden – Allgemeines
12	4.2	Maschinenschriftliche Wiederholung des Namens des/der Unterzeichnenden – Beispiel 1
13	4.3	Maschinenschriftliche Wiederholung des Namens des/der Unterzeichnenden – Beispiel 2
14	4.4	Maschinenschriftliche Wiederholung des Namens des/der Unterzeichnenden – Beispiel 3
15	4.5	Maschinenschriftliche Wiederholung des Namens des/der Unterzeichnenden – Regeln
16	5.1	Anlagenvermerk – Allgemeines
17	5.2	Anlagenvermerk – Beispiel 1
18	5.3	Anlagenvermerk – Beispiel 2
19	5.4	Anlagenvermerk – Regeln
20	6.1	Verteilvermerk – Allgemeines
21	6.2	Verteilvermerk – Beispiel
22	6.3	Verteilvermerk – Regeln
23	7.1	Briefabschluss mit Anlagen- und Verteilvermerk
24	7.2 Schlussfolie	Briefabschluss mit Anlagen- und Verteilvermerk bei Platzmangel

Von der **Inhaltsfolie** aus kann der Anwender/die Anwenderin selbst den Inhalt wählen. In unserem Beispiel kann zwischen sieben Themen ausgewählt werden. Am Ende jedes Themas besteht die Möglichkeit wieder zur Inhaltsfolie zurückzukehren.

Siehe auch PowerPoint-Präsentation **Der Briefabschluss** auf der Begleit-CD.

8.3 Bildschirm-Präsentationen

Aufgabe 4:

Erstellen Sie mithilfe des nachstehenden Textes eine Bildschirm-Präsentation.

Suchen Sie im Internet nach Bildern von Scannern, Digitalkameras und Speichermedien für Digitalkameras. Fügen Sie geeignete Bilder in Ihre Präsentation ein.

Speichern Sie unter PRÄSENTATION-4.

Bildgewinnung für Bildschirm-Präsentationen

Beim Erstellen einer Bildschirm-Präsentation spielt der Einsatz von Bildern eine große Rolle. Sie müssen zum Thema passen und sollten bei Bedarf bearbeitet werden.

Für die Bildgewinnung gibt es verschiedene Möglichkeiten:

1 Scanner

Auf dem Markt sind Scanner für viele Einsatzbereiche erhältlich, z. B. zum Scannen von Dokumenten, transparenten Vorlagen, dreidimensionalen Objekten. Es gibt Flachbett-, Hand- und Einzugscanner.

Wichtig beim Scannen ist die Wahl der **Auflösung**. Die Auflösung bestimmt die Qualität des Bildes am Monitor und im Druck. Die Auflösung wird in dpi (dots per inch – Punkte pro Zoll) oder ppi (Pixel per inch) angegeben. Je höher die Zahlenwerte sind, desto höher ist die Bildqualität. Für den Einsatz auf einer Webseite oder einer Bildschirm-Präsentation reicht eine Auflösung von 72 Punkt. Für die Ausgabe über den Drucker ist neben der richtigen Papierwahl eine Auflösung von 150 bis 300 dpi richtig. Wenn das Bild bei einer Druckerei gedruckt wird, ist eine Auflösung von mindestens 300 dpi zu wählen.

Auch die **Farbtiefe** bestimmt die Qualität des Bildes. Sie gibt die Anzahl der Farben an, die gleichzeitig dargestellt werden können.

2 Digitale Kamera

Die digitalen Kompaktkameras sind in den letzten Jahren immer kleiner, leistungsfähiger und preiswerter geworden. Sie verfügen häufig über einen **Lithium-Ionen-Akku**, der eine deutlich längere Betriebszeit ermöglicht. Auch bei der digitalen Kamera spielt die **Bildauflösung** eine große Rolle. Derzeit werden Kameras mit 10 Megapixeln im zweistelligen €-Bereich angeboten, wobei zu berücksichtigen ist, dass außer der Pixelzahl auch noch andere Komponenten der Kamera die Bildqualität beeinflussen und höhere Auflösungen nur bei ungewöhnlich großen Ausdrucken eine Rolle spielen. **Speichermedien** sind **Speicherkarten** (z. B. CompactFlash-, SmartMedia-, SD-Karte, xD-Karte). Die Bilder werden in der Regel über einen **USB-Anschluss** auf den PC übertragen.

Wer Belichtungszeit, Blende oder Blitz einstellen oder mit Wechselobjektiven arbeiten will, sollte sich für eine **digitale Spiegelreflexkamera** entscheiden, die in letzter Zeit für den ambitionierten Hobbyfotografen erschwinglich geworden ist. Sie ist größer und schwerer als die Kompaktkamera. **Speichermedien** sind CompactFlash-, SD- oder SDHC-Karte.

3 Digitalisierung auf CD oder DVD

Viele Firmen bieten einen Scanservice an. Der analoge Film (Dias oder Negative) wird mit Diascannern digitalisiert und als JPEG-Dateien auf eine CD oder DVD gebrannt. Die Bilder können im Computer weiterbearbeitet werden.

4 Fotos und Grafiken auf CD, DVD oder zum Download aus dem Internet

sind gute Quellen für die Bildgewinnung; zu beachten sind aber die Lizenzvereinbarungen.

5 Grafiken

Mit einem Grafikprogramm, z. B. einem Malprogramm, und etwas künstlerischem Talent können Sie Grafiken selbst erstellen. Mit etwas Übung können Sie mithilfe eines Programms (z. B. Microsoft GIF-Animator) sogar animierte GIFs selbst herstellen.

Siehe auch PowerPoint-Präsentation **Bildgewinnung für Bildschirm-Präsentationen** auf der Begleit-CD.

9.1 Grifffolgen, Wortübungen und Fließtexte

In der Geschäftswelt wird international sehr viel Korrespondenz in englischer Sprache geführt. Deshalb ist es wichtig, Texte flüssig schreiben zu können.

In der englischen Sprache sind manche Grifffolgen anders als im Deutschen, ebenso ist die Aussprache der Selbstlaute und der Mitlautfolgen oft unterschiedlich zum Deutschen. Aus diesem Grunde sollten solche Abweichungen besonders intensiv geübt werden.

Wörter wie *is, and* oder *under* werden anfangs manchmal versehentlich deutsch geschrieben, also *ist, und* oder *unter*, weil das Gehirn erst einmal auf die fremde Sprache umgestellt werden muss.

Aufgabe 1:

Erfassen Sie jede der folgenden Zeilen so oft, bis Sie sie flüssig und korrekt schreiben können. (Schriftart: Courier, 12 Pt, Zeilenlänge: 15 cm)

```
shops fish dish shells rush flash shall dash sash cash mash
year see sea busy thing evening keen mean jeans beans trees
ours hours ghostly browse gout lousy mouse spouse now about
goods whose would woods should loop root rood could looping
weather whether there their very that marry merry very fate
lease please bees dear days fairs care pair hair where were
join coin void choice toys annoyed loin pie type mine night
fudge judge touch much come such buy bay by arrival why sky
learning girls hernia purse turning learn burn firms cursor
stretching counting laughing cursing hearty victory earlier
smile smooth snake swim sweets tough right high light ghost
attentive fantastic investigate equipment taxation acquaint
bicycles exciting access accept exact exhaust example excel
```

Aufgabe 2:

Den folgenden Satz sollten Sie sich einprägen und immer zum „Einschreiben" benutzen. Er enthält alle internationalen Buchstaben des Alphabets.

```
The quick brown fox jumps over the backs of the lazy dogs.
```

9.1 Grifffolgen, Wortübungen und Fließtexte

Aufgabe 3:

Lesen Sie zunächst den folgenden Text durch. Versuchen Sie ihn zu übersetzen.

Schreiben Sie den Text langsam und konzentriert ab. Schreiben Sie ihn anschließend mehrmals flüssig ab, bis Sie in etwa Ihre „deutsche Schreibgeschwindigkeit" beim englischen Text erreicht haben.

Stellen Sie die Schriftart Courier, 12 Pt, und eine Zeilenlänge von 14,5 cm ein. Dann müssten die Zeilen wie unten umgebrochen werden.

Annual General Meeting

The Annual General Meeting will this year take place on
25 March 201.. It enables us to meet Companies Act
requirements regarding the frequency of Annual General
Meetings without obliging us to hold additional meetings
in 201.. A letter to shareholders giving formal notice
of the 201. Annual General Meeting will be sent in
February. We expect that, starting in the year 201., the
Annual General Meeting will be held in July each year.

Aufgabe 4:

Schreiben Sie auch diesen Text, bis Sie ihn flüssig eintasten können.

English Heritage

New for the year 201. is an exhibition at Dover Castle
which brings to life the drama of a Medieval siege.
Pendennis Castle in Cornwall also paves the way to the
past with a Discovery Centre featuring 500 years
of the fortification's history. Down House, home of
Charles Darwin, opens in April following a year-long
programme of repair and conservation. The ground floor
rooms are an accurate representation of the family home,
while exhibits upstairs feature different aspects of his
work. The gardens are also being restored.

- In englischen Texten werden nach jedem satzschließenden Punkt (auch nach Ausrufe- und Fragezeichen) zwei Leerzeichen gesetzt. Im amerikanischen Englisch folgen auch nach einem Doppelpunkt zwei Leerzeichen.

9.1 Grifffolgen, Wortübungen und Fließtexte

Aufgabe 5:

Schreiben Sie den folgenden Text ab. Zum leichteren Vergleichen legen Sie die Zeilenlänge auf 14,5 cm fest. Aktivieren Sie die Schriftart Courier, 12 Pt. Ändern Sie anschließend die Schriftart auf Arial.

The Museum of London

The Museum of London has suffered a significant drop in visitor numbers over the last ten years but with the introduction of our new exhibitions programme and increased publicity in the media, we are seeing a reversal of this trend. However, this has highlighted the need for a membership scheme which allows for income generated to be more effectively channelled towards specific projects, as well as giving people the opportunity to choose a level of support to suit them.

I do hope that you will continue to be involved with the Museum of London in an exciting period in its development.

Aufgabe 6:

Bei diesem Text sind zum leichteren Abschreiben Absätze eingefügt, die Sie beim Abschreiben nicht zu beachten brauchen.

Choice of purchases

We all make purchases and have hesitated at some time or other in our choice of goods. On thinking over the matter, it has been difficult on occasion to say whether we have made the ultimate decision or have been guided to it by the salesman or saleswoman. As opportunity offers

we may gain an insight into the art of selling by analysing the methods employed when we buy our goods. We may watch, for example, the process by which we are to be convinced of the wisdom of making the particular purchase and how this process differs with different goods and

different salesmen. To be a successful salesman the first and chief qualification is to understand the customer so that he may be dealt with sympathetically and in the most effective way. The salesman, therefore requires a knowledge of persons and the ability to determine at a

glance, or after a short conversation, the type he is dealing with.

9.2 10-Minuten-Abschriften

Aufgabe 7:

Lesen Sie zunächst den Text durch. Übersetzen Sie den Text.

Schreiben Sie die Vorübung dreimal.

Schreiben Sie den Text zunächst langsam und konzentriert ab. (Er ist eine Vorübung zum Text auf Seite 158, den Sie als 10-Minuten-Abschrift behandeln sollten.) Schreiben Sie ihn anschließend so oft flüssig ab, bis Sie die Minutenanschlagszahl erreicht haben, die Sie auch bei deutschen 10-Minuten-Abschriften leisten.

(Wenn Sie die Schriftart Courier, 12 Pt, und eine Zeilenlänge von 15 cm wählen, müsste der Zeilenumbruch wie unten sein.)

Vorübung

showing enjoying throughout responsibilities foresters
countryside proper habitat wildlife fragile watertight

Membership of the National Trust	**Anschläge**
As a member of the National Trust for Places of Historic	63
Interest or Natural Beauty you are showing how much you	123
care about the best of this country's built and natural	180
heritage. The National Trust protects the places that you	243
love, and we hope that you are enjoying the chance of free	304
entry to many beautiful places throughout Britain. The	363
National Trust has many responsibilities, coast and	418
countryside require expert care by naturalists, foresters	477
and botanists to maintain the proper habitat for our native	538
plants and wildlife. The costs of keeping the fragile old	599
buildings we protect watertight and damp free, and	651
preserving their precious contents rise every year.	705
Gardens require attention all year round too, pruning,	762
planting, maintaining paths, and tackling weeds and pests.	822
All of this work is funded by our members. But we could	882
not have achieved so much over the last 100 years without	941
the support and generosity of members from all around the	1000
world with their additional donations. With just a little	1061
extra help we can do even more.	1093

9.2 10-Minuten-Abschriften

Aufgabe 8:

Lesen Sie zunächst folgenden Text durch. Übersetzen Sie den Text. Je nach Sprachkenntnissen können Sie den Inhalt auch während der Abschrift verstehen.

Schreiben Sie den Text zunächst langsam und konzentriert ab. Schreiben Sie ihn anschließend so oft flüssig ab, bis Sie die Minutenanschlagszahl erreicht haben, die Sie bei deutschen 10-Minuten-Abschriften leisten.

Stellen Sie vor Schreibbeginn fest, wo Sie das Pfundzeichen (£) finden!

Vorübung

collaboration majestic beauty beautiful threat Scientific
Interest sympathetic exploitation environment opportunity
safeguard possibilities critical moment spectacular piece

The National Trust	**Anschläge**
The National Trust for Places of Historic Interest or	61
Natural Beauty, in collaboration with others, is very	118
anxious to save a marvellous area in the heart of	169
Snowdonia, but needs help as the sale price may be as	225
high as £3 million. Snowdon is the highest peak in Wales	287
and England and is world-renowned for its majestic	340
beauty. But like so many beautiful places it is under	397
threat. One of the main paths to the summit goes right	455
across the land now for sale, and large parts of it are	512
Sites of Special Scientific Interest or National Nature	575
Reserves. A new owner might not consider the sympathetic	636
management of these a priority. Also, in other hands,	693
development of the buildings and exploitation of the land	752
could seriously damage the environment. This is an	806
unmissable opportunity to safeguard perhaps the most	860
famous of all places in Wales. Yet there are other very	920
important calls on our resources. We cannot be sure	975
that, in the end, we will be able to save Snowdon, even	1033
though we are vigorously exploring all possibilities of	1090
funding. If we are not able to use your gift for the	1146
Snowdon property we will, if we may, use it for other	1202
important work in Snowdonia unless you tell us otherwise	1261
or, of course, we will return it if you prefer. Please	1319
help by sending your gift at this critical moment. We	1376
will not get another chance to preserve this spectacular	1434
piece of central Snowdonia for the nation.	1478

❑ Währungs- und Nummernzeichen stehen ohne Leerzeichen vor der Zahl, z. B. $4, #5.

9.3 Tabellen

Aufgabe 9:

Schreiben Sie die folgende Tabelle ab und speichern Sie sie unter ENGL-9.

Internationale Buchstabiertafeln

Buchstabe	International	Britisches	Amerikanisches
		Englisch	
A	Amsterdam	Andrew	Abel
B	Baltimore	Benjamin	Baker
C	Casablanca	Charlie	Charlie
D	Danemark	David	Dog
E	Edison	Edward	Easy
F	Florida	Frederick	Fox
G	Gallipoli	George	George
H	Havana	Harry	How
I	Italia	Isaac	Item
J	Jérusalem	Jack	Jig
K	Kilogramme	King	King
L	Liverpool	Lucy	Love
M	Madagaskar	Mary	Mike
N	New York	Nellie	Nan
O	Oslo	Oliver	Oboe
P	Paris	Peter	Peter
Q	Québec	Queenie	Queen
R	Roma	Robert	Roger
S	Santiago	Sugar	Sugar
T	Tripoli	Tommy	Tare
U	Upsala	Uncle	Uncle
V	Valencia	Victor	Victor
W	Washington	William	William
X	Xanthippe	Xmas	X
Y	Yokohama	Yellow	Yoke
Z	Zürich	Zebra	Zebra

- Die **deutsche Buchstabiertafel** kennen Sie. Weniger bekannt ist die in Deutschland im Verkehr mit dem Ausland benutzte **internationale Buchstabiertafel**.
- In Großbritannien wird für die englische Sprache das **englische Buchstabieralphabet** angewandt; in Amerika ist es sinnvoll das **amerikanische** zu kennen.

9.3 Tabellen

Aufgabe 10:

Erfassen Sie von der folgenden Tabelle zunächst die erste Spalte. Schreiben Sie in die zweite und dritte Spalte die zusammenpassenden Begriffe und speichern Sie die Datei unter ENGL-10.

Zum Beispiel:

night	evening	morning

Zusammenpassende Begriffe

night	arm	autumn
angry	bus	east
bed	butter	bicycle
bread	cinema	knife
car	mother	morning
cow	cup	dress
lunch	yellow	green
leg	cat	cheese
sister	happy	table
fork	shirt	glass
grass	spoon	brother
blouse	chair	eye
hotel	spring	dog
saucer	evening	supper
red	dinner	bush
west	flower	sad
winter	north	school

Aufgabe 11:

Ordnen Sie die Lösung alphabetisch aufsteigend zuerst nach der ersten Spalte, dann nach der zweiten und schließlich nach der dritten.

Aufgabe 12:

Teilen Sie jede der drei Spalten der Datei ENGL-10 in der Mitte und schreiben Sie die deutsche Bedeutung daneben! Passen Sie die Spaltenbreiten an. Speichern Sie diese Lösung unter ENGL-12.

Zum Beispiel:

night	Nacht	evening	Abend	morning	Morgen

Aufgabe 13:

Suchen Sie zu den drei Wörtern einer Reihe der Datei ENGL-10 noch ein viertes passendes Wort! Speichern Sie die Tabelle unter ENGL-13.

Zum Beispiel:

night	evening	morning	afternoon

9.3 Tabellen

Aufgabe 14:

Der Verkaufsleiter Ihrer Firma reist sehr viel. Seine Familie und die Firma müssen immer wissen, wo er gerade ist.

Entwerfen Sie eine Tabelle mit 5 Spalten (Weekday/From To/By/Hotel/Telephone) mit den folgenden Angaben! Speichern Sie unter ENGL-14.

ITINERARY for Mr G W Winter
for the week from Monday, 5 June 201. till Saturday, 10 June 201..

MONDAY From London to Paris by coach and rail through Eurotunnel. Reservation at the City-Hotel. Tel 0142 459766

TUESDAY and WEDNESDAY From Paris to Toulouse by train. Reservation at the Grand Hotel. Tel 0561 130252

THURSDAY and FRIDAY From Toulouse to Limoges by coach. Reservation at Château Grésille. Tel 0555 341608

SATURDAY From Limoges to London by train and coach through Eurotunnel.

Aufgabe 15:

Die *Commercial School of London, 69 Altmore Avenue, East Ham, LONDON E6 2BZ,* ehrt die guten Leistungen der Schülerinnen und Schüler mit einem abendfüllenden Programm *am 25. August 201. um 18:00 Uhr.*

Gestalten Sie das Programm für die *Prize-giving in der Eureka Hall* als 3-spaltige Tabelle, eine Spalte für die Programmteil-Nummer, eine Spalte für den Programmteil und eine Spalte für die Namen der Ausführenden. Speichern Sie unter ENGL-15.

PROGRAMME

1 Welcome Principal

2 Introduction of speaker Mr P Green

3 Guest Speaker Mr D M Baker

4 Piano Recital Liszt „Hungarian Rhapsodie No. 2" Cheryl Craig

5 Vote of thanks Mrs J Malherbe

6 Organ Recital Tchaikowsky „Second Movement from Fifth Symphony" John White

7 Prize-giving Principal

8 National Anthem

9.3 Tabellen

Aufgabe 16:

Erfassen Sie folgende Tabelle und speichern Sie sie unter ENGL-16. Die Tierkreiszeichen finden Sie unter Sonderzeichen.

Tierkreiszeichen in D – GB – F – NL

Zeichen	von bis	Deutsch	Englisch	Französisch	Niederländisch
♑	23. Dez. - 20. Jan.	Steinbock	Capricorn	Capricorne	Steenbok
♒	21. Jan. - 19. Febr.	Wassermann	Aquarius	Verseau	Waterman
♓	20. Febr. - 21. März	Fische	Pisces	Poissons	Vissen
♈	22. März - 20. April	Widder	Aries	Bélier	Ram
♉	21. April - 21. Mai	Stier	Taurus	Taureau	Stier
♊	22. Mai - 21. Juni	Zwillinge	Gemini	Gémeaux	Tweelingen
♋	22. Juni - 23. Juli	Krebs	Cancer	Cancer	Kreeft
♌	24. Juli - 23. Aug.	Löwe	Leo	Lion	Leeuw
♍	24. Aug. - 23. Sept.	Jungfrau	Virgo	Vierge	Maagd
♎	24. Sept. - 23. Okt.	Waage	Libra	Balance	Weegschaal
♏	24. Okt. - 22. Nov.	Skorpion	Scorpio	Scorpion	Schorpioen
♐	23. Nov. - 22. Dez.	Schütze	Sagittarius	Sagittaire	Boogschutter

- In fremdsprachlichen Texten sind oft andere Zeichen als in der deutschen Sprache enthalten.
- Stellen Sie zuerst fest, welche Akzente und Zusatzzeichen Sie auf der Tastatur, evtl. als 3. Belegung, finden, und welche Sie als Sonderzeichen oder Symbole einfügen müssen.
- Zeichen, die Sie oft benötigen, können Sie als **Autotext** (Baustein) anlegen oder in die **Autokorrektur** aufnehmen.

9.4 Regeln für Geschäftsbriefe

Durch vermehrten Export wird aus der Bundesrepublik Deutschland mit der ganzen Welt korrespondiert, zu einem großen Teil in englischer Sprache.

Es ist deshalb wichtiger denn je, dass jeder Auszubildende oder Schulabgänger einer kaufmännischen oder anderen Schule Grundkenntnisse der englischsprachigen Korrespondenz erhält.

Es gibt in England und in den englischsprachigen Ländern kein verbindliches Standardbriefformat wie DIN 676 in Deutschland. Natürlich gibt es grundlegende Anforderungen, jedoch auch unterschiedliche in den verschiedenen Ländern, z. B. Großbritannien, Australien, Südafrika, Vereinigte Staaten etc. Die größeren Firmen haben ein firmeninternes Format, das von allen Abteilungen des Hauses eingehalten wird. Kleinere Firmen akzeptieren oft den Standard, den die Schreibkraft auswählt, wenn er der Firma ordentlich und akzeptabel erscheint.

Die **Geschäftsvordrucke** haben einen Briefkopf und -fuß mit den Firmenangaben, jedoch kein vorgedrucktes Anschriftfeld wie der deutsche Briefvordruck.

Die modernste Form der Anordnung in einem britischen Geschäftsbrief ist der *blocked style* (Muster S. 166), d. h. alle Zeilen beginnen linksbündig (wie im deutschsprachigen Bereich). Zwischen 0 und 16 cm wird geschrieben.

In Großbritannien wird für Prüfungen im Fach Textverarbeitung für den Geschäftsbrief ein Muster, wie auf Seite 166 dargestellt, empfohlen.

Daneben ist aber auch noch der *modified block style* (auch als *semi-blocked style* bezeichnet) weit verbreitet (Muster S. 170 und 171). Dabei wird der Briefkern in Blockform geschrieben. Das Datum beginnt bei etwa 8 cm oder wird rechtsbündig gesetzt. Der Briefschluss, beginnend mit dem Gruß, steht auf etwa 8 cm von der linken Fluchtlinie. Diktatzeichen und Anlagen stehen aber wieder auf 0 cm.

Früher wurde oft auch noch der *indented style* verwendet. Dabei werden alle Absätze mit einer Einrückung begonnen. Betreff, Gruß und maschinenschriftliche Angabe des Unterzeichnenden können zentriert werden. Man sieht diese Anordnung aber nur noch sehr selten.

Ferner unterscheidet man bei den Geschäftsbriefen zwischen *open* oder *full punctuation*.

Bei der *open punctuation* werden in der Anschrift, beim Datum und am Briefschluss **keine Satzzeichen** gesetzt, während bei *full punctuation* auch in der Anschrift nach jeder Zeile ein **Komma** und nach der PLZ ein **Punkt** steht. Bei der *full punctuation* werden im Briefkopf, in der Anschrift und im Briefschluss Abkürzungen, z. B. **Enc.**, mit Punkt geschrieben, nach dem Gruß steht ein Komma. Bei mehrgliedrigen Abkürzungen werden keine Leerzeichen nach den einzelnen Punkten eingefügt, z. B. **i.e.**

Die *full punctuation* Form verliert in Großbritannien an Bedeutung, ist jedoch in den Vereinigten Staaten immer noch beliebt, wobei dort die Satzzeichen in der Anschrift weggelassen werden (Muster S. 171).

Diese vielen Anordnungsregeln sind nur der Vollständigkeit halber aufgeführt. Für Korrespondenz von Deutschland in ein englischsprachiges Land hat sich der *blocked style* mit *open punctuation* durchgesetzt. Diese Form entspricht den deutschen Regeln am ehesten.

Ein Entgegenkommen dem Geschäftspartner gegenüber wäre auch die Möglichkeit, in der Form zu antworten, in der sein Brief gestaltet ist.

Die Beispiele auf den Seiten 166, 170 und 171 zeigen die unterschiedlichen Möglichkeiten.

9.4 Regeln für Geschäftsbriefe

Telefon- und **Faxnummern** werden in englischsprachigen Ländern anders dargestellt, als die deutsche Normung dies vorsieht.

Großbritannien
Das **Briefdatum** wird in **Großbritannien** wie im Deutschen nummerisch oder alphanumerisch geschrieben, z. B.
2010-11-26
26 Nov. 2010
26th November 2010 (seltener, nur bei *full punctuation/closed punctuation*)
Die **Anschrift** wird nach den Vorschriften der britischen Post in einem Block geschrieben, also ohne Leerzeilen. Sie beginnt in der 3. Zeile des Anschriftfelds.
Nach der **Anrede** in der Anschrift, z. B.
Mr, Mrs oder **Ms**
steht der **Name**. Wenn man nicht weiß, ob die Angeredete verheiratet ist, wählt man die Anrede **Ms.**
Die **Hausnummer** steht vor dem Straßennamen. Sie wird nicht mehr durch ein Komma vom Straßennamen getrennt!
Der **Ort** wird in Großbuchstaben geschrieben.
Die **britische PLZ** besteht aus einer Lagebeschreibung, wobei die erste alphanumerische Kombination den Bestimmungsort abgekürzt bezeichnet. Zwischen dem ersten und zweiten Teil der PLZ steht ein Leerzeichen. Die PLZ kann nach einem Leerzeichen hinter dem Bestimmungsort stehen oder linksbündig in der Zeile darunter, z. B.

OXFORD OX4 1JT	oder	**OXFORD** **OX4 1JT**

Eine **Bezugszeichenzeile** ist im englischen Schriftverkehr nicht bekannt. Werden Bezugszeichen angeführt, stehen sie jeweils durch eine Leerzeile getrennt vor dem Datum, von diesem auch durch eine Leerzeile abgesondert (Muster Seite 180), z. B.

Our Ref TR/MP	oder	**Our Ref. TR/MP**
Your Ref BC/OL	oder	**Your Ref. BC/OL**

1 August 201.
Nach der **Anrede** steht je nach Wahl der ***open*** oder ***full punctuation*** entweder kein Satzzeichen oder ein Komma.
Zwischen Anrede und **Betreff** wird eine Leerzeile eingefügt. Der Betreff kann hervorgehoben werden. Die Wörter *Re* (Verkürzung von Reference) oder *Subject* werden nicht geschrieben.
Das **erste Wort** des Brieftextes wird mit einem Großbuchstaben begonnen, unabhängig davon, ob nach der Anrede ein Satzzeichen oder kein Satzzeichen folgt.
Der **Briefkern** wird wie im Deutschen in Absätze gegliedert.
Der **Briefschluss** besteht aus dem **Gruß**, evtl. der **Wiederholung** der Firmenbezeichnung in Großbuchstaben, ohne dass nach dem Gruß eine Leerzeile steht. Nach mindestens drei Leerzeilen folgt die **Angabe des Unterzeichners** und eine Zeile darunter die **Funktion des Unterschreibenden.**
Bei weiblichen Unterzeichnern kann **Mrs** oder **Miss** in Klammern hinter dem Namen angegeben werden, z. B.
Vera E. Payne (Mrs)
Die **Diktatzeichen** werden nach einer Leerzeile unter der Funktion des Unterschreibenden in Großbuchstaben und durch Schrägstrich getrennt geschrieben, wenn sie nicht am Briefanfang bereits mit den Bezugszeichen aufgeführt wurden (Muster S. 170), z. B.

RM/ZA

9.4 Regeln für Geschäftsbriefe

Die **Anlagen** werden nach einer weiteren Leerzeile meist gekürzt angegeben, z. B.

Enc

Encl

oder **Encs** (für den Plural).

Die Anlagenzahl kann angegeben werden.

Für **Kopien/Verteilerangaben** gilt das Gleiche (cc = *copies* ***c****irculated to*), z. B.

Cc: Messrs David Davidson & Company, 22 High Street, Bristol BS6 7AH

oder

Cc: Messrs David Davidson & Company
22 High Street
Bristol
BS6 7AH

USA

In den USA wird beim **Briefdatum** oft zuerst der Monat, dann der Tag und nach einem Komma das Jahr geschrieben, z. B.

May 1, 2010

Daneben sieht man auch

1 May 2010

5/1/2010

In der **Anschrift** wird der Bestimmungsort in Großbuchstaben geschrieben, dann kann ein Komma gesetzt werden, danach kommt die Abkürzung des Bundesstaates und die 5-stellige nicht gegliederte PLZ, z. B.

SEATTLE, WA 98103 oder SEATTLE WA 98103

Neuerdings wird nach einem Mittestrich eine nähere Ortsbestimmung angegeben, z. B.

Seattle, WA 98103-3113 oder SEATTLE WA 98103-3113

Nach der **Briefanrede** steht ein Doppelpunkt.

Die **Diktatzeichen** werden nach einer Leerzeile unter der Funktion des Unterschreibenden in Großbuchstaben und durch Doppelpunkt getrennt geschrieben, wenn sie nicht am Briefanfang bereits mit den Bezugszeichen aufgeführt wurden (Muster S. 171), z. B.

RM:ZA

Die **Anlagen** werden in den USA oft noch näher beschrieben. Dann steht die Auflistung durch zwei Leerzeichen getrennt neben dem Wort **Encs**, z. B.

Encs: 4 leaflets

Alle Briefbeispiele sind Originalbriefe, deren Daten aus Datenschutzgründen geändert wurden. Deshalb stimmen Ortsnamen und PLZ nicht unbedingt überein, ebenso ist die Vorwahl evtl. nicht korrekt.

9.5 Geschäftsbriefe

Zum Brief im *blocked style* mit *open punctuation*, britische Version

Im Briefkopf (Headed notepaper) werden alle Angaben des Absenders aufgeführt. ⇛	**The NATIONAL TRUST for Places of Natural Beauty** PO Box 49 * BROMLEY * BR1 3XL * Telephone: 0181 315 4444
Bezugszeichen (Reference) stehen, je durch eine Leerzeile getrennt und durch mindestens eine Leerzeile vom Briefkopf abgesetzt, linksbündig. ⇛	Our Ref SC/MF • Your Ref RB/KF •
Das Briefdatum (Date) steht linksbündig, von den Bezugszeichen durch eine Leerzeile getrennt. ⇛	3 January 201. • •
Die Empfängeranschrift (Adress block) wird nach zwei Leerzeilen ohne Leerzeilen untereinander geschrieben. ⇛	Mrs R T Benson 20 Patternville Street LONDON NE1 5ND • •
Nach zwei Leerzeilen folgt die Anrede (Salutation). ⇛	Dear Mrs Benson •
Der Betreff (Subject heading) wird nach einer Leerzeile hervorgehoben geschrieben. ⇛	YOUR MEMBERSHIP SUBSCRIPTION •
Der Briefkern (Paragraphs of text) folgt nach einer Leerzeile. ⇛	Your membership subscription protects the places that you love! • The costs of keeping the fragile old buildings we protect watertight and damp free rise every year. Gardens require attention all year round too, pruning, planting, maintaining paths, and tackling weeds and pests. • All of this vital work is funded by you. As a member of the National Trust you are showing how much you care about the best of this country's built and natural heritage. • Just as vital as subscriptions are additional donations. We could not have achieved so much over the last 100 years without the support and generosity of members like you. With a little extra help we can do even more. Please consider a donation, even if it is a small amount, using the enclosed form. We will put it towards those projects around the country where the need is greatest. • Thank you for your support. •
Nach einer Leerzeile folgt der Gruß (Complimentary close). Direkt unter dem Gruß kann der Firmenname geschrieben und hervorgehoben werden. ⇛ ⇛	Yours sincerely THE NATIONAL TRUST • • •
Nach mindestens 3 Leerzeilen folgt die maschinenschriftliche Angabe des Unterschreibenden. ⇛ Direkt darunter kann die Funktion des Unterschreibenden im Betrieb stehen. ⇛	Sarah Clark Membership Attendant •
Nach einer weiteren Leerzeile wird der Anlagenvermerk (Enclosure/s) geschrieben. ⇛	Enc •
Der Verteilervermerk (Copies) steht nach einer Zeile linksbündig. ⇛	Copies Michael Craig File

❑ Der englische Geschäftsbrief wird in der Regel im ***blocked style*** (linksbündig) mit ***open punctuation*** geschrieben.

9.5 Geschäftsbriefe

Aufgabe 17:

Schreiben Sie den folgenden Brief mithilfe der Vorlage ENGBLOCK (Begleit-CD) mit *open punctuation* und speichern Sie ihn unter ENGL-17.

Absender: Addison Hotel, 11 Edinburgh Avenue, BRAINTREE CM7 5DZ, GREAT BRITAIN, Telephone +44 (0) 1371 623633, Fax +44 (0) 1371 431066, E-mail addison@awl.co.uk, Internet: http://www.awl-ad.com
Bezugszeichen: Our Ref WW/CS
Datum: 15 December 201.
Empfänger: Mr S E Slater, 36 Thaxted Road, LONDON SE9 3PU
Text: Dear Sir – *Absatz* – YOUR NEXT CONGRESS – *Absatz* – From our friend, Mr. John Craig, we learned that you are considering our town for your next congress. – *Absatz* – We assure you that we are very interested to provide accommodation during this congress. – *Absatz* – Our hotel is particularly suitable for this kind of conferences, and we are able to accommodate up to 400 persons. We are sending you our brochure under separate cover. – *Absatz* – Our large hall would be available for your meetings, and the accommodation would be in first-class rooms. For your use there would be our loud-speaker system, and apparatus for simultaneous translations and overhead-projectors. – *Absatz* – For social arrangements we suggest the use of our big and modern ball-room. – *Absatz* – Our city tourist office would be delighted to arrange the official events, and entertainment. – *Absatz* – We look forward to receiving your confirmation, and we should be delighted to visit you to discuss and arrange the details. – *Absatz* – We look forward to receiving your reply soon, and remain, dear Sir, – *Absatz* – Yours faithfully
W F Wadley General Manager

Aufgabe 18:

Schreiben Sie den folgenden Brief mithilfe der Vorlage ENGBLOCK (Begleit-CD) mit *open punctuation* und speichern Sie ihn unter ENGL-18.

Absender: Bay View Hotel, 4063 - 261st Place SE, ISSAQUAH WA 98029, USA, Telephone 031 539-1369, Fax 031 539-1368
Datum: 17 May 201.
Empfänger: Mrs S P Beans, 18 Aspen Crescent, ST ALBERT, T8N 2L8, CANADA
Anrede: Dear Mrs Beans
Betreff: FIRST-CLASS ACCOMMODATION
Text: We have heard that you frequently send travellers to our area, and should like to offer our services for these travel arrangements. – *Absatz* – We could offer you very favourable prices and first-class accommodation. – *Absatz* – Our hotel is well known for its excellent cuisine. We guarantee that even the most particular clients would be delighted with their stay here. – *Absatz* – Our hotel has an indoor swimming pool, sauna, and fitness rooms. – *Absatz* – We are sending you our brochures under separate cover. – *Absatz* – Hoping to accommodate you or the one or other of your travellers soon in our hotel, and we remain with best wishes, – *Absatz* – Yours sincerely J H Noble Manager JN:RT *(Doppelpunkt wird bei amerikanischer Korrespondenz in Diktatzeichen verwendet.)*

Aufgabe 19:

Schreiben Sie den folgenden Brief mithilfe der Vorlage ENGBLOCK (Begleit-CD) mit *open punctuation*; speichern Sie ihn unter ENGL-19.

Absender: YMCA England
640 Winifred Road * LONDON SW19 3AS *
Tel 0181 520 5588 * Fax 0181 509 3180
Internet: http://www.ymca.org.uk * PATRON: HER MAJESTY THE QUEEN
Datum: 18 September 201.
Empfänger: Miss M Malcolm, 67 Thaxted Road, New Eltham, LONDON, SE9 3PU
Anrede: Dear Miss Malcolm
Betreff: HELPING YOUNG PEOPLE
Text: On the surface, it can be hard to see what makes the YMCA so special. There is nothing remarkable about our buildings, our staff or our volunteers. The difference lies inside! – *Absatz* – It is not easy to describe. It is a combination of many factors ie experience, compassion, optimism, understanding and, very often, the strength not to give up. Most important – **it brings out the best in young people**. – *Absatz* – Featured within the YMCA calendar are twelve young people who demonstrate the diversity, the reach and the impact of our work. – *Absatz* – As you turn the pages, you will read how Margaret helped Kirsty re-build her life, how Sharon gave Charlotte the opportunity to simply be a child again, and how Joy enabled children to play together as friends. – *Absatz* – Whether those young people live in a city centre or in a remote rural village, our approach to them remains constant. – *Absatz* – But as well as feeling proud of our achievements, I am also filled with a sense of sadness. I am leaving this wonderful role. – *Absatz* – So my last appeal to you in my role as National Secretary is twofold - first, to accept our thanks for making this year our most successful year to date and second, to ask you to continue supporting our work! – *Absatz* – Yours sincerely Nicholas Judd National Secretary

9.5 Geschäftsbriefe

Aufgabe 20:

Schreiben Sie den folgenden Brief mithilfe der Vorlage ENGBLOCK (Begleit-CD) mit *open punctuation*; speichern Sie ihn unter ENGL-20.

Absender: Transgas, PO Box 4816, Cambridge CB1 2PB
Tel 01223 573248, E-mail transgas@compuserve.com
Bezugszeichen: Our Ref TK/ST
Datum: 22 September 201.
Empfänger: The Occupier, 65 Tender Road, Southall, LONDON, UB2 5LD
Anrede: Dear Sir/Madam
Betreff: **Meter Exchange**
Text: We are obliged unter the Gas Act to ensure that meters are in good order. To meet this requirement the gas regulator has approved a meter replacement to ensure continued meter accuracy. *– Absatz –* We would like to inspect and if necessary exchange your meter on 30 inst. *– Absatz –* There is no charge for this work. We will also carry out a soundness test on internal pipework. *– Absatz –* If the planned date is inconvenient and you would like another appointment, please telephone us on 01223 573251. *– Absatz –* We would be very grateful for your co-operation in getting this necessary work done. *– Absatz –* Yours faithfullly T King Area Emergency Services Manager

Aufgabe 21:

Schreiben Sie den folgenden Brief mithilfe der Vorlage ENGBLOCK (Begleit-CD) mit *open punctuation*; speichern Sie ihn unter ENGL-21.

Absender: COMMUNITY OF NEW HAVEN
14 Drummond Street * New Haven *
LONDON * SE9 3QT * Tel 0181 850 0969
Bezugszeichen: Our Ref IK/MN
Datum: 26th August 201.
Empfänger: Mr W C Mercury, 45 London Road, New Haven, LONDON, SE9 3QT
Anrede: Dear Mr Mercury
Text: Please find enclosed copies of the sixth Community Association of New Haven news letter bringing the residents of New Haven up to date with what is happening in the association. *– Absatz –* On October 8th the association celebrates its first year and we will hold our AGM on October 9th. You will notice a word of thanks to you . *– Absatz –* Three dates for your diary: *– Absatz –* **Saturday 13th September 01:30 – 04:30 pm / ASSOCIATION 'FUN DAY'** *– neue Zeile –* Fireman Sam, children's story telling, balloon race, live music throughout the afternoon. *– Absatz –* Can you spare a few tins or bottles for a tombola? ***Please contact me if you can help in any way***. *– Absatz –* **Thursday 9th October 08:00 pm / ANNUAL GENERAL MEETING** *– neue Zeile –* Your opportunity to come along to hear the report for the year and to voice your opinions and maybe take a more active role? **See you there!** *– Absatz –* **Saturday 15th November 07:30 pm / RACE NIGHT** *– neue Zeile –* Your chance to be a race horse owner! 25p per Bet per horse. A different night tour with fun, chance and we will have a licensed bar! *– Absatz –* Thanks again! *– Absatz –* Yours sincerely Ian Killick Community Association Clerk

Aufgabe 22:

Schreiben Sie den folgenden Brief mithilfe der Vorlage ENGBLOCK (Begleit-CD) mit *open punctuation*; speichern Sie ihn unter ENGL-22.

Absender: **Clark Insurance Company Ltd**
Clark House, 19 Stockmore Road, OXFORD OX4 1JT
Call free 0800 200 347
Bezugszeichen: Our Ref MPS/RT
Datum February 201.
Empfänger: Miss R Reilly, 45 Eden Road, LONDON, SW17 7DD
Anrede: Dear Miss Reilly
Betreff **Home Insurance for 'Over 30s'**
Text: As you are now over 30, we know that you are likely to be more security conscious and take extra care of your home. However, the chances are that you are still paying too much for your home insurance. *– Absatz –* **Clark** could save you around £70 off your home insurance - that is how much our customers save, on average, when they join us. *– Absatz –* Saving money is one thing, but there are many more benefits you will enjoy as a **Clark** Home Insurance policyholder, for example: *– Absatz – Aufzählung –* Our policy is approved by all major banks and building societies. You can earn up to 30% No Claim Discount – and you can protect it as well. There are no forms to fill in – we'll do it for you while you're on the phone. Even claims can be made quickly and easily by phone. Our claims service is guaranteed. *– Ende der Aufzählung –* And that is just a quick summary! *– Absatz –* So why not call us now to see if we can save you money? *– Absatz –* Yours sincerely Martin P Short Chairman and Chief Executive

9.5 Geschäftsbriefe

Aufgabe 23 bis 26:

Schreiben Sie die folgenden Briefe mithilfe der Vorlage ENGBLOCK (Begleit-CD) mit *open punctuation;* speichern Sie sie unter den angegebenen Dateinamen.

Dateiname: **ENGL-23**
Absender: **+ British Red Cross - National Headquarters**
15 Hinde Street, LONDON, SW2X 8EJ
Telephone 0171-235 5556, Telex 918659
Fax 0171-245 6336, E-mail info@redcross.org.uk
Datum: 13 August 201.
Empfänger: Mr Lionel Nightingale, Harburger Str. 36
20333 HAMBURG, GERMANY
Anrede: Dear Mr Nightingale
Text: I am writing this letter to thank you most sincerely for returning the questionnaire we recently sent and confirming that you intend to leave a legacy to the British Red Cross. *– Absatz –* You responded a while ago, so please do accept my apologies for not having written sooner but due to the recent earthquake in Columbia, all our energies have been channelled into supporting the relief effort. I do hope you will forgive the delay in my response. *– Absatz –* I really am grateful for your help and please rest assured that the information you have supplied us with will be treated in the strictest confidence. *– Absatz –* You may not have realised it when you made your pledge, but a quarter of our income from public donations comes from legacies. Which means that a large percentage of our work is supported by the kind gestures made by people like you. *– Absatz –* So that you can see what sort of work your legacy will help fund, I have enclosed two magazines. After reading them you will agree that we are putting our funds to the best possible use. *– Absatz –* Your Will is your promise to the next generation. Thank you for thinking of the British Red Cross. *– Absatz –* With best wishes Ian Scott
Legacy Advisor Encs

Dateiname: **ENGL-24**
Absender: **SALES * the discount card for everyone**
PO Box 23, BIRMINGHAM B16 9PQ
Telephone 0121 558 1865
E-mail sales@care.co.uk
Datum: 11 April 201.
Empfänger: Mr Fred N Ford, 56 Hilldene Road
LA JOLLA CA 92037 USA
Anrede: Dear Mr Ford
Betreff: SALES * THE DISCOUNT CARD FOR EVERYONE
Text: Following the success and response to our recent promotions, privileged Sales cardholders are obviously enjoying real value for money all over Great Britain as well as the States. *– Absatz –* Please find enclosed your new Sales Card, which is valid from 1st May 200., and entitles you to enjoy a mouthwatering 25% saving on food and clothing - and of course you still qualify for a 10% discount on accommodation at any one of our hotels worldwide. Please sign the new card immediately and then destroy your old one. *– Absatz –* What is more, the 25% discount applies not only to you but up to three guests as well, so dining out in style has never been more affordable. With worldwide over 500 restaurants to choose from, you will always find friendly service and fine food just around the corner. A copy of our Shop, Restaurant and Hotel Guide is enclosed. *– Absatz –* Yours sincerely Debbie Williams (Mrs)
Marketing Co-ordinator Encs Sales Card and Guide

Dateiname: **ENGL-25**
Absender: **NEWPORT Horticultural Trust**
35 Faversham Way * NEWPORT * NP9 3AB *
Telephone 01633 552 210
E-mail newport@free.co.uk
Datum: 25 February 201.
Empfänger: Mr Louis Farnell, 25 Grosvenor Crescent
LONDON SW1X 7EJ
Anrede: Dear Mr Farnell
Betreff: EXPANSION OF NEWPORT HORTICULTURAL TRUST
Text: Thanks to your support, the NEWPORT Horticultural Trust has insured that Britain's heritage of fruit has been saved for posterity. Together, we have created a unique centre, the most extensive collection of apples, pears and plums in the UK and an attractive shop and café where guests can quietly reflect on all that they have learnt during their stay. *– Absatz –* Enthusiasts have come to Faversham Way from far and wide over the last ten years, to enjoy the guided tours, participate in the many courses offered, or just to buy fruit, and fruit trees, from the largest selection of varieties available in the country. *– Absatz –* All this has been achieved through a recession! The staff at NEWPORT have worked long and hard, running the fruit trials as well as the visitor centre. Now we would like to restructure the site, in a way that would create long term security for our work. *– Absatz –* However, we cannot do it without your help. We are asking you to enable us to take NEWPORT Horticultural Trust forward, so that we can continue to expand the collection, upgrade visitor facilities, and put us on a firm financial footing. *– Absatz –* I very much hope that you want to further our important relationship. If so please send your donation to me, using the enclosed reply form. *– Absatz –* With very best wishes, yours sincerely NEWPORT Horticultural Trust Jim Clayton Chairman Enc

Dateiname: **ENGL-26**
Absender: **BRT Payment Cards**
85 Newgate Road, CHELTENHAM GL51 8AF
Telephone 01242 535 265, Fax 01242 531 715
Datum: 20 Sept. 201.
Empfänger: Mr Fred Walker, 55 Waterhouse Road
BELFAST BT9 5PQ
Anrede: Dear Mr Walker
Betreff: **Try the free BRT Payment Card and reduce your phone bill whenever you like**
Text: Receiving a phone bill is a fact of life that nobody likes. You wake up to find it sitting on the mat, needing to be paid. If only there was a way to make it a little more welcome! Well, now there is: the BRT Payment Card. *– Absatz –* With the BRT Payment Card you can now pay any amount over £2 towards your phone bill. Thanks to new technology, it is possible for you to pay towards phone bills not only at Post Offices and BRT Shops, but now at any local supermarket, corner shop, filling station or late night store displaying the PayPoint sign. *– Absatz –* You will notice outlets popping up everywhere; there are already plenty you can use in and around your area. *– Absatz –* **Pay towards your phone bill a little at a time!** Whenever you are in an outlet where there is a PayPoint terminal just hand your card and your money to the assistant. Your card will be swiped through the machine and the amount credited towards your bill. You will be handed a receipt as proof of payment. *– Absatz –* Paying your phone bill in this way means that you need not be faced with a large bill each quarter. Best of all, the BRT Payment Card is free. *– Absatz –* If you would like an easy way to pay your bills, just sign and return the coupon below. It really could not be any easier. *– Absatz –* Yours sincerely Eliza Green (Mrs)
Customer Accounts National Manager Enc

9.5 Geschäftsbriefe

Brief im *modified block style (semi-blocked style)* mit *full punctuation*, britische Version

Das Briefdatum steht im *modified block style* rechtsbündig oder auf etwa 8 cm eingerückt. Nach dem Monatsnamen steht bei der *full punctuation* ein Komma.

Am Ende jeder Zeile der Empfängeranschrift steht ein Komma. Nach der PLZ steht ein Punkt.

Nach der Anrede steht ein Komma.

Der Betreff kann zentriert und hervorgehoben werden.

Der Briefkern unterscheidet sich nicht von der *open punctuation* im *blocked style*.

Der Briefschluss wird auf etwa 8 cm eingerückt. Nach dem Gruß steht ein Komma.

Die Diktatzeichen und die Anlage(n) stehen wieder an der linken Fluchtlinie. Nach *Enc.* steht ein Abkürzungspunkt.

The NATIONAL TRUST for Places of Natural Beauty
PO Box 49 * BROMLEY * BR1 3XL * Telephone: 0181 315 4444

15 February, 201.

•
•

Miss C R MacKaye,
65 Linseed Road,
LONDON,
SE7 4PU.

•
•

Dear Miss MacKaye,

•

IMPORTANT MESSAGE FROM THE DIRECTOR-GENERAL

•

You may have seen publicity about the proposed sale of parts of the summits of the 'Welsh Matterhorn'. The Trust is very anxious to save this marvellous area, but needs help as the sale price may be as high as £4 million.

•

The 'Welsh Matterhorn' is the highest peak in Wales and England and is world-renowned for its majestic beauty. A new owner might not consider the sympathetic management of this area. Development of buildings and exploitation of the land could seriously damage the environment.

•

This is a good opportunity to safeguard this most famous of all places in Wales.

•

Please help by sending your gift at this critical moment, using the form enclosed or by phoning 0181 315 4466.

•

Thank you for your support.

•

Yours sincerely,
THE NATIONAL TRUST

•
•
•

Martin Cook
Membership Manager

•

MC/LD

•

Enc.

- Bei der *full punctuation* steht in der Anschrift nach jeder Zeile ein Komma und nach der PLZ bzw. der Ortsbestimmung ein Punkt.
- Im Briefkopf und am Briefschluss werden Abkürzungen mit Punkt geschrieben, z. B. **Enc.** Nach dem Gruß steht ein Komma. Bei mehrgliedrigen Abkürzungen werden keine Leerzeichen nach den einzelnen Punkten eingefügt, z. B. **i.e.**
- Diese Form verliert in Großbritannien an Bedeutung!

9.5 Geschäftsbriefe

Brief im *modified block style (semi-blocked style)* mit *full punctuation*, amerikanische Version

Camden Hotel

25 Camden Street * CAPE TOWN * 8001 * SOUTH AFRICA
Telephone: 021 557-4110 - Fax: 021 557-4111 - E-mail: camden@ppc.co.za

Our Ref.: IL:MS ist nach der amerikanischen Methode, die auch in manchen anderen Ländern angewendet wird, durch Doppelpunkt getrennt. Das Datum **March 3, 201.** steht rechtsbündig ⇛

Our Ref.: IL:MS March 3, 201.
•

Your Ref.: GP/KL ist hier nach der britischen Methode angegeben, weil Herr Peet aus dem britischen Raum angefragt hat. ⇛

Your Ref.: GP/KL
•
•

Bei der amerikanischen Version von *full punctuation* werden Satzzeichen in der Anschrift weggelassen. Eine der Landessprachen in Südafrika ist englisch. Das Bestimmungsland wird in der Landessprache geschrieben, also SCOTLAND. ⇛

Mr. Gordon Peet
15 Craigcrook Road
EDINBURGH
EH4 3UH
SCOTLAND
•
•

Im Amerikanischen steht nach der Anrede ein Doppelpunkt. ⇛

Dear Mr. Peet:
•

Der Betreff kann zentriert werden. ⇛

YOUR ENQUIRY RE ACCOMMODATION
•
Thank you very much for your enquiry of February 25, in which you advise us of your planned visit in May. We will gladly reserve suitable accommodation, provided you book in good time.
•
Our rates (in Rand) for bed and breakfast are as follows:
•

Die südafrikanische Währung ist Rand, abgekürzt **R** ⇛

Single room with private WC and Shower	R140
Single room with private WC and Bath/Shower	R145
Double Room with twin beds and private WC and Shower	R150
Double Room with twin beds and private WC and Bath/Shower	R155

•
All rooms have a balcony. We enclose our brochure.
•
Our restaurant offers an excellent cuisine à la carte.
•
We look forward to receiving your booking soon,
•

Der Briefschluss wird auf etwa 8 cm eingerückt. ⇛

Yours sincerely,
•
•
•

Ian Little
Managing director
•

Der Anlagenvermerk steht wieder an der linken Fluchtlinie. Nach dem Doppelpunkt sind zwei Leerzeichen vor der näheren Beschreibung der Anlage einzufügen. ⇛

Enc.: 1 brochure

❑ Die Unterschiede zwischen der englischen und der amerikanischen Version beim ***modified block style (semi-blocked style)*** sind sehr gering.

9.6 Schemabriefe

Harmon & Co, Outfitters for Ladies
80 - 50 Baxter Avenue, ELMHURST NY 11373, Telephone 212 662 7877
E-mail haco@panix.com

DATE

ADDRESSEE **Aus Platzgründen verkleinert dargestellt!**

Dear *ADDRESSEE*:

YOUR ORDER #*#* OF *DATE*

We thank you for your above-mentioned order and are pleased to inform you that the consignment has already been dispatched.

We regret, however, that we cannot grant you the price reduction you wanted on our SUNSHINE model as we have already reduced our price as far as possible.

You will be pleased to hear that we are going to start a new campaign in your country. That means that our new models will be advertised in *NATIONALITY* newspapers.

To promote the sales of our products we are prepared to grant you a special discount of *PERCENTAGE*%.

We would be pleased to receive further orders from you which will also receive our prompt and careful attention.

Yours sincerely
HARMON & CO

Ian Higgins
Sales and marketing manager

IH:RS

Aufgabe 27:

- **Übersetzen Sie mündlich den Brief.**
- **Erfassen und gestalten Sie mithilfe Ihrer Vorlage ENGBLOCK (Begleit-CD) den amerikanischen Schemabrief mit *open punctuation*.**
- **Speichern Sie den Schemabrief (Briefmaske) als Vorlage unter ENGL-27.**
- **Drucken Sie die Vorlage mit den Stoppcodes aus.**
- **Erstellen Sie mithilfe der folgenden Schreibaufträge die Briefe. Speichern Sie sie unter ENGL-27A und ENGL-27B.**
- **Drucken Sie beide Briefe aus.**

Schreibauftrag	
Vorlage:	ENGL-27
Einfügungen (Variable)	
Briefdatum:	28 February 201.
Anschrift:	Cambridge Stores Ltd Attn Mrs Joan Brenton 5 The Drive CAMBRIDGE CB1 2PB GREAT BRITAIN
	Mrs Brenton
	633
	10 inst
	British
	3

Schreibauftrag	
Vorlage:	ENGL-27
Einfügungen (Variable)	
Briefdatum:	28 February 201.
Anschrift:	Damenbekleidungshaus Rudolf Rolle Steinstr. 16 BAD KISSINGEN GERMANY
	Mr Rolle
	478
	6 inst
	German
	6

9.6 Schemabriefe

Aufgabe 28:

- **Erfassen und gestalten Sie mithilfe der Vorlage ENGBLOCK (Begleit-CD) eine Vorlage (Briefmaske) für den folgenden Schemabrief.**
- **Setzen Sie anstelle der Sternchen Stoppcodes mit dem Inhalt, der zwischen den Sternchen angegeben ist.**
- **Speichern Sie die Vorlage unter ENGL-28.**
- **Drucken Sie die Vorlage mit den Stoppcodes aus.**

Absender:	Lohse Spezialuhren für Taucher, Hobbyflieger, Zweiradfahrer und andere Sportler Paradeisweg 15, 82362 Weilheim ☎ 0881 3588 Internet: http://www.lohse.de
Unser Zeichen:	Our Ref WL/MS
Briefdatum:	*DATUM*
Empfänger:	*EMPFÄNGERANSCHRIFT*
Anrede:	Dear *ANREDE*
Betreff:	YOUR INQUIRY FOR SPECIAL WATCHES
Briefschluss:	Yours faithfully LOHSE SPEZIALUHREN
Unterschrift:	Walter Lohse
Anlagen:	2 Encs

Text:
Thank you for your inquiry of *DATUM*. We welcome your decision to renew our business relations. – *Absatz* – Enclosed you will find our latest price-list and brochure to give you more detailed information. The quality of our watches is still as good as ever. We regret having to inform you that SINUS-Watches are no longer sold by us. – *Absatz* – Unfortunately, we have had to raise our prices by about *PROZENTSATZ*% since your last order. – *Absatz* – Please note our new terms of payment and delivery. Delivery will be affected within *ANZAHL DER WOCHEN* weeks from receipt of order. – *Absatz* – We are looking forward to receiving your order which will be executed promptly and carefully.

Aufgabe 29:

- **Übersetzen Sie mündlich obigen Brief.**
- **Erstellen Sie mithilfe der Vorlage ENGL-28 und den folgenden Schreibaufträgen die Briefe und speichern Sie sie unter ENGL-29A und ENGL-29-B.**
- **Drucken Sie beide Briefe aus.**

Schreibauftrag	
Vorlage:	ENGL-28
Einfügungen (Variable)	
Briefdatum:	10 April 201.
Anschrift:	Grant & Co Special Watches 368 Highfield Road FLOREAT WA 6014 AUSTRALIEN
	Sirs
	5 April 201.
	12
	8

Schreibauftrag	
Vorlage:	ENGL-28
Einfügungen (Variable)	
Briefdatum:	15 April 201.
Anschrift:	Curtis & Douglas Ltd 12 Cardiff House Filton Avenue BRISTOL BS12 7LD GROSSBRITANNIEN
	Sirs
	5 April 201.
	12
	8

9.7 Serienbriefe

Aufgabe 30:

Erfassen Sie die folgende Datenbank (Datenquelle); speichern Sie sie unter DATBK-30.

Anrede	Vorname	Name	Straße	ORT	PLZ	LAND
Mr	Simon	Withey	45 Amplefield Rd	BRADFORD	BD2 4DS	GROSS-BRITANNIEN
Ms	Stella	Harmon	PO Box 2122	CLEVELAND	OH 44114	USA
Miss	Vera	Parkinson	45 Bradford Street	TOORAK	VIC 3142	AUSTRALIEN
Mrs	Olga	Fleury	1880 Nevells Ave	NORTH YORK	ONT M3H 5Y4	KANADA

Aufgabe 31:

Erstellen Sie mithilfe der Vorlage ENGBLOCK und der Datenbank (Datenquelle) DATBK-30 eine Serienbriefmaske (Hauptdokument) nach folgenden Angaben:

Absender: MEDIC SERVICES LTD
Meisterstraße 45, 22607 Hamburg
Tel. 040 2543043

Unser Zeichen: Our Ref GN/AC

Briefdatum: 19th December 201.

Anrede: Dear *ANREDE* *NAME*

Betreff: **TEN STEPS TO BETTER HEALTH CARE**

Briefschluss: Yours sincerely
MEDIC SERVICES LTD

Unterschrift: George Nesbitt
Marketing Director

Anlagen: Encs.

Text: Thank you for requesting our guide entitled 'Ten steps to better Health Care', a joint initiative by Medic Services of Hamburg and Madame Curie Cancer Care of London. It is estimated that many people will develop cancer at some stage in their lifetime. Early detection, however, is a significant factor in treating cancer successfully, which is why this leaflet has been devised to give important health care advice. *– Absatz –* Medic and Madame Curie are keen to spread the message to a worldwide audience about the importance of regular screening, and examination. If you have friends whom you feel would benefit from the guide, please ask them to contact us for their free personal copy. *– Absatz –* Madame Curie Cancer Care offers specialist care to people with cancer and their families. If you would like to find out more about the work of Madame Curie, please complete and return the coupon attached to the guide. If you would like further information about the wide range of holidays and financial services offered by Medic, please complete the enclosed form, highlighting specific products of interest, and return it in the freepost envelope provided. *– Absatz –* Thank you for your interest in the guide. Both Medic and Madame Curie hope that it provides useful advice and offers you further peace of mind.

Speichern Sie die Serienbriefmaske (Hauptdokument) unter ENGL-31; drucken Sie die Maske mit den Seriendruckfeldern (Platzhaltern) aus.

Erstellen Sie Briefe an alle in der Datenbank (Datenquelle) DATBK-30 erfassten Personen.

Speichern Sie unter ENGL-31A.

9.7 Serienbriefe

Aufgabe 32:

Im Grand Hotel in Berlin findet der internationale Kongress des *Institute of Chartered Secretaries and Administrators* statt.

Erfassen Sie die Daten der englisch sprechenden Teilnehmer in einer Datenbank (Datenquelle); speichern Sie unter DATBK-32. Entscheiden Sie selbst, welche Angaben in Großbuchstaben zu schreiben sind.

Mrs Irene Page, 21 Woolpits Lane, Braintree CM7 5DZ, Großbritannien
Ms Anne Simcock, 48 Seafield Road, Hove BN3 2TN, Großbritannien
Miss Marjorie Murray, 1 Grove House Street, Chester CH2 3HG, Großbritannien
Miss Catherine Roff, 1245 Kingsdale Street, Columbus OH 43220, USA
Mr Bill Novak, 36110 Grand River #106, Elsah IL 62028, USA
Mrs Gertrude Sears, 6513 Hollis Street, Encinitas CA 92024-4106, USA
Ms Joyce Towsey, 37 Glenton Way, Rockhampton QLD 4700, Australien
Mr Joe Grant, 25 Market Street, Toowoomba QLD 43500, Australien
Mrs Esther Payne, 76 Donegal Road, Floreat WA 6014, Australien
Mr Jane Simon, 6366 Rue de Bordeaux, Montréal QC H2G 2R8, Kanada
Mr Brian Richmond, PO Box 155, Calgary AB T2N 3W8, Kanada
Miss Carole Stevens, 3319 West 13th Ave, Vancouver BC V6R 2R9, Kanada
Mr Colin Sher, 46 Fairview Road, Milnerton 7441, Südafrika
Mrs Mary Spoelstra, 15 Bronkhorst Avenue, Pretoria 0181, Südafrika

Aufgabe 33:

Erstellen Sie mithilfe der Vorlage ENGBLOCK (Begleit-CD) und der Datenbank (Datenquelle) DATBK-32 eine Serienbriefmaske (Hauptdokument).

Fügen Sie Absätze ein.

Absender:	Grand Hotel, Falkstraße 46 12053 Berlin, Tel. 030 2946962
Unser Zeichen:	Our Ref WM/AS
Briefdatum:	5 March 201.
Anrede:	Dear *ANREDE* *NAME*
Betreff:	BERLIN – THE INTERNATIONAL CONGRESS TOWN
Briefschluss:	Yours sincerely GRAND HOTEL
Unterschrift:	Walter Müller, Hotel Manager

Text: If it's relaxation you want during your congress in Berlin we can offer you luxury at our hotel at very low cost. The Grand Hotel is situated in glorious, landscaped gardens, and we not only have luxurious, tastefully decorated rooms, but most importantly we know how important it is to really enjoy life! Here in Berlin we can show you the local visitor attractions, or arrange for you to go shopping in the City which is nearby. In our cosy lounges you can relax, chat, and meet new friends with whom you can share afternoon tea, or a game of bridge. There is a wonderful selection of freshly prepared meals to choose from. Fully trained staff are always on hand to give you the support you require. We are looking forward to meeting you at the Grand!

Speichern Sie die Serienbriefmaske unter ENGL-33; drucken Sie die Serienbriefmaske mit den Seriendruckfeldern (Platzhaltern) aus.

Erstellen Sie Briefe an alle in der Datenbank (Datenquelle) DATBK-32 erfassten Personen.

Speichern Sie unter ENGL-33A.

9.8 E-Mail

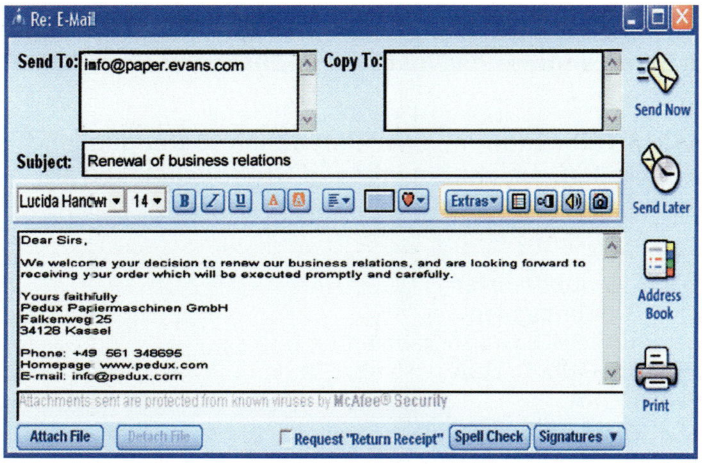

Englische E-Mails werden den deutschen angepasst.
So könnte eine englischsprachige E-Mail aussehen.
Vergleichen Sie mit der deutschen E-Mail auf Seite 141 ff.
Wie sehen Ihre betrieblichen E-Mails aus?
Wie sehen Ihre privaten elektronischen Briefe aus?

Aufgabe 34:

Sie arbeiten in London im Sekretariat der Firma Paper Machines Evans, 25 Comfrey Court, LONDON E6 2BZ, ENGLAND, Tel. +44 20 6545 3896, www.paper.evans.com, info@paper.evans.com und sollen eine Fortbildung für 5 Mitarbeiter/innen der Papiermaschinenfabrik in Deutschland organisieren.

Die Fortbildung findet vom Montag, 4., bis zum Mittwoch, 21. Oktober 201., in verschiedenen deutschen Städten statt. Ihre Aufgabe ist es, für die Mitarbeiter/innen die Übernachtung in Hotels dieser Städte per E-Mail zu buchen.

Die Namen der Mitarbeiter/innen: Martin G Grimley, Paul A Hilary, Mary B Quirke, William D N Pitt, Arthur W Farrier. Farrier und Hilary sind bereit sich ein Doppelzimmer zu teilen. Für die anderen Mitarbeiter/innen sollen Einzelzimmer bestellt werden.

Hier ist die **ITINERARY** der Mitarbeiter

201.-10-04	Leaving London-Heathrow, and arriving at Frankfurt Airport, continuing by train to Kassel
201.-10-05	09:00 to 12:00 and 14:00 to 17:00 hrs seminar
201.-10-06	09:00 to 12:00 and 14:00 to 17:00 hrs seminar
201.-10-07	Continuing by train to Braunschweig, 14:00 to 17:00 hrs seminar
201.-10-08	09:00 to 12:00 and 14:00 to 17:00 hrs seminar
201.-10-09	Repetition of this week's subjects
201.-10-10	Sightseeing: Braunschweig and surroundings, voluntary
201.-10-11	09:00 to 12:00 hrs; continuing by train to Leipzig
201.-10-12	09:00 to 12:00 and 14:00 to 17:00 hrs seminar
201.-10-13	09:00 to 12:00 and 14:00 to 17:00 hrs seminar
201.-10-14	Continuing by train to Nürnberg, 14:00 to 17:00 hrs seminar
201.-10-15	09:00 to 12:00 and 14:00 to 17:00 hrs seminar
201.-10-16	Repetition of this week's topics
201.-10-17	Sightseeing: Nürnberg and surroundings, voluntary
201.-10-18	Continuing by train to Stuttgart, 14:00 to 17:00 hrs seminar
201.-10-19	09:00 to 12:00 and 14:00 to 17:00 hrs seminar
201.-10-20	09:00 to 12:00 hrs, continuing by train to Frankfurt Airport, late night flight to London-Heathrow
201.-10-21	Reception at Paper Machines Evans, London, and reporting to the management

Namen der Hotels (fiktiv)

Hotel Altkassel, Blütenweg 3, 34132 Kassel, info@altkassel.de
Schlosshotel, Blücherstraße 37, 38102 Braunschweig, gerhard.weich@aol.com
Hotel Rübezahl, Haydnstraße 48, 04107 Leipzig, sigrid.lenz@yahoo.de
Hotel Rosenhof, Humboldtplatz 13, 90459 Nürnberg, rezeption@rosenhof.com
Hotel Zur Krone, Hegaustraße 98, 70469 Stuttgart, alfred.koch@web.de

9.9 Bewerbung

Carola Cremer aus Lauterbach möchte gerne in Amerika arbeiten. Sie sucht im Internet nach Stellenanzeigen und findet folgende Stellenausschreibung:

Secretary

This is a responsible secretarial and clerical position assisting the Superintendent of Building Operations including some front desk swithboard duties. Further assistance with administrative duties including budget preparation, room reservations and correspondence. Responsible for data entry and file maintenance.

Education/Experience: High School diploma or GED equivalent. Proficiency in Microsoft Word, Excel, PowerPoint, Access and Outlook. Excellent secretarial skills required. Typing skills 50 wpm. Flexible Hours – $13.50 per hour – 35 hours per week.

Please apply to The Superintendent of Humphrey Cook Houses,
PO Box 5638, San Francisco CA 94126, hcook@cookhouses.com.

Carola Cremer hat in Lauterbach das Abitur abgelegt und anschließend ein Jahr als Au-pair-Mädchen in London verbracht. Dann besuchte sie zwei Jahre lang das Berufskolleg für Fremdsprachen und erwarb dort gute englische und französische Sprachkenntnisse.

Zurzeit ist sie als Chefsekretärin beim Bauunternehmen Siegrist in Lauterbach beschäftigt.

Ihre Bewerbung formuliert sie wie folgt:

Carola Cremer
An der Ritsch 35
36341 Lauterbach
☎ +49 6641 2357
E-Mail: c.cremer@t-online.de

19 September 201.

The Superintendent
Humphrey Cook Houses
PO Box 5638
SAN FRANCISCO
CA 94126
USA

Gentlemen:

APPLICATION FOR A VACANCY – SECRETARY

Referring to your advertisement of today on the internet, I take the liberty of offering you my services for the post of secretary to the Superintendent of your firm. I have had three years experience as a chief secretary. My skills include being able to read, write and speak English fluently.

My current employer, Mrs Siegrist, (Gartenstraße 25, 36341 Lauterbach, Germany, phone +49 6641 642895) will kindly provide all the relevant information about me. Mrs Siegrist will inform you that I am leaving her with the purpose of finding a position in the States.

I would be pleased to come to San Francisco for an interview at any time. I have friends in San Francisco and could be there within a couple of days' time.

You will find my Curriculum Vitae enclosed.

I look forward to hearing from you soon.

Yours faithfully

Carola Cremer

Enc

Aufgabe 35:

Erstellen Sie mithilfe der Stellenanzeige und des oben stehenden Bewerbungsschreibens eine Online-Bewerbung. Speichern Sie die Bewerbung als Textdatei unter ENGL-35.

9.10 Europäischer Lebenslauf

- Im Februar 2002 veröffentlichte die Europäische Kommission eine **Vorlage für einen europäischen Lebenslauf**. Ausgearbeitet wurde die Empfehlung von Vertretern der Regierungen der Mitgliedstaaten und von Vertretern der Sozialpartner (Arbeitgeberverbände und Gewerkschaften).

- Die EU-Kommission ruft alle Unternehmen und Bewerber auf, bei der Erstellung und Anforderung von Lebensläufen dieses Schema zu benutzen, um Bewerberangaben in allen EU-Staaten vergleichbar zu machen.

- Ein Muster für den Lebenslauf steht in allen EU-Sprachen zur Verfügung und kann im Internet unter http://europass.cedefop.europa.eu/europass/home/vernav/Europass+Documents/Europass+CV.csp abgerufen werden.

- Es wird **empfohlen**, bei Bewerbungen für eine Stelle im Ausland den Lebenslauf nach den EU-Richtlinien zu gestalten. Grundsätzlich wird der **Lebenslauf in absteigender Form** dargestellt. Er beginnt nach den persönlichen Angaben mit der Beschreibung der derzeitigen Tätigkeit und gibt dann einen Überblick über das Berufsleben bis zurück zur Schulzeit.

- Folgende **Reihenfolge** ist vorgesehen:

  Angabe der **persönlichen Daten**

  Beschreibung der **derzeitigen Tätigkeit und der zurückliegenden Tätigkeiten** (mit Angabe des Beginns und des Endes der Tätigkeit, der Anschrift des Arbeitgebers, des Tätigkeitsbereichs oder der Branche, Funktion, wichtigste Tätigkeiten und Zuständigkeiten)

  Angaben über die **Berufsausbildung** (mit Angabe des Beginns und des Endes der Ausbildung, der Anschrift des Arbeitgebers bzw. der Art der Bildungs- oder Ausbildungseinrichtung, Bezeichnung der erworbenen Qualifikation)

  Angaben über **Studien- und Schulzeiten, Schul- und Studienabschlüsse** (mit Angabe des Beginns und des Endes der Studien- und Schulzeiten, Name und Art der Bildungs- oder Ausbildungseinrichtung, Bezeichnung der erworbenen Qualifikation)

  Angaben über **Weiterbildungen**

  Angaben über **Fertigkeiten und Fähigkeiten** (Fremdsprachen, künstlerische Fertigkeiten und Fähigkeiten)

  Angaben über **soziale Fähigkeiten und Kompetenzen** (z. B. Arbeit in Jugendgruppen)

  Angaben über **organisatorische Fähigkeiten und Kompetenzen** (z. B. Koordinierung und Verwaltung von Personal, Projekten, Haushaltsmitteln als Teil der Arbeitsplatz-Aufgaben, Übernahme gemeinnütziger Aufgaben in einem Verein)

  Angabe über **technische Fähigkeiten und Kompetenzen** (z. B. DV-Kenntnisse, Führerschein)

  Angabe der **sonstigen Fähigkeiten und Kompetenzen**

  Zusätzliche Angaben (z. B. über Referenzen, Kontaktpersonen)

  Anlagen (evtl. eine Liste der beigefügten Anlagen beifügen)

- In Deutschland ist es üblich, ein Foto beizulegen, bei Bewerbungen für eine Stelle im Ausland ist das nicht notwendig.

9.10 Europäischer Lebenslauf

Aufgabe 36:

Erfassen Sie folgenden Lebenslauf. Speichern Sie unter ENGL-36.

Curriculum Vitae

Personal information	
First name(s)/Surname(s)	Carola Cremer
Address	An der Ritsch 35, 36341 Lauterbach, Germany
Telephone	+49 6641 2357
E-mail	c.cremer@t-online.de
Nationality	German
Marital status	Single
Date of birth	3 March 1978
Gender	Female
Professional experience	
Dates	August 2000 onwards
Name and address of employer	Jakob Siegrist, Bauunternehmen, Gartenstr. 25, 36341 Lauterbach, Germany
Occupation and position held	Chief secretary
Dates	July 1997 – July 1998
Name and address of employer	Mr and Mrs Lionel Helliger, 45 Linseed Road, London SE7 4PU, England
Occupation and position held	Au pair
Main activities and responsibilities	• Looking after three children • Helping with household chores • Driving the children to their schools • Helping with the schoolwork
Education and training	
Dates	1998 – 2000
Name and type of organization	Berufskolleg – Fremdsprachen (foreign languages and secretarial) Alte Straße 56, 70580 Stuttgart, Germany
Title of qualification awarded	Senior Secretary for foreign languages (English and French)
Dates	1988 – 1997
Name and type of organization	Gesamtschule Lauterbach, Rosenallee 45, 36341 Lauterbach, Germany
Title of qualification awarded	Abitur (high school diploma) 1984 – 1988 Primary School, Tulpenweg 23, 36341 Lauterbach, Germany
Personal skills and competences	
Mother Tongue	German
Other Languages	English, Reading, Writing, Oral: good French, Reading and Oral: good, Writing: satisfactory
Social skills and competences	Team work: During school time I have worked on several projects with various teams.
Organizational skills and competences	Whilst working as an au pair I had to organize the children's appointments as well as my part time training in English typing and English shorthand (German system).
Technical skills and competences	Certificates and experience for work with MS Office, typing 250 strokes per minute (equals 60 wpm) and English Shorthand 140 syllables per minute (equals 35 wpm), Driving licence
Additional information	Personal interests: Painting, aquarelle and oil Tennis
Lauterbach, 19 Sept. 201.	Carola Cremer

9.11 Besondere Texte

So sieht ein „Dinner" im Camden Hotel in Kapstadt aus:

Camden Hotel

*** 25 Camden Street * CAPE TOWN * 8001 ***
SOUTH AFRICA

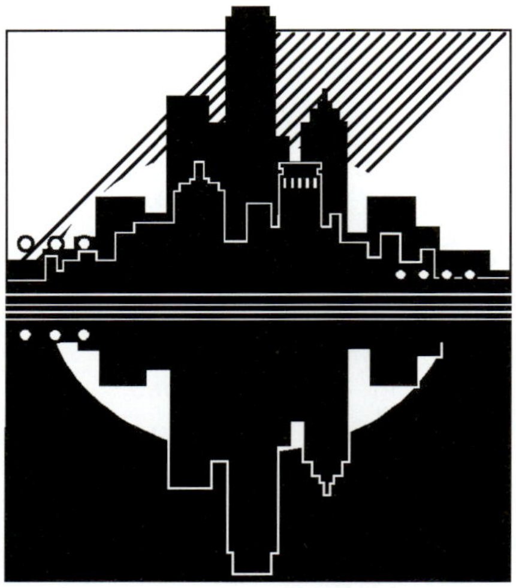

Dinner

Consommé Sevigne Cream of Tomato
Fried Plaice Fillets, Tartare Sauce
Braised Celery Bordelaise
Noisettes of Mutton, Green Peas
Petit Bouchées Princesse
Roast Turkey, Cranberry Sauce
Roast Potatoes
Brussels Sprouts
Salad in Season

SWEETS

Plum Pudding, Jamaica Sauce
Wine Jelly
Vanilla Cream Ices

COFFEE

Aufgabe 37:

Entwerfen Sie eine Speisekarte für das Camden Hotel. Speichern Sie sie unter ENGL-37.

MENU – SOUP – Kidney and Tomato Soup – FISH – Fried Bream – ENTREES – Iced Asparagus, Indian Curry and Rice – JOINT – Saddle of Mutton, Mint Sauce – VEGETABLES – Green Peas, Parsnips, Potatoes – SWEETS – Apricot Sponge – COFFEE – CHEESE –

Aufgabe 38:

Entwerfen Sie eine Frühstückskarte für das Camden Hotel. Speichern Sie sie unter ENGL-38.

BREAKFAST – Orange halves, Stewed Fruit – Rolled Oats and Fresh Milk, Popcorn and Fresh Milk – Smoked Cod Fillet, Fried Fish and Lemon – Grilled Sausage and Mashed Potatoes, Fried Chicken and Mashed Potatoes – Eggs to order, Boiled Bacon – Marmelade, Strawberry Jam, Honey – Tea, Toast, Coffee

Aufgabe 39:

Die Teilnehmerinnen und Teilnehmer einer Tagung sind begeistert von BOBOTIE, einer Spezialität des Hauses. Der Küchenchef ist bereit das Rezept zu verraten.

BOBOTIE — Soak a large slice of white bread in a cup of milk, squeeze it dry and add 1 kilo of minced meat. Take 2 onions, 2 tablespoons of curry powder, the juice of a lemon, 1 dessert spoon of sugar, 2 eggs. Shred the onions and fry in a little butter, mix the curry powder, the sugar, a little salt, lemon juice and the fried onions and bring to the boil. Add the meat and bread and stir in the eggs. Add 2 tablespoons of chutney, 4 tablespoons of ground almonds, 2 tablespoons of raisins and mix well. Place the mixture in a greased baking dish. Pour over 2 eggs mixed with 1,5 cups of milk, mixed with a little curry powder. Bake slowly at 150 degrees Celsius till the custard has set on top and serve with rice and chutney.

Stellen Sie die Zutaten zusammen.

Gestalten Sie das Rezept.

Speichern Sie unter ENGL-39.

Sie können das Rezept auch ausprobieren.

9.11 Besondere Texte

Aufgabe 40:

Im Camden Hotel findet der Kongress der Internationalen Vereinigung der Städteplaner statt. Erfassen Sie das Programm in chronologisch korrekter Form. Speichern Sie unter ENGL-40.

Camden Hotel

25 Camden Street * CAPE TOWN * 8001 * SOUTH AFRICA

Programme

of the Annual General Meeting of the International Association of Town Planners
from 22nd to 24th November 201.

22 November

17:30 - 18:30 hrs	Appointment of Office Bearers	B J Cliff
10:00 - 10:30 hrs	Welcome by the Chairman and introduction to the congress	P E Thomas
15:00 - 16:00 hrs	Financial position of the Association Application and Registration Fees	D A Tomlinson
12:00 - 14:00 hrs	Lunch, thereafter walk to the Waterfront	B J Cliff
16:30 - 17:30 hrs	Disciplinary matters	P E Thomas
20:00	Social Programme with the Ladies	
14:00 - 15:00 hrs	Worldwide Registration of Town Planners	E Smith
10:30 - 12:00 hrs	Chairman's report Ladies' programme: Visit to the Cape of Good Hope	P E Thomas Ms F Witt
16:00 - 16:30 hrs	Tea break	

23 November

16:30 - 18:30 hrs	Publicising the profession Practical Training of Town Planning students	K Wright
10:00 - 12:00 hrs	Handbook on Law relating to Town Planning Ladies' programme: Visit to the Table Mountain	W Marsh Ms F Cock
14:00 - 16:00 hrs	New List of Registered Town Planners	L W van Bergen
12:00 - 14:00 hrs	Lunch break	
16:00 - 16:30 hrs	Tea break	
20:00	Social programme with the Ladies	

24 November

16:00	End of the Congress	New Chairman
10:30 - 16:00 hrs	Excursion for all participants by bus to several newly-planned towns	B J Cliff
10:00 - 10:30 hrs	Summary of the Congress	New Chairman

- ❑ Die Uhrzeiten wurden im oben dargestellten Programm mit Doppelpunkt – wie es die deutsche Norm vorsieht – geschrieben. Im internationalen Gebrauch werden die Uhrzeiten ohne Doppelpunkt dargestellt, z. B. 1200 hrs oder auch 1200 h.

10.1 ANSI-Code

ANSI ist die Abkürzung für American Standards Institute, eine Organisation, welche die Normen für verschiedene Industriezweige festlegt. Der **ANSI-Zeichensatz**, der z. B. von Windows verwendet wird, besteht aus 256 Zeichen. Er enthält Buchstaben und Zahlen, Symbole und Sonderzeichen.

Folgende Zeichen lassen sich über den Nummernblock erzeugen; je nach gewählter Schriftart kann das Ergebnis unterschiedlich ausfallen.

Beispiel: ê = Alt + 0234.
Geschützter Leerschritt = Alt + 0160

32		71	G	110	n	0149	•	0188	¼	0227	ã
33	!	72	H	111	o	0150	–	0189	½	0228	ä
34	"	73	I	112	p	0151	—	0190	¾	0229	å
35	#	74	J	113	q	0152	˜	0191	¿	0230	æ
36	$	75	K	114	r	0153	™	0192	À	0231	ç
37	%	76	L	115	s	0154	š	0193	Á	0232	è
38	&	77	M	116	t	0155	›	0194	Â	0233	é
39	'	78	N	117	u	0156	œ	0195	Ã	0234	ê
40	(	79	O	118	v	0157		0196	Ä	0235	ë
41	)	80	P	119	w	0158	ž	0197	Å	0236	ì
42	*	81	Q	120	x	0159	Ÿ	0198	Æ	0237	í
43	+	82	R	121	y	0160		0199	Ç	0238	î
44	,	83	S	122	z	0161	¡	0200	È	0239	ï
45	-	84	T	123	{	0162	¢	0201	É	0240	ð
46	.	85	U	124	|	0163	£	0202	Ê	0241	ñ
47	/	86	V	125	}	0164	¤	0203	Ë	0242	ò
48	0	87	W	126	~	0165	¥	0204	Ì	0243	ó
49	1	88	X	127		0166	¦	0205	Í	0244	ô
50	2	89	Y	0128	€	0167	§	0206	Î	0245	õ
51	3	90	Z	0129		0168	¨	0207	Ï	0246	ö
52	4	91	[	0130	‚	0169	©	0208	Ð	0247	÷
53	5	92	\	0131	ƒ	0170	ª	0209	Ñ	0248	ø
54	6	93	]	0132	„	0171	«	0210	Ò	0249	ù
55	7	94	^	0133	…	0172	¬	0211	Ó	0250	ú
56	8	95	_	0134	†	0173	-	0212	Ô	0251	û
57	9	96	`	0135	‡	0174	®	0213	Õ	0252	ü
58	:	97	a	0136	ˆ	0175	¯	0214	Ö	0253	ý
59	;	98	b	0137	‰	0176	°	0215	×	0254	þ
60	<	99	c	0138	Š	0177	±	0216	Ø	0255	ÿ
61	=	100	d	0139	‹	0178	²	0217	Ù		
62	>	101	e	0140	Œ	0179	³	0218	Ú		
63	?	102	f	0141		0180	´	0219	Û		
64	@	103	g	0142	Ž	0181	µ	0220	Ü		
65	A	104	h	0143		0182	¶	0221	Ý		
66	B	105	i	0144		0183	·	0222	Þ		
67	C	106	j	0145	‘	0184	¸	0223	ß		
68	D	107	k	0146	’	0185	¹	0224	à		
69	E	108	l	0147	“	0186	º	0225	á		
70	F	109	m	0148	”	0187	»	0226	â		

10.2 Papierformate und Briefhüllen

Papierformate

1922 wurde vom Deutschen Institut für Normung die DIN 476 (Papierformate) verabschiedet. Diese Norm legt in drei Reihen (A, B und C) fest, wie groß die Endformate für Geschäftspapiere, Karteikarten usw. sein dürfen. Darüber hinaus gibt es noch die Sonderreihe D, für die aber keine Normung besteht.

DIN-A-, B- und C-Formate

Die **DIN-A-Reihe** ist die Basis für die Endformate. Alle A-Formate haben ein Seitenverhältnis von der Seitenlänge zur Diagonallänge eines Quadrats, also 1 zu Wurzel aus 2. Das Ausgangsformat A0 ist 1 m² groß. Das jeweils nächstkleinere Format entsteht durch Halbieren des vorhergehenden Formats. Aus einem Bogen A0 können 16 Bogen A4 entstehen.

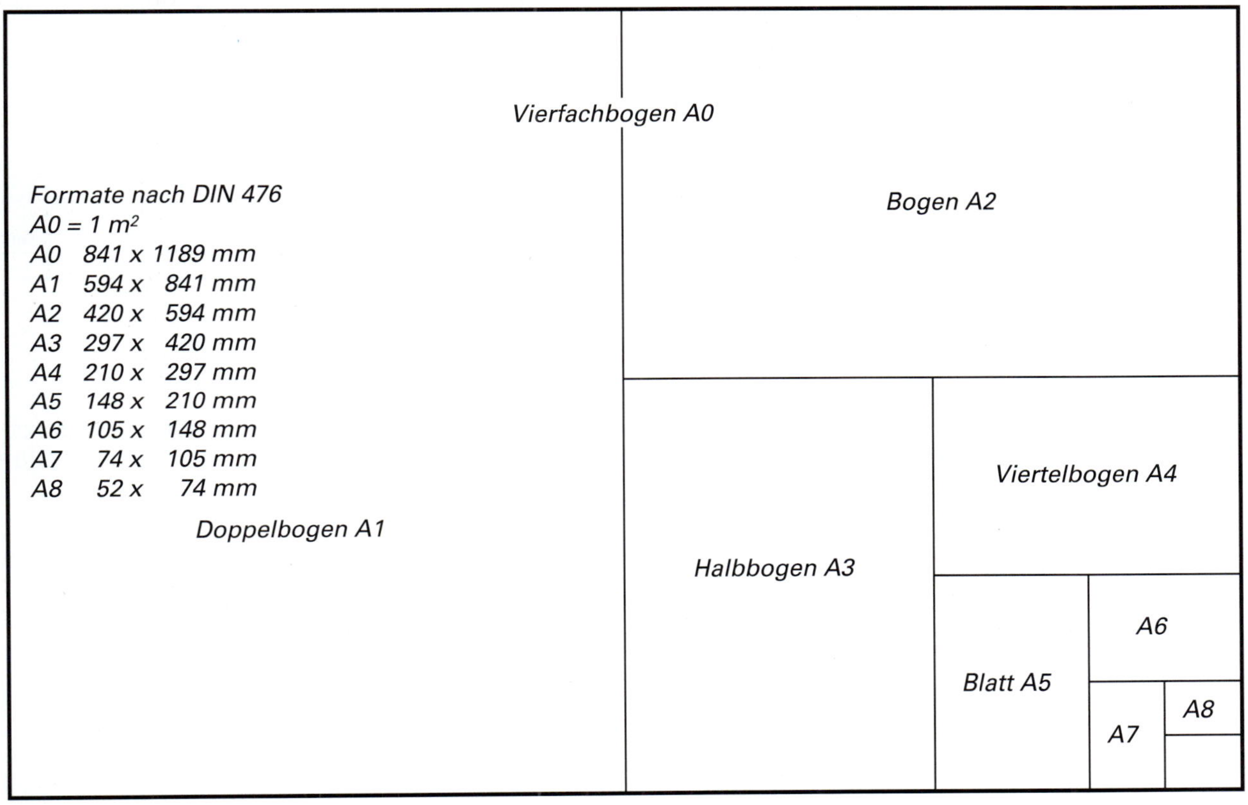

Die **Reihen B und C** sind abhängige Größen für Verpackungen (Briefumschläge, Versandtaschen usw.). Die B- und C-Formate sind etwas größer als die A-Formate.

Beispiel:
A4 (ungefaltet) passt in eine Versandtasche C4; C4 passt in B4.

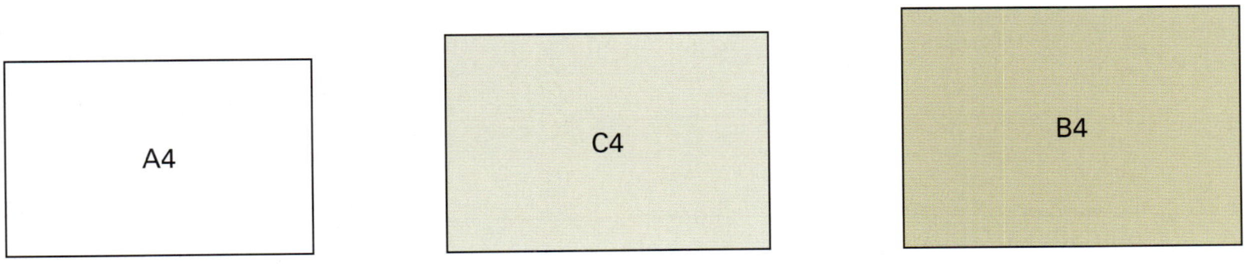

10.2 Papierformate und Briefhüllen

Briefhüllen

Gliederung der automationsgerechten Aufschriftseite einer Standardbriefsendung

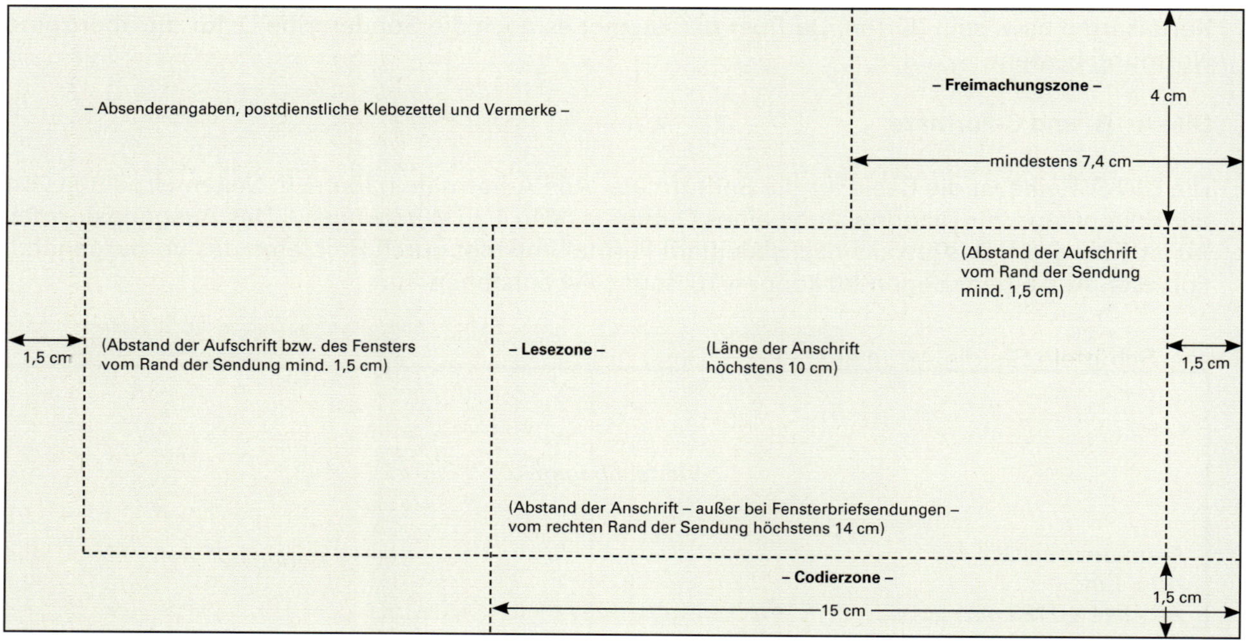

Fensterbriefhüllen

Häufig werden Fensterbriefhüllen in den Größen C6 oder C6 DL (DIN 680) verwendet. Voraussetzung für den Einsatz von Fensterbriefhüllen ist die richtige Größe und Stellung des Anschriftfelds in der Einlage.

Ist die Einlage, z. B. ein Geschäftsbrief, exakt gefaltet, erscheinen die Aufschrift und die Absenderangaben im Fenster des Briefumschlags, das 45 x 85 mm groß ist.

Nach den Absenderangaben soll ein durchgehender Strich gezogen sein.

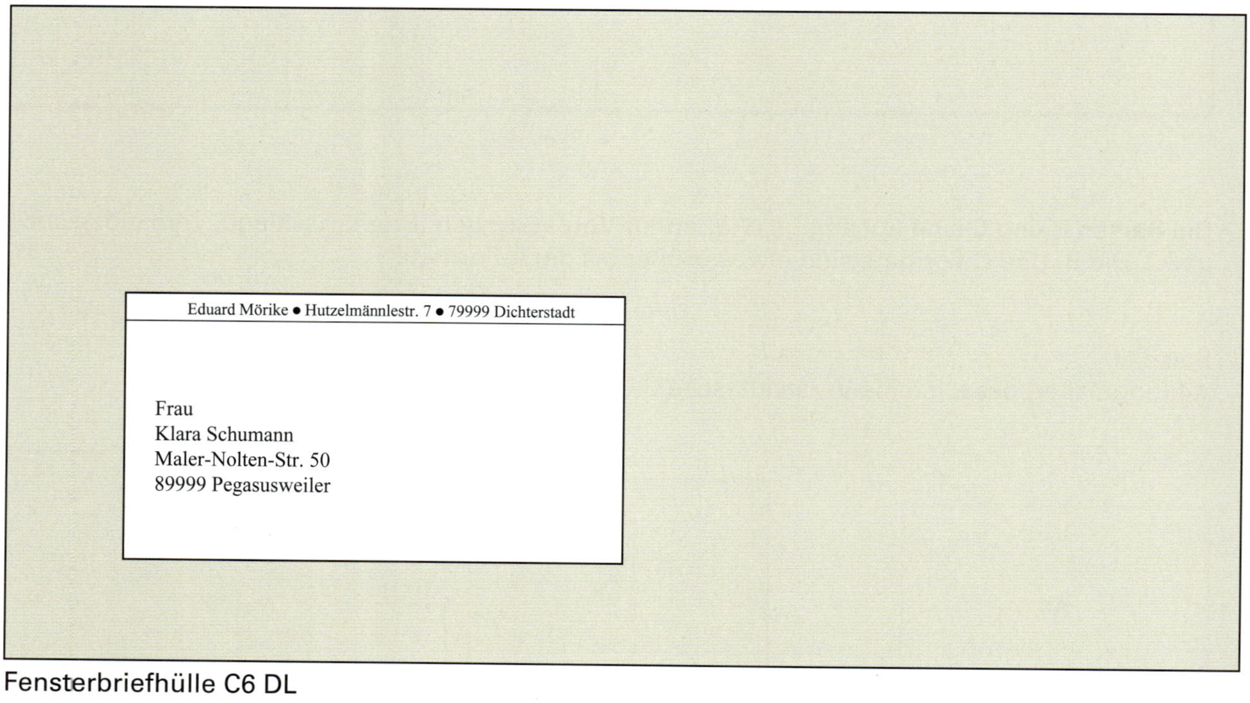

Fensterbriefhülle C6 DL

10.3 Lockerungsübungen am Bildschirmarbeitsplatz

§ 5 der Bildschirmarbeitsverordnung vom 4. Dezember 1996 (BGBl. I S. 1841)* sieht vor, dass die Tätigkeit der Beschäftigten so zu organisieren ist, dass die tägliche Arbeit an Bildschirmgeräten regelmäßig durch andere Tätigkeiten oder durch Pausen unterbrochen wird, die jeweils die Belastung durch die Arbeit am Bildschirmgerät verringern.

In Ihrer Pause können Sie ein paar Lockerungsübungen durchführen, die Ihnen helfen, fit zu bleiben.

Führen Sie jede Übung ca. viermal durch.

Hinweis: **Die nachstehenden Übungen sind nur für gesunde Personen uneingeschränkt zu empfehlen.**

1 Stellen Sie sich locker und entspannt hin, lassen Sie die Arme hängen. Kreisen Sie **langsam** und bewusst mit den Schultern, vorwärts und rückwärts.

Schütteln Sie die Arme aus.

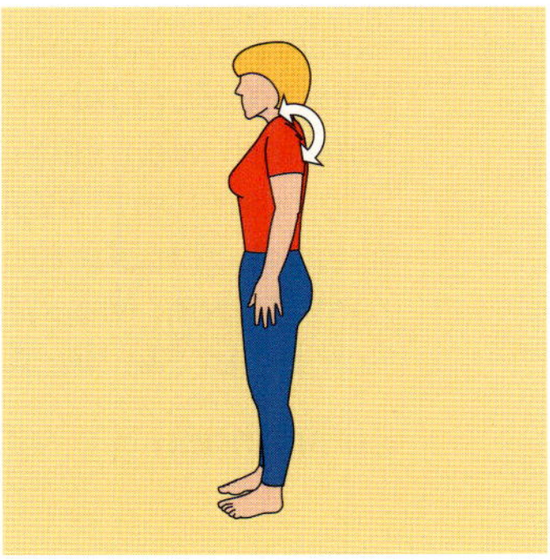

2 Setzen Sie sich aufrecht auf den Stuhl, strecken Sie die Arme nach oben und räkeln Sie sich. Atmen Sie dabei mehrmals langsam tief ein und aus.

Lassen Sie die Arme fallen und schütteln Sie die Arme aus.

3 Setzen Sie sich aufrecht auf den Stuhl, strecken Sie die Arme nach oben und schließen Sie die Hände. Drehen Sie die Handflächen nach oben und drücken Sie kräftig nach oben.

Lassen Sie die Arme fallen und entspannen Sie sich.

4 Setzen Sie sich aufrecht auf den Stuhl. Pressen Sie die Handflächen in Brustbeinhöhe fest gegeneinander.

Lassen Sie die Arme fallen und entspannen Sie sich.

* Wortlaut der Bildschirmarbeitsverordnung siehe z. B. unter www.gesetze-im-internet.de/bundesrecht/bildschirmarbv/gesamt.pdf

10.3 Lockerungsübungen am Bildschirmarbeitsplatz

5 Setzen Sie sich aufrecht auf den Stuhl und verschränken Sie die Hände hinter dem Kopf. Neigen Sie den Oberkörper **langsam** zur Seite. Wechseln Sie mehrmals die Seiten.

Lassen Sie die Arme fallen und entspannen Sie sich.

6 Setzen Sie sich auf den Stuhl, locker, aber mit geradem Rücken. Zur Dehnung der rechten Seite legen Sie den Kopf **langsam** weit seitlich nach links und legen den linken Arm über den Kopf. Während der linke Arm den Kopf **leicht** zur Seite zieht, schiebt der rechte Arm wie gegen einen Widerstand zum Boden. Machen Sie die gleiche Übung zur anderen Seite. Schütteln Sie die Arme aus.

Entspannen Sie sich.

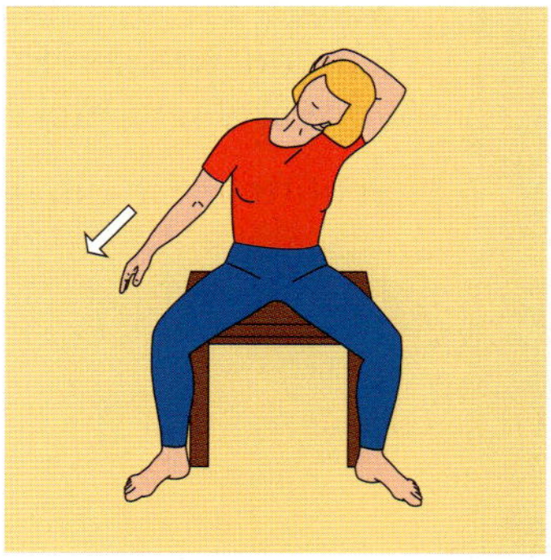

7 Setzen Sie sich entspannt, aber gerade hin. Legen Sie die Fingerspitzen auf die Schultern und kreisen Sie die Ellenbogen **langsam** vorwärts bzw. rückwärts.

Lassen Sie die Arme fallen und entspannen Sie sich.

8 Stellen Sie sich mit gegrätschten Beinen hin und dehnen Sie sich abwechselnd mit gestrecktem rechten bzw. linken Arm langsam soweit wie möglich über die Seite. Nicht federn oder wippen und ruhig weiteratmen.

Lassen Sie die Arme fallen und entspannen Sie sich.

9 Setzen Sie sich aufrecht auf den Stuhl. Lassen Sie den Kopf schwer mit dem Kinn zur Brust nach unten hängen und dann im Wechsel **langsam** weit zur rechten und zur linken Seite pendeln **(nicht nach hinten!)**.

Entspannen Sie sich.

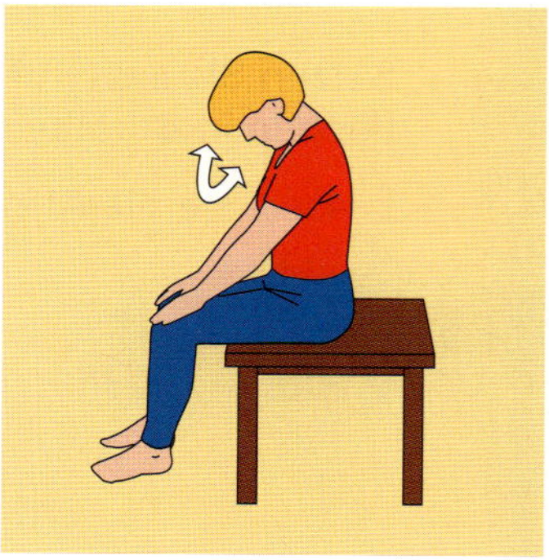

Quellen:

- Gleichstellungsbüro der TU Clausthal, Leibnizstraße 4A, 38678 Clausthal-Zellerfeld, www.tu-clausthal.de
- Kammer für Arbeiter und Angestellte für NÖ, http://media.arbeiterkammer.at/noe/pdfs/broschueren/Bildschirmarbeitsplatz.pdf

10.4 Dateiverwaltung

Desktop

Der **Windows-Explorer** ist der **Dateimanager** Ihres PCs. Sie erreichen ihn, indem Sie auf das Ordnersymbol in der Taskleiste klicken.

Windows-Explorer

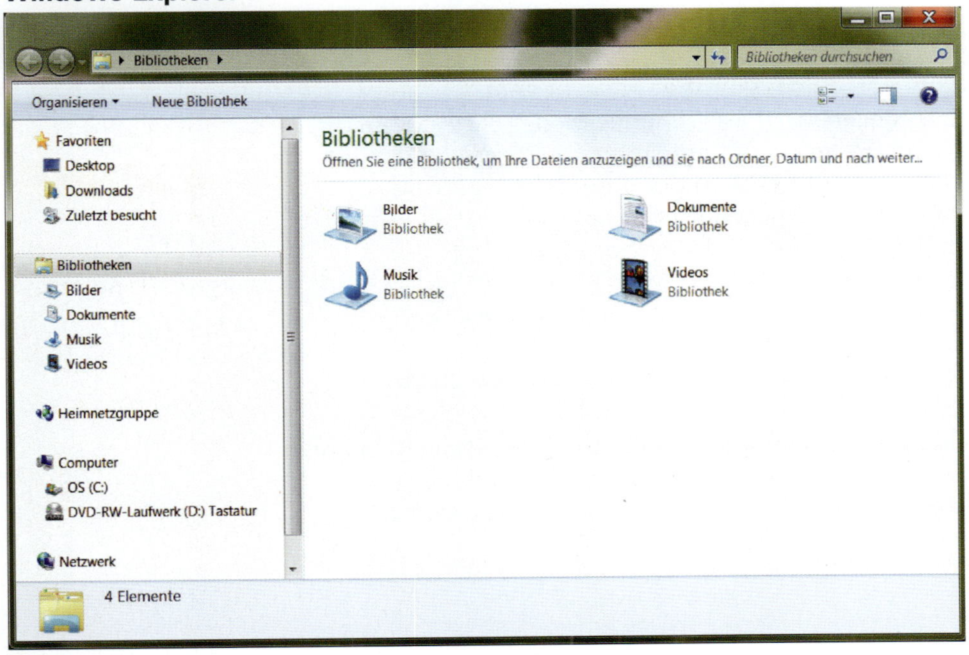

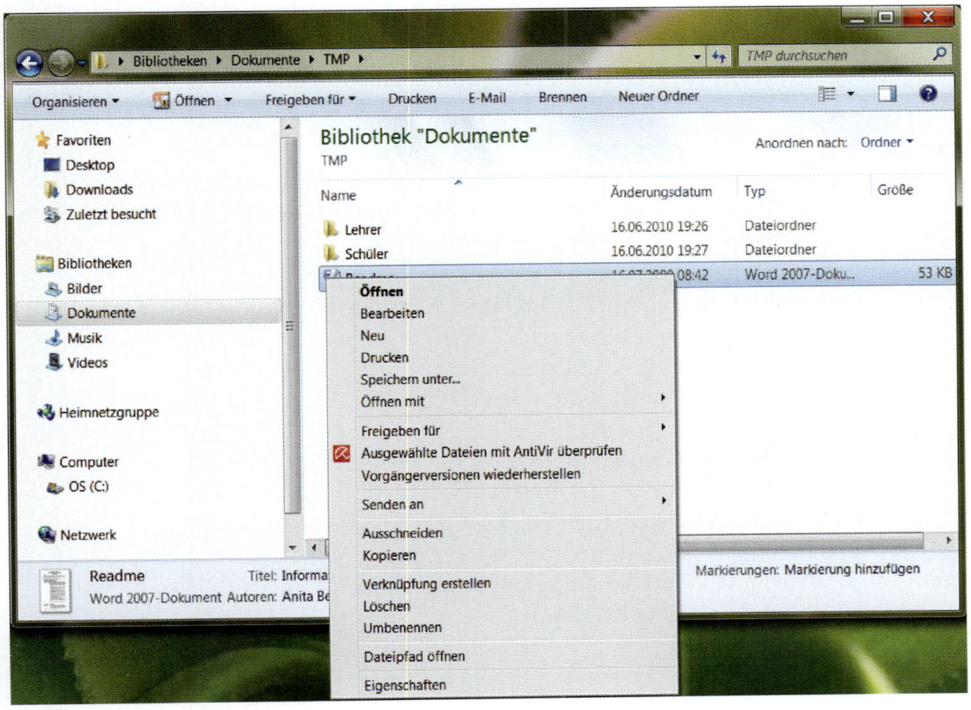

Im Windows-Explorer können **Dateien in Ordner und Unterordner einsortiert** werden. Zusätzlich stehen Bibliotheken zur Verfügung, um Dateien unabhängig von deren Speicherort organisieren und verwenden zu können.

Dateien können mithilfe der rechten Maustaste
- **geöffnet,**
- **als neues Dokument geöffnet,**
- **gedruckt,**
- **verschoben,**
- **kopiert,**
- **umbenannt** oder
- **gelöscht**

werden.

Der Pfad wird in der **Adressleiste** angezeigt. Durch Anklicken kann navigiert werden.

Dateien können über den Windows-Explorer auf CD oder DVD gebrannt werden.

Der Detailbereich (unten) zeigt **Eigenschaften** von aktiven Ordnern/Dateien an und ermöglicht Änderungen.

10.5 Schreibregeln nach DIN 5008 – Auszug

1. **Wörter**
   - Abkürzungen werden **mit** Punkt geschrieben, wenn man den vollen Wortlaut des ungekürzten Wortes spricht (Leerzeichen beachten).
     `z. B., i. A., evtl., bzw., usw.`
   - Im fortlaufenden Text sollen Währungsbezeichnungen hinter dem Betrag stehen.
     `Die Rechnung über 49,00 € wurde bezahlt.`
   - Kopplung und Aneinanderreihungen werden mit Mittestrich, ohne Leerzeichen geschrieben.
     `Dortmund-Ems-Kanal, Louis-Leitz-Schule, A4-Format, 2-zeilig, 6-mal`

2. **Schriftzeichen für Wörter**
   Schriftzeichen, die ein Wort ersetzen, haben Anspruch auf die gleichen Leerzeichen wie das Wort selbst.
   - Zeichen für „Paragraf" §, für „und" &
     `Bei der Reform wurde § 34 UStG geändert. Die Firma Müller & Weber ist umgezogen.`
   - Mittestrich für „bis" oder „gegen" oder als Wortergänzung
     `14:30 - 16:00 Uhr: VfL Bonn - TSG Essen`
     `Die Drehtüre ist Ein- und Ausgang zugleich.`
   - Schrägstrich – davor und danach kein Leerzeichen
     `Im Schuljahr 2011/2012 wird die Reform erfolgen.`

3. **Ziffern und Zahlen**
   - Dezimale Teilung kennzeichnet man mit dem Komma (Dezimalzeichen)
     `165,99 €, 1,49 €, 3,25 m, 0,5 m, 2,375 kg`
   - Uhrzeit – Anzahl der Stunden, Minuten und Sekunden mit je zwei Ziffern
     `13:00 Uhr, 06:30 Uhr, 16:10:32 Uhr`
   - Geldbeträge sollten aus Sicherheitsgründen 3-stellig mit Punkt gegliedert werden
     `2.690,50 €, 325.700,00 €, 2.600.000,00 €`
   - Kalenderdatum – nummerische Kalenderdaten sind mindestens 2-stellig
     Nummerisch mit Mittestrich: `2012-08-10`
     Nummerisch mit Punkt: `10.08.2012`
     Alphanumerisch: `10. August 2012, 10. Aug. 2012`

4. **Andere Zeichen**
   - Anführungszeichen – ohne Leerzeichen vor und nach den von ihnen eingeschlossenen Textteilen
     `An der Arbeitsgemeinschaft „Tastaturschulung" nehmen 25 Personen teil.`
     Halbes Anführungszeichen, Apostroph
     `Er fragt: „Wird der ‚Smart' geliefert?" Sie antwortete: „Ja, in vier Wochen."`
   - Klammern – ohne Leerzeichen vor und nach den von ihnen eingeschlossenen Textteilen
     `Der PC (Personalcomputer) ist einsatzfähig.`

5. **Besondere Zahlengliederungen**
   - Telefonnummern – funktionsbezogen durch je ein Leerzeichen gliedern (Anbieter, Landesvorwahl, Ortsnetzkennzahl, Anschluss). Zur besseren Lesbarkeit dürfen funktionsbezogene Teile von Telefon- und Telefaxnummern durch Fettschrift oder Farbe hervorgehoben werden.
     `0711 653964, 0531 87376, 0049 731 53268, +49 30 12345678`
   - Telefonnummern mit Durchwahlnummern in Nebenstellenanlagen – Durchwahlnummer mit Bindestrich anfügen
     `0711 4622-10, 02234 677-353`
   - Postfachnummer – von rechts nach links in Zweiergruppen gliedern
     `Postfach 6 37, Postfach 48 53, Postfach 3 56 11`
   - Postleitzahl – die fünfstellige Postleitzahl wird nicht gegliedert
     `06108 Halle, 10823 Berlin, 80366 München`
   - Bankleitzahl – von links nach rechts beginnend: zweimal Dreiergruppe, einmal Zweiergruppe.
     `BLZ 600 100 70, BLZ 258 900 17`
     Internationale Bankleitzahl – in Deutschland 22-stellig, von links nach rechts fünf Viererblöcke und ein Zweierblock (IBAN und Länderkennung in Großbuchstaben)
     `IBAN DE88 3704 0044 0532 0136 00`

6. **Gliederung von Texten**
   - Absätze sind vom folgenden Text jeweils durch eine Leerzeile zu trennen
   - Aufzählungen haben vor Beginn und nach dem letzten Aufzählungsglied eine Leerzeile

7. **Hervorhebungen** (direkt anschließende Satzzeichen sind ebenfalls hervorzuheben, wenn sie inhaltlich zum hervorzuhebenden Teil gehören.)
   Informieren Sie sich am **„Schwarzen Brett"**.

10.6 Häufig verwendete Tastaturbefehle

Tastaturen können sowohl mit den deutschen als auch mit den englischen Tastenbezeichnungen beschriftet sein. Eine Tastatur ist auf Seite 7 abgebildet.

Deutsche Bezeichnung		Englische Bezeichnung	Funktion
⇧	Umschalt	Shift	zweite Ebene (z. B. Großschreibung)
Strg	Steuerung	Ctrl (control)	dritte Ebene der Taste
↵	Eingabe	Enter oder Return	Bestätigung des Befehls (oder neue Zeile)
Einfg	Einfügen	Insert	Wechsel Einfüge- bzw. Überschreibmodus
Entf	Entfernen	Del (delete)	Löscht nach rechts
←	Rückschritttaste	Backspace	Löscht nach links
Pos1	Position 1	Home	Strg + Pos1 → Anfang des Dokuments
⇩	Feststelltaste	Capslock	Dauerumschaltung

Tastaturbefehle oder Shortcuts sind Tastenkombinationen, durch die der Wechsel zwischen Tastatur und Maus entfällt. Dadurch kann die Arbeit mit dem PC erleichtert werden.

Taste/n	Funktion
Umschalt + →	Markieren eines Zeichens rechts des Cursors
Umschalt + ←	Markieren eines Zeichens links des Cursors
Umschalt + ↓	Markieren einer Zeile nach unten
Umschalt + Ende	Markieren von der Position des Cursors bis zum Ende des Dokumentes
Strg + a	Ganzes Dokument markieren
Umschalt + Enter	vorzeitiger Zeilenumbruch
Strg + Enter	Seitenumbruch
Strg + c	Kopieren von markierten Objekten in die Zwischenablage
Strg + v	Einfügen des letzten Inhaltes der Zwischenablage
Taste Druck	aktueller Bildschirm wird in die Zwischenablage gelegt
Alt + Druck	aktives Fenster wird in die Zwischenablage gelegt
Windowstaste + e	Windows-Explorer bzw. Arbeitsplatz öffnet sich
Strg + Umschalt + Leertaste	Geschützter Leerschritt
Strg + Umschalt + Mittestrich	Geschützter Bindestrich
Strg + Mittestrich	Bedingter Trennstrich
Strg + s	Speichern des aktuellen Dokuments
Strg + y (oder F4)	letzten Befehl wiederholen
Strg + z	letzten Befehl rückgängig machen

Folgende Befehle stehen im Textverarbeitungsprogramm Word zur Verfügung:

Taste/n	Funktion
Strg + 8	Schriftgröße verringern um 1 Punkt (Dauerfunktion möglich)
Strg + 9	Schriftgröße erhöhen um 1 Punkt (Dauerfunktion möglich)
Strg + F9	Einfügen eines Stoppcodes
F11	Sprung zum nächsten Stoppcode
Alt + F9	Stoppcode sichtbar/unsichtbar (Wechsel zwischen Feldfunktion und Ergebnis)

Weitere Tastenkombinationen können Sie sich über die Hilfe (F1) anzeigen lassen.